Daniel Gerber
Esoterik – die unerfüllte Suche

W0179057

Daniel Gerber

Esoterik –
die unerfüllte Suche

Fakten und Erfahrungsberichte von
Insidern und Aussteigern

Brunnen Verlag · Basel und Gießen

ABCteam-Bücher erscheinen in folgenden Verlagen:

Aussaat Verlag Neukirchen-Vluyn
R. Brockhaus Verlag Wuppertal
Brunnen Verlag Basel und Gießen
Christliches Verlagshaus Stuttgart
Oncken Verlag Wuppertal und Kassel

Die Deutsche Bibliothek – CIP-Einheitsaufnahme:

Gerber, Daniel: Esoterik – die unerfüllte Suche: Fakten und Erfahrungsberichte von Insidern und Aussteigern / Daniel Gerber. – Basel: Brunnen-Verl., 2001

ISBN 3-7655-1227-3

Umschlag: Michael Basler, Lörrach
Bild: Image Bank, Berlin
Satz: Bertschi & Messmer AG, Basel
Druck: Clausen und Bosse, Leck
Printed in Germany

ISBN 3-7655-1227-3

Inhaltsverzeichnis

Kapitel 1

Zum Einstieg ins Thema:

Designer-Spiritualität, so weit das Auge reicht

Eigentlich müssten Sterne Stress haben. Die Menschheit beschert den universellen Glitzerdingern «Sprechstunden» wie nie zuvor. Neben Astrologie und Horoskopen haben sich diverse esoterische Lebenskonzepte eingebürgert. Das Universum – oder zumindest dessen Urkraft – befindet sich mit großem Fluglärm im Landeanflug auf Mutter Erde. Und die esoterische Angebotspalette wird zusehends breiter: von Aura-Arbeiten über Rückführungen in frühere Leben bis hin zur «klassischen» Zen-Meditation ...

Immer häufiger suchen die Menschen des Westens ihr Heil im Osten. Geist, Seele und Körper sollen harmonisch im Einklang sein. Ein Aspekt, der in der Schulmedizin oft zu kurz kommt. Dieses Vakuum versuchen wir folglich mit chinesischen Atem- und Bewegungsübungen, mit Meditationen und Massagen auszugleichen.

Langsame, weiche Bewegungen und sanfte, spielerische Atemschulung entfalten erst beim Duft der Räucherstäbchen und bei gedämpfter sphärischer Musik ihre volle Wirksamkeit. Sie lösen die Verspannungen des Alltags. Der Stoffwechsel kommt in Schwung, Kreislauf und Atmung stabilisieren sich. Das Immunsystem wird angeregt. Der Mensch wird ausgeglichener und friedfertiger. So jedenfalls lauten die Versprechungen. Alles positive Ziele. Wir gehen in den Osten, weil wir dort Nahrung für unseren Geist, für unser Innerstes vermuten: In sich hinein horchen. Sich versenken. Bewusst atmen. Den Geist leeren. Den Energiefluss aktivieren. Gott in sich entdecken. Mit dem Universum im Einklang schwingen ...

Bei allen Methoden – egal ob Reiki, Qi Gong, Shiatsu oder Tai Chi – wird innere Harmonie, mehr Lebenskraft und ein ganzheitliches (holistisches) Wohlbefinden in Aussicht gestellt. Kurz: mehr Lebensqualität. Wer möchte das nicht?!

Die neue Spiritualität ist für viele zu einem neuen Lebensstil geworden. Warum? Weil die Kicks in den einzelnen New-Age-Abteilungen real erfahrbar sind. Sie sind mehr als nur ein kurzes, orgastisches Reiten auf der tantrischen «Welle der Glückseligkeit», und sie sind auch mehr als ein lüsterner Blick unter den Rock des Geistes von Marilyn Monroe.

Steine und Kristalle, einst von Wissenschaftlern als tote Materie abgetan, eilen uns zu Hilfe. Sie heilen unsere Gebrechen und bringen kosmische Energien in unser Zentrum. Energien, die sich wissenschaftlich nicht feststellen lassen, aber doch einen Einfluss auf uns Menschen haben sollen. Und so fließen bald schon Ströme der Heilung von im Wasser gebadeten Blüten zu uns.

Der Supermarkt des Übersinnlichen explodiert: Die Esoterik ist ein potenter Wirtschaftszweig, der europaweit jährlich Milliarden Euro umsetzt. New-Ager bescheren den Talkshows – neben dem allgegenwärtigen Thema Sex – die Quotenrenner und sind in Form von Live-Tarot-Sendungen und täglichen Horoskopen bei den meisten Privatradios ebenfalls fest etabliert.

«Ihr Karmalein kommet …»
Juni 1998. Fußball-WM in Frankreich. Marseille, Stade Vélodrome, Fußballarena. 54 587 Zuschauer. Vorrundenspiel England gegen Tunesien. Paul Ince spielt einen Pass zu Paul Scholes. Der 1,70 Meter große Stürmer hebelt die Abwehr der tunesischen Mannschaft gekonnt aus. Er lässt Torhüter Chokri El Ouaer keine Chance und baut die Führung der englischen Nationalmannschaft auf 2:0 aus. Eine Lehrstunde in Sachen Fußball. Eine Welle der Begeisterung brandet durchs Stadion. An der Seitenlinie nickt Trainer Glenn Hoddle wohlwollend.

Den bis dahin jüngsten englischen Nationalcoach kennt die Gesellschaft schon seit drei Jahren als «bekennenden Christen». Was er mehrfach in die Mikrofone verkündet hat, erfreut konfessionsübergreifend: «Ich glaube an Gott. Meine Kraft beziehe ich von Jesus.»[1]

Erstaunliches weiß Glenn Hoddle dann aber sieben Monate später zu berichten: «Uns wurden zwei Hände und zwei Beine und ein halbwegs funktionierendes Hirn gegeben», zitiert ihn die *Times*. «Aber einige Leute wurden anders geboren. Dieses Karma wirkt aus einem früheren Leben.» Behinderte büßten für ihre Sünden aus einem ihrer vorigen Leben, bilanziert der «First Man» des englischen Fußballs weiter.[2]

Im Betreuerstab des englischen WM-Teams sorgten eine Handauflegerin und eine Geistheilerin für das Wohl der Spieler. Deren Anwesenheit in Frankreich, so Hoddle, steigerte die Leistungsfähigkeit der Spieler um zwanzig Prozent.[3]

Aufschrei in den Medien. Protest von Behindertengruppen. Premierminister Tony Blair fordert Hoddles Rücktritt. Ein paar Tage später wird Hoddle entlassen; die Seligsprechung durch einen künftigen Papst rückt in unerreichbare Ferne. Wie wohl Hoddles Karma auf diesen Patzer reagieren wird?

Am kalten Buffet des Glaubens

Tatsache ist, dass Glenn Hoddle bei weitem nicht der Einzige ist, der Segmente verschiedener Religionen abenteuerlich zusammenmixt: angereichert mit esoterischen Elementen, püriert mit Gott und Religion, geschaffen durch den Menschen.

Buffetmentalität eben. Auf das Tablett der hinduistischen Karma- und Reinkarnationslehre kommen ein Teller mit buddhistischen Weisheiten und ein Glas mit christlicher Mythologie.

Und dann, Gott – oder wem auch immer – sei Dank, geht's ran an den Speck. Süße Leckereien türmen sich auf dem Buffet. Beliebig zu kombinieren. Im spirituellen Heißhunger verschlingen wir jeden Trend und nehmen auf der Suche nach Erfüllung jeden Happen mit. Zu lange blieb uns «Westlern» diese neue Welt, diese neue Sphäre verborgen. Deshalb haben wir Nachholbedarf: Workshops, Seminare, neue Meditationstechniken, Wohnen à la Feng Shui, Kraft tanken unter der Energiepyramide, sich in einer der wenigen Verschnaufpausen einer neuen Atemübung widmen, um sich alsbald eine weitere Yoga-Übung anzueignen, Prana-Energie aufzunehmen und sich nach dieser spirituellen Hetze mit ein paar langsamen Bewegungsübungen zu entspannen, um dann für die Edelstein-Therapie frisch und vorbereitet zu sein. Dazu schaut man vorher am Besten noch schnell bei der Akupunktur-Sektion vorbei. Damit uns nicht etwa eine Energieblockade ausbremst.

Geschüttelt *und* gerührt

Martin Frischknecht, Chefredakteur der Zeitschrift *Spuren*, räumt ein: «Es gibt verschiedene Konzepte von höheren Mächten oder einer höheren Macht generell. Aber es ist hier nicht so wichtig wie für einen Christen, für einen gläubigen Moslem oder einen Juden, dass man von einem Gott als solchem spricht. In der Esoterik gibt es verschiedene Meister und Religionsstifter, die geachtet werden. Die Vielfalt ist größer, für Außenstehende gar verwirrend.»[4]

Die Suche nach spiritueller Erfüllung, nach Annahme und Geborgenheit hat Hochkonjunktur.

«In meiner Seele war ein Vakuum», berichtet der ehemalige Esoteriker Hans-Peter Lahner auf der Esoterikmesse in Wien. «Deshalb suchte ich immer nach Neuem. Am Anfang war's ein Kick, dann folgte eine Leere. Ich beschäftigte mich mit diversen Angeboten wie Heilmassagen, Reiki, Schamanismus und so weiter.»[5]

Den meisten, die in der Esoterik suchen, reicht eben *ein* Angebot nicht aus.

Sri Sri Ravi Shankar, auch «Kronjuwel des Yoga» genannt[6], sitzt im Lotussitz vor Meditations-Interessierten im Stadtcasino Basel. Er beginnt mit einer Aussage von Jesus («Ihr müsst werden wie die Kinder»), zitiert dann ein paar buddhistische Weisheiten, hängt ebensolche aus dem eigenen Repertoire an, um schlussendlich mit uns in seiner Meditationswelt zu versinken.

«Ob wir Jesus, Buddha oder Shiva sagen, spielt keine Rolle.» Hinter allem stehe schließlich die *eine* universelle Urkraft, diktiert er mir später ins Mikrofon.[7]

Auf weniger Toleranz stieß dagegen Ruth Baumgartner bei ihrer spirituellen Suche. «An einem Diskussionsabend durften wir unserem Reiki-Lehrer Fragen stellen. Da wollte ich wissen – ich stellte die Frage wirklich aus dem ‹hohlen Bauch› heraus –, wie er diese Praktiken mit der Bibel vereinbaren könne. Er reagierte wie vom Blitz getroffen. Er fuhr mich an, jetzt hätte ich eine Menge zerstört, falle in meiner Ausbildung wie auch auf der spirituellen Stufe zurück und solle ihm nie wieder eine solche Frage stellen. Das empfand ich als sehr fragwürdig.»[8]

Baukasten des Heils, im Westen ...

Die Esoterik-Branche boomt weltumspannend. Die NASA hat beispielsweise entdeckt, dass Quarzkristalle den Astronauten während ihrer Missionen zu Wohlbefinden verhelfen und die Anfälligkeit für gesundheitliche Störungen herabsetzen. Kombinationen von Kristallen und Farben wurden entwickelt: «Crystal Cards».[9] Diese helfen nicht nur bei Gesundheitsstörungen, sondern auch bei psychischen Belastungen, Angst, Stress und innerer Unruhe. Sanft und ganzheitlich. Die Karten haben eine positive und eine negative Seite. Alles Weitere verrät das Pendel. Die Crystal Cards wirken auf die Energiezentren im ätherischen Körper – auch «Chakren» genannt.[10]

Doch auch auf der Erde sind uns die Sterne nah: Alexander Vita (Astrologe) berichtete mir, dass er zahlreiche Wohnungen, Grundstücke und Geschäftsräume astro-geomantisch analysiert habe. Ebenso in seinem Angebot: astro-geographische Beratungen bei Erwerb von Immobilien und bei Geschäftsgründungen. Vita versichert, dass er auch schon den Reichstag in Berlin astrologisch «vermessen» habe.[11]

Die Boulevardzeitung *Blick* testete das Bundeshaus in der Schweiz auf seine Feng-Shui-Tauglichkeit. Urteil der einberufenen Experten: «Das Bundeshaus wurde nach perfekten Feng-Shui-Prinzipien gebaut.»[12]

Die Universität Oldenburg bietet im Projekt «Traditionelle chinesische Heilmethoden und Heilkonzepte» ein «Kontaktstudium Qi Gong» an.[13]

An der kolumbianischen Nationaluniversität wurde bereits 1992 erstmals eine Vorlesung von Schamanen gehalten.[14]

Die EU fördert das in Wien laufende Projekt «Gesunder Rat», in dessen Rahmen Heilmasseure und Personen aus medizinischen Berufen zu Gesundheitsberatern ausgebildet werden. Zum Programm gehören unter anderem Feng Shui, Qi Gong und Naturheilkunde.[15]

In Frankreich, sechzig Kilometer südlich von Toulouse, verwirklicht Harald Alke eines seiner Projekte: eine Energiepyramide aus Acrylröhren; neun Meter hoch, bei einer Kantenlänge von 14 mal 14 Metern.[16]

«Women's Spirituality Forum» hieß das vierte internationale Frauenfestival, das vom 8. bis 11. Juni 2000 in La Honda, Kalifornien, durchgeführt wurde. Auf dem Programm standen Rituale und Workshops zu naturreligiösen Traditionen aus aller Welt sowie ein spezielles Programm für «junge Hexen» und «Heidenkinder».[17]

Am 6. März 2000 begann in Klagenfurt, Kärnten, das erste Semester der zweijährigen Ausbildung zum Hexenmeister. Neben magischem Wissen werden auch Astrologie, Energielehre, Meditation sowie Naturheilkunde vermittelt.[18]

Basketball-Trainer Phil Jackson (er gewann sechs NBA-Meisterschaften in den USA) veröffentlichte in seinem Buch *Sacred Hoops – Spiritual Lessons of a Hardwood Warrior* sein «Tao des Basketballs»: eine Mischung aus indianischer und östlicher Weisheit, Zen-Meditation und anderem.[19]

Ungewöhnlich verlief Antonin Baudys' Karriere: vom Hochschullehrer zum tschechischen Verteidigungsminister. Dann erfolgte der Griff zu den Sternen: Er arbeitet heute als einer der einflussreichsten Astrologen des Landes. 1994 entwarf Baudys, basierend auf politischen und astrologischen Berechnungen, einen Balkan-Friedensplan. Diesen versandte er in die halbe Welt.[20]

Für Hatha-Yoga interessiert sich die Tessiner Sängerin La Lupa, seit sie zwanzig ist. Die heute 53-Jährige ist überzeugt: «Spiritualität ist die Zukunft. Es gibt keinen anderen Weg. Die, die das nicht merken, werden zurückbleiben.»[21]

Weniger geduldet scheinen Personen, die ein Haar in der Suppe sehen: In Coburg verurteilte das Gericht ein Elternpaar, das seine beiden schulpflichtigen Kinder nicht in die örtliche Schule gehen lassen wollte. Den Eltern waren Phantasie-Reisen, Meditation und Mandala-Malen als Bestandteil des Unterrichts ein Dorn im Auge.[22]

... wie auch im Osten

Religionsstifter wie Sri Sathya Sai Baba, Osho oder Babaji verkünden, dass sie keine neue Religion bringen. Sie wünschen, dass wir zum Gott unserer eigenen Religion beten, als Christ zu Jesus Christus, als Buddhist zu Buddha. Sai Baba: «Gott ist Eins. Folgt der Religion eures Herzens.» Und weiter: «Es gibt nur einen Gott, er ist allgegenwärtig. Es gibt nur eine Religion. Die Religion der Liebe. Es gibt nur eine Kaste. Die Kaste der Menschheit.»[23]

Osho griff die tief verwurzelte Sehnsucht nach erlebbarer Religiosität auf und integrierte sie in sein Heilsmodell. Die spirituell suchenden Abendländer animierte er zunächst durch bereits Vertrautes. Das kombinierte er mit Neuem, wie etwa mit seinen Meditationsformen, und entwarf auf diese Weise einen für den Westen begehbaren Heilsweg. Osho (alias Bhagwan alias Rajneesh Chandra Mohan) entwickelte selbst drei meditative Therapien («Born again», «No-Mind» sowie «Mystic Rose»).[24]

Generell war für den «Showmaster unter den Gurus» wichtig: «Gott malt die Welt immer wieder von neuem. Und ihr schleppt eure alten, toten Ideologien weiter in euren Köpfen mit! Ein Sannyasin wird nicht eher entscheiden, als bis er erfahren hat. Er hat keine Glaubenssysteme. Er wird nicht sagen: ‹Dies ist so, weil die Bibel es sagt.› Er wird nicht sagen: ‹Dies ist so, weil Buddha es sagt.› Er wird sagen: ‹Ich werde da reingehen und nachschauen, ob es so ist oder nicht.› [...] Sannya ist eine Reise, ein Tanz, ein Liebesabenteuer mit dem Unbekannten, eine Romanze mit der Existenz selbst. Sannya ist ein Forschen, kein Programm. Wenn du ein Sannyasin wirst, initiiere ich dich in Freiheit und in sonst nichts.»[25]

Gesucht: Leben!

Im schmucken «Seezimmer III» des Zürcher Kongresshauses herrscht prickelnde Spannung. Engel-Medium Ursula Perniß beantwortet medial die Fragen ihrer Zuhörerschaft. «Warum kann ich trotz meiner Anstrengungen einfach nicht ich selbst sein?», will eine Frau wissen. Das Leben habe es nicht gut mit ihr gemeint, klagt eine andere: «Ich habe schon so viel ausprobiert. Nichts scheint zu helfen. Was soll ich tun?» Eine weitere Person schlägt in die gleiche Kerbe: «Seit Jahren bin ich auf meinem spirituellen Weg. Warum finde ich nicht, was ich suche?»

Die Antworten verschaffen den wenigsten Anwesenden Erleichterung – aber immerhin einzelnen Portemonnaies. Das Medium empfiehlt mehreren Fragestellern, nach der Veranstaltung zu ihr zu kommen («Ich will keine Werbung machen, aber in Ihrem Fall wäre es besser ...»). Kostenrahmen: 130 DM pro Stunde.

Ein Blick auf die Terminliste von Perniß: Übervoll. Genau wie bei ihren Mitanbietern.[26]

Der Grund: die intensive Suche nach Erfüllung. Die meisten Menschen, die im New-Age-Bereich danach suchen, sind Leute wie du und ich. Vielleicht ein wenig ehrlicher. Immerhin gestehen sie sich eine innere Leere ein.

In unserer strukturierten, aber orientierungslosen Welt suchen wir wieder Halt, Identität, Geborgenheit und Echtheit – außerhalb von Börsenindex, Karriere und banalen Weisheiten aus TV-Seifenopern. Wir wollen den Ausbruch aus einem frustrierenden Leben und einer vorgezeichneten Biographie, die bloß auf materielle Werte und Erfolg ausgerichtet sind. Da bietet sich die esoterische Welt geradezu an: Sie ist faszinierend und willkommen. Man sieht bisher verborgene Dinge, fühlt Ruhe, empfindet Angenommensein, spürt Wärme in einem kalten Leben, erlebt ungeahnte Kräfte und manchmal sogar ekstatische Zustände. Erst nach einer Weile kriegt man dabei den Eindruck, dass man wohl noch immer zu wenig tue. Dass es beinahe unausweichlich *noch mehr* geben müsse. Die Folge: Ein spirituelles Suchtverhalten bahnt sich an ...

In den folgenden Kapiteln wird immer wieder von Chi, Chakren und anderen Spezialbegriffen die Rede sein. Deshalb geben wir Ihnen hier einen kurzen Überblick über den Astral-Körper.

In der östlichen Medizin und Kultur wie auch in der Esoterik wird der Körper um einen anatomisch nicht nachweisbaren «Energieleib» ergänzt. Dieser besitzt analog zu den Blutbahnen Energiebahnen und Kraftzentren. Von folgenden Komponenten geht die moderne Esoterik aus:

Astral-Körper (auch Ätherleib genannt): Besteht aus «feinstofflichen» Elementen (Aura, Chakren und Meridiane). Diese brauche die Seele, um mit dem grobstofflichen, realen Körper verschmelzen zu können.

Aura [lat. «Hauch, Schein»]: Bildet einen unsichtbaren Lichtkranz. Dieser umhüllt unseren Körper. Krankheiten und seelische Zustände sollen sich in ihm abzeichnen. Hellsichtige Leute sind gemäß eigenen Aussagen in der Lage, die Aura zu sehen.

Chakra [ind. «Rad»]: Das geistige Energiezentrum. Der Körper besitzt eine Vielzahl von Chakren, wovon die wichtigsten – die sieben (oder sechs, je nach Quelle) Haupt-Chakren – entlang dem Mittelkanal («Sushumna») gelegen sind. Die gebräuchlichste Methode zu ihrer Aktivierung ist die Meditation.

Hara [«Erdmitte des Menschen»]: Hara gilt als die energetische Mitte des Menschen und dient als geistiges und seelisches Zentrum. Es soll sich zwei Finger breit unter dem Nabel befinden. Hara ist das Zentrum der Vitalität und mit den Grundtrieben verbunden. Meister des Zen-Buddhismus lehren, dass «der Mittelpunkt des Weltalls die Bauchhöhle des Menschen ist».

Lebensenergie: Bei einem gesunden Menschen fließt die Lebensenergie «Chi» («Ki» oder auch «Qi» genannt) ungehindert durch den ganzen Körper. Überschuss, Mangel oder gar Stau rufen Unwohlsein oder Krankheit hervor. Chi kann durch Konzentration in kranke Organe gelenkt werden.

Meridiane: Durch sie fließt die angenommene Lebenskraft «Chi». Ähnlich wie die Blutbahnen sollen die Meridiane über den ganzen Körper angelegt sein. Auf diesem Energienetz liegen die 365 bis 380 Akupunktur-Punkte.

Kapitel 2

Romana Vrana:

«Medicine Woman – mit Zauberformeln schloss ich Wunden»

Blitzlicht. «Umdrehen! Dann ein Blick über die Schulter!» Romana Vrana wirbelt herum. Leuchtende Augen. Kesser Blick. Ein laszives Lachen in die Kamera. Blitzlicht. «Jetzt das Ganze noch mal!» Ein Fotograf, ein Model. Er der Dirigent, sie das Orchester. Eine Bildfanfare für die Illustrierte. «Diesmal rechts herum.» Blitzlicht. Wird es das Titelbild?

Soweit das äußere Szenario. Anders sah hingegen das Innenleben des gefragten Models Romana Vrana aus:

Eigentlich ging es mir während meiner Kindheit die ganze Zeit über schlecht. Weil ich schon in meinem Elternhaus keine Liebe empfand, war ich ein schwermütiges Kind. Wenn ich dachte, es gehe mir gut, spürte ich unterschwellig, dass ich lediglich gut verdrängen konnte. Allerdings war ich Meisterin im Aufsetzen von Masken. Ich war der Klassenkasper und habe immer fröhlich gewirkt. Wenn ich mir die Fotos von früher anschaue, habe ich immer irgendwie ein strahlendes Gesicht hingekriegt. Aber innen drin war meine Gefühlswelt wie ein Dauerregen – manchmal sogar wie ein tropischer.

Meine Mutter war gerade sechzehn Jahre alt, als sie mit mir schwanger wurde. Während ihrer Schwangerschaft war sie oft traurig und verzweifelt. Lange dachte sie über eine Abtreibung nach, entschied sich dann aber doch fürs Austragen. Innerhalb der Familie gab es kaum echte Liebe. Darum suchte ich später in diversen Beziehungen verbissen nach Zuneigung und Anerkennung. Oft waren diese Kontakte nur von kurzer Dauer. Während ich einerseits als

Groupie mit verschiedenen Musikern zusammen war, als Fotomodell Werbeaufnahmen machte und in Filmen und Fernsehshows kleine Rollen spielte, litt ich andererseits immer wieder unter schweren Depressionen. Nichts konnte meine Leere ausfüllen. Vorerst jedenfalls.

Irgendwie faszinierte mich das Übernatürliche. Das, was man weder sehen noch beweisen kann. Hier hoffte ich, meine Leere füllen zu können. Kiloweise las ich Selbsthilfebücher, esoterische Literatur. Den Spiegel fragte ich nicht nur, wer die Schönste im ganzen Land sei, nein, ich stand davor und sagte täglich hundertmal: «Ich liebe dich» und «Ich bin liebenswert. Ich bin liebenswert. Ich bin liebenswert ...»

Neben der Lektüre arbeitete ich mich in die verschiedensten Praktiken ein: Astrologie, Hypnose, Silva Mind Control, Yoga und Schamanismus. Außerdem praktizierte ich Tischrücken und nahm Kontakt zu Geistern auf. Eines ging immer ins andere über.

Astrologie kam ganz am Anfang, denn ich war der Meinung, dass fremde Mächte mein Schicksal beeinflussen und dass man fast alle Ereignisse voraussagen und dann auch entsprechend handeln kann.

Spaß und Neugier gaben den Ausschlag, mit dem Tischrücken zu beginnen. Mit ein paar Bekannten probierte ich es aus. Irgendwann entdeckten wir, dass ich ein absolutes Medium zu sein schien. War meine Hand im Spiel, funktionierte die Kommunikation mit der Geisterwelt. Nahm ich sie weg – und ließen alle andern ihre Hände dort –, tat sich gar nichts. Es war spannend und zugleich gruselig.

Nach einer «Sitzung», als die anderen längst nach Hause gegangen waren, überkam mich das Gefühl, dass ich nicht allein im Raum war. Dazu kamen Geräusche: Türenklopfen und Fensterklirren. Deshalb wollte ich den Tisch schnell wieder loswerden, wollte ihn verschenken oder verbrennen. Aber dann hörte ich die Botschaft, dass der Geist sich dafür rächen würde. Panische Angst überfiel mich ...

Viele Seminare – und teure dazu
Zuerst informierte ich mich immer durch die Lektüre von Büchern. Ich besuchte dann die entsprechenden Seminare, um noch tiefer in die Materie einzudringen und noch mehr darüber herauszufinden. Zum Beispiel in einer Scientology-Gruppe. Selbstbewusstseins-Training, so lautete dort das Stichwort. So lernte ich, meinen Geist zu kontrollieren, Materie zu beeinflussen und Menschen gedanklich

zu lenken. Das Ganze hatte aber auch eine Schattenseite: Dämonische Geister – ich habe das zuerst nicht ernst genommen, bis andere aus der Gruppe es erlebten – belästigten uns Menschen aus Fleisch und Blut sexuell. Im Prinzip hatte ich vorher nicht einmal geglaubt, dass es schlechte Geister gibt.

Zu faszinierend waren die vielen Möglichkeiten, die sich mir jetzt boten. Für mich war da etwas, was andere nicht konnten: Nämlich Macht über Dinge und vor allem über Menschen zu besitzen! Ein mitreißendes Lebensgefühl. Bald konnte ich Personen beschreiben und beeinflussen, die sich über hundert Kilometer weit weg aufhielten! Ich konnte ihnen auch Gedanken suggerieren; später erhielt ich jeweils die Rückmeldung, dass sie auch tatsächlich angekommen waren. Die Manipulierten waren sogar überzeugt, dass es sich um ihre eigenen Gedanken handelte!

Außerdem konnte ich mit Gedankenkraft Löffel und Metalle verbiegen und mit Zauberformeln Wunden schließen. Meine Freunde konnten über glühende Kohlen gehen. Feuerlaufen – eine Disziplin, die bei mir im nächsten Aufbaukurs ebenfalls dran gewesen wäre, wäre ich nicht vorher auf andere Praktiken umgestiegen.

All das lernte ich bei diversen Seminaren, die sehr viel Geld kosteten. Gerät man in der Esoterik an die «richtigen» Leute, kann man sich über Workshops den Kontakt zur Geisterwelt regelrecht «erkaufen». Medium wurde ich zwar von alleine, Löffel zu verbiegen und Menschen zu beeinflussen lernte ich hingegen in Wochenend-Kursen und in noch längeren Seminaren.

In die Röhre geschaut

Rückführungen in frühere Leben waren ein wichtiger Bestandteil meiner Bewusstseins-Reise. Die Rückführungen spielen sich folgendermaßen ab: Ich sitze am Lügendetektor. Mit den verschiedensten Fragen führt mich die Trainerin allmählich in das vergangene Leben zurück. Mit offenen Augen *sehe, höre, rieche und schmecke ich alles*, als würde ich es förmlich noch einmal erleben. Das Ganze spielt sich in einer Art Trance hinter den Augen ab. Man ist in einem Zwischenbewusstsein und kann die gestellten Fragen beantworten, ohne dabei aus dem Traum zu gleiten. Meistens enden diese Rückführungen mit grauenhaften Erlebnissen und mit dem Sterben. Vermittelt wird, dass das Sterben nicht schmerzhaft, sondern nur der Übergang in ein neues Leben sei. Ohne ein Gefühl verlässt du deinen Körper und dringst einfach in den nächsten Körper ein.

Einmal wurde ich in ein Leben vor der Erschaffung unserer Welt versetzt. Es war ein paar tausend Jahre vor Christi Geburt, die genaue Zahl weiß ich nicht mehr. Ich war in einer anderen Welt. Sie war so übertechnisiert, wie es die unsere in vielen Jahren überhaupt erst sein wird.

Erstaunlicherweise hatte ich mich vorher nie mit Science-Fiction-Filmen oder mit Büchern dieses Genres beschäftigt. Aus dieser Ecke konnte ich meine inneren Bilder also nicht gehabt haben. Nun denn, ich war jedenfalls ein silbernes Wesen. Halb Roboter, halb Mensch. Angegurtet liege ich auf einem Operationstisch. Ich spüre, wie mir zwischen den Augenbrauen etwas in die Stirn implantiert wird. Ein Chip. Nach kurzer Zeit werde ich vom Operationstisch befreit. Langsam stehe ich auf und setze vorsichtig einen Fuß vor den anderen. Irgendetwas stimmt nicht. Mit den ersten Schritten merke ich: Ich werde ferngesteuert! Zuerst durchquere ich mehrere sterile Gänge und gelange in einen großen Raum. Ich marschiere zu einer Art Mischpult. Es steht vor einer großen Fensterscheibe. Dahinter sehe ich den Weltraum. Ohne es zu wollen, drücke ich auf irgendeinen von diesen Hunderten von Knöpfen. Sekunden epochaler Stille. Weit entfernt explodiert etwas. In diesem Moment geht die Tür auf, Sicherheitsbeamte – «Robotermenschen» wie ich – stürmen herein. Einer schreit: «Das war der da!», und zeigt dabei auf mich. Sie kommen und packen mich rechts und links. Gegenwehr zwecklos. Erklärungsversuche nicht erwünscht. Sie stecken mich in eine Röhre. Nun begreife ich: «Wer-auch-immer» wollte etwas zerstören, aber nicht die Schuld dafür tragen. Deshalb bin ich ferngesteuert worden. In der Röhre muss ich verglühen …

Am Abend nach dieser Sitzung lag ich zu Hause in meinem Bett. Zwischen meinen Augen spürte ich einen enormen Druck. Nackte Angst packte mich. «Ich habe diesen Chip immer noch! Die wollen mich fertig machen. Die wollen mich umbringen.» Dieser Gedanke kam mir immer wieder. Heißer Schweiß perlte auf meiner Stirn.

Solche Rückführungen sind gefährlich. Bei meiner Trainerin war einmal ein Mann mit der geoffenbarten Situation aus einem seiner früheren Leben nicht mehr klargekommen. Er nahm eine Pistole und erschoss sich vor ihrem Schreibtisch. Das ist nun wirklich kein Spiel mehr. Hier sind destruktive Kräfte am Werk.

«Du bist nicht allein ...»

Mein Vermächtnis aus der Kindheit blieb: Depressionen. Ein ausgefülltes, intensives Leben hatte ich zwar – aber auch eine leere, hungernde Seele. Dabei war ich ein gesundes «Blumenkind», hatte eine Tochter und keine finanziellen Probleme.

Trotzdem war ich so etwas von traurig und deprimiert, betrachtete oft mein Leben und dachte: «Das darf doch alles nicht wahr sein!» Ich hörte auch Stimmen in mir. Oft stand ich in der U-Bahn vor den Gleisen und hörte eine innere Stimme sagen: «Du brauchst nur ein paar Schritte nach vorn zu gehen. Nur ein paar Schritte. Zwei oder drei. Spring auf die Gleise! Dann ist alles vorbei.»

Mehrfach stand ich in dieser «Begleitung» auch auf einer Brücke: «Beug dich einfach vor ... Beug dich vor ... Beug dich runter!» Ich habe diese Dinge nicht getan, weil ich ein großes Verantwortungsgefühl meinem Kind gegenüber hatte. Das klingt besser als «Feigheit», nicht wahr?!

Die schweren Depressionen blieben, begleitet von einer notorischen Unzufriedenheit. Ich fühlte mich als schlechter Mensch. Deshalb verbrachte ich einmal eine ganze Woche in einem Kloster, um herauszufinden, warum ich ein derart schlechter Mensch war. Es gab dafür Symptome, die ich inzwischen 25 Jahre lang in der esoterischen Welt zu bekämpfen versucht hatte. Und dabei lag es garantiert nicht daran, dass ich diese Dinge einfach «noch nicht genügend los sein wollte» oder dass ich mir «einfach noch nicht genügend bewusst war, dass ich mich bestimmt davon lösen konnte, wenn ich nur genügend wollte ...»

Hier waren Auswirkungen und Symptome, die ich bei zahllosen Mitsuchenden ebenfalls beobachtete. Es sind genau die Spuren, die die Irrfahrten in der Geisteswelt der Esoterik zu hinterlassen pflegen.

Der äußere Ablauf war stets derselbe: Ich interessierte mich für etwas, eine Praktik oder eine Methode, übte sie eine Weile aus und wurde dann wieder von etwas Neuem angezogen. Also probierte ich auch dieses wieder aus. Nie war etwas endgültig, es ging alles immer weiter. Pendeln, Bachblüten, Tarot. Es war so viel, ich weiß längst nicht mehr alles. Nach der ganzheitlichen Anschauung passen eben die verschiedensten esoterischen Sparten zueinander.

Einer setzt seinen Schwerpunkt in der einen Methode, der Nächste in einer anderen. Für mich war das kein Widerspruch, denn ich befand mich auf einer Bewusstseins-Reise. Die Beschäftigung mit einer Praktik und das anschließende Aufgeben derselben wertete ich demzufolge nicht als Zeitverlust, sondern als Weiterentwicklung.

Alles erschien mir so logisch. Alles ging auf. Die früheren Leben, die Harmonie zwischen Karma und Reinkarnation. Für mich war das eine felsenfeste Überzeugung. Es war meine Realität. Ich stritt mit jedem, der behauptete, es würde nur *ein* Leben geben. Hier hörte bei mir die Toleranz ganz klar auf. Ansonsten lebte ich nach den Prinzipien «Das habe ich noch nicht gehört, das könnte auch noch was sein» und «Du hast diesen Weg, ich habe einen andern; schließlich führen viele Wege zum Ziel». Richtig gefestigt war ich nicht – wie so viele Menschen, die man in der esoterischen Welt trifft. Wenn jemand mit Überzeugung von einem neuen Weg sprach, glaubte ich ihm vorbehaltlos und probierte diesen Weg eben auch noch aus. Den Punkt, an dem ich das Gefühl hatte, endlich etwas Dauerhaftes gefunden zu haben, erreichte ich auf diese Art aber nie.

Familienbande unter Gleichgesinnten

Einige Leute triffst du bei so ziemlich *allen* Kursen und Seminaren. Man tauscht Erfahrungen aus und berichtet einander, was man schon alles ausprobiert hat. Das gibt einer Gruppe eine gewisse Verbindung. Man ist eine Familie von suchenden Menschen. «Wir suchen das Licht. Andere wissen gar nicht, dass sie in der Finsternis leben.» Die anderen waren für uns oberflächlich. Sie haben ihren Job, ihre Familie, ihr Haus, ihr Auto – aber sie suchen nicht. Sie arbeiten, sie essen, dann folgen Stunden vor dem Fernseher oder meinetwegen im Kino, und dann ab ins Bett. Das ist alles.

An einer Stelle sagt Jesus: «Ich bin das Licht.» Wir suchten *dieses* Licht und wussten es nicht. Aber wir suchten wenigstens.

Ich war sehr stolz auf meine Fähigkeiten: Ich konnte Leute nach Belieben beeinflussen. Außerdem beherrschte ich die Kunst der Hypnose. Und nicht zu vergessen: *Wir* auf dem höheren Bewusstseins-Level konnten sogar über glühende, achthundert Grad Celsius heiße Kohlen gehen! Ja, die stolzesten Menschen sind immer auch die verletzlichsten. Ich war sehr stolz.

Und ich war hilfsbereit. Mein Ziel war es, Positives zu erreichen und viel Gutes zu tun. So habe ich sehr intensiv Hypnose gelernt, weil ich damit anderen und mir selbst helfen wollte: zum Beispiel das Rauchen abzugewöhnen, Schlafstörungen zu beheben, Abzunehmen, Angstzustände abzubauen und so weiter.

Und als ich mich zur Bachblüten-Therapeutin ausbilden ließ, kamen all die Hilfesuchenden zu mir: Eifersuchtsprobleme, geringes Selbstwertgefühl und Niedergeschlagenheit plagten sie. Mein Wunsch war es, diesen Leuten zu helfen.

Von meinem Naturell her bin ich zu wenig geschäftstüchtig, als dass ich als Anbieterin im größeren Stil hätte Geld verdienen können. Der Gedanke daran war aber stets da. Wann immer ich etwas Neues für gut befand, stürzte ich mich total darauf, schloss auch diese Ausbildung noch ab und lotete alles aus. Irgendwie kam ich aber nie zu dem Punkt, das Gefundene dann als *mein Produkt* anzubieten. Eine undefinierbare Kleinigkeit fehlte jedes Mal noch. Unerklärlich. Ich war überzeugt: Das Nächste ist es dann!

So bewegte ich mich meistens als Konsumentin auf der suchenden Seite; lediglich mit verschiedenen Bachblüten-Mischungen stand ich auf der Seite der Anbieter. Bei meiner allerletzten Ausbildung schmiedete ich dann jedoch definitiv Pläne für eine eigene Praxis. Es handelte sich dabei um ein zwei Jahre dauerndes Fernstudium zur Gesundheitspraktikerin. Inhalte: Biodynamische Lebensmittel, genügend Schlaf, Bewegung, gesunde Ernährung, Umwelt schonen. Edle Ziele. Wertvolle Motive. Ich hielt sie für das Allein-selig-Machende und dachte bei mir: Wenn ich das habe, werde ich endlich glücklich sein.

Ich erarbeitete mir das Diplom. Nur: Vegetarische Ernährung, frische Luft und genügend Schlaf, das war prima – aber das war's eben immer noch nicht. Es war eine hehre Lebensweise, sicher, aber noch immer nicht das, was mich erfüllte.

Immerhin, in einer eigenen Praxis hätte ich eine breite Palette anbieten können: Ich hatte eine Hypnose- und eine Massage-Ausbildung in der Tasche, war Bachblüten-Therapeutin und Reiki ersten Grades. Hinzu kam jetzt das Diplom als Gesundheitspraktikerin, gestützt durch die zahllosen Workshops und Seminare als «Basiswissen». Wenn ich aber in mich hineinhorchte, konnte ich den aktuellen Stand meiner Erkenntnis und meines Wissens einfach nie ganz vertreten. Es war noch nicht die volle Wahrheit.

Von dem, was ich in finanzieller Sicht aus der Esoterik schöpfte, konnte ich nie leben. Im Gegenteil, ich habe Unmengen Geld «hinausgeworfen», besonders für die teuren Rückführungs-Sitzungen. Nebenher arbeitete ich als Kindergärtnerin und verdiente als Model, unter anderem in der TV-Werbung, meinen Lebensunterhalt.

Voller Einkaufszettel

Jedes Mal, wenn etwas Neues kam, erwies es sich als wirksam. Auf eine gewisse Art und Weise jedenfalls. So fing es zum Beispiel mit den Bachblüten an: Ich bin ein Mensch, der nur schwer Nein sagen kann. Also benutzte ich ein Mittel, das mir half, den Leuten Grenzen zu setzen; aber nicht auf eine unangenehme Art. So nahm ich die entsprechenden Bachblüten-Tropfen über einen bestimmten Zeitraum ein. Sie hatten definitiv eine Wirkung. Bald spürte ich nämlich, dass ich innerlich richtig hart wurde. Weit über das gewünschte Ziel hinaus. Als ich das entdeckte, stellten sich bei mir Schuldgefühle ein. Darum nahm ich jetzt Tropfen gegen diese Verhärtung. Sie bauten auch die Schuldgefühle wieder ab. Dafür tat ich wieder, was alle von mir wollten, und war wieder im alten Kreislauf gefangen. Es war eine Gratwanderung.

Mit der Zeit durchschaute ich das und wusste: Nein, diese Praktik bringt's auch nicht. Also folgte schon bald das Nächste: Kristalle, Farbtherapie, Chakren-Meditationen und so weiter.

Rückblickend kann ich sagen, dass ich intensiv gesucht habe. Umfassend. Es war nicht befriedigend, denn ich war immer auf der Jagd nach dem Nächsten. Das brachte wieder nicht die Erfüllung, und schon fragte ich wieder: Was kommt jetzt? Aber damals gehörte dies für mich zum Ganzheitlichen: Dieses hier nehme ich noch, jenes auch noch und das Dritte dann noch obendrauf. Bis es genug ist. Bis ich mich *ganz* fühle, vollwertig und ausgefüllt.

Damals lernte ich bei einer Therapeutin. Sie arbeitete nach dem Scientology-Konzept. Früher war sie dort Mitarbeiterin gewesen und hatte sich dann heimlich das ganze Material kopiert, um damit ihren eigenen Kurs aufzuziehen. Sie nannte es «Kommunikations-Training». Sie bildete Leute aus und wollte die gleiche Struktur mit Ethik-Offizieren usw. aufbauen. Dreimal in der Woche war ich drei Stunden bei ihr. Ich ließ mich zur Trainerin ausbilden und buchte zudem Rückführungen; eine kostete 800 Schilling. So lernte ich, dass meine Probleme auf meine früheren Leben zurückzuführen waren, wo ich «dies und das und jenes falsch gemacht hatte». Bei diesen Rückführungen musste ich Leben um Leben wie Zwiebelschalen abstreifen.

Eigentlich müsste es einem ja nach jeder Sitzung ein bisschen besser gehen. Das war bei mir aber nur selten der Fall. Und wenn, dann nicht gravierend. Außerdem wusste ich nicht, ob ich fünfzig oder hundert oder noch mehr solcher Zwiebelschalen abzulegen hatte. Ob ich also 40 000 oder 80 000 oder noch mehr Schilling auszugeben hatte. Erst dann wäre ich ein klarer, reiner «Thetan», auch «Clear» genannt. Darunter versteht man einen rationalen Geistmenschen – einen Geist in einem Körper, der fähig ist, alles zu meistern. Die Option lautet: Wenn unser Planet eines Tages zu Grunde geht, dann kannst du dir eine eigene Welt herstellen und dort weiterexistieren. Total verrückt! Aber für mich als New-Agerin war das völlig logisch. Ich war gewillt, mein ganzes Geld da hineinzustecken. Nur schon, um im nächsten Leben weniger Schalen lösen zu müssen. Immerhin, in zwanzig vergangenen Leben war ich inzwischen schon!

Mitunter erlebte ich sogar pränatale Phasen. So erlebte ich meine eigene Geburt noch einmal. Ich kam nicht in einem Krankenhaus, sondern in einer Privatwohnung zur Welt. Ich konnte alles exakt beschreiben: Wie die Schränke im Schlafzimmer gemasert waren, in was für ein Badetuch ich eingewickelt war, wie die Hebamme aussah, wo die Fenster waren, welche Kleidung mein Vater trug. Später – nach der Rückführung – sprach ich mit meiner Mutter darüber. Alles stimmte. Bis ins kleinste Detail. Total faszinierend.

Ich muss gestehen, dass ich das alles nie hinterfragte. Obwohl ich mich immer für einen Menschen mit Tiefgang hielt. Rückblickend hatte ich aber immer nur dann Tiefgang, wenn ich mit mir selbst Mitleid hatte.

Die große Frage

Mein Mann – wir lebten damals schon getrennt – erhielt eines Tages das Büchlein *Vom Minus zum Plus*. Eine christliche Schrift von einem deutschen Prediger. Die Post brachte es in jeden Haushalt. Mein Mann ließ das Büchlein im Flur liegen und dachte sich, wenn er mal Zeit hätte, würde er einen Blick hineinwerfen.

Eines Abends nahm er sich dann die Zeit. Er blätterte in diesem

Büchlein herum und wollte mir dann zeigen, dass ich auf einem falschen und gefährlichen Weg war. Von Esoterik hielt er ohnehin nie etwas. Ich war aber für keinerlei Argumente zugänglich. Dann schaute mein Mann sich das Büchlein noch mal an und dachte sich: «Jetzt probiere ich es mit Beten.» Er ging dann tatsächlich im Schlafzimmer auf die Knie und betete von Herzen, dass ich aus der Esoterik herausfinde! Davon erfuhr ich aber erst später. Die Auswirkungen ließen indes nicht lange auf sich warten: Keine zwei Tage später spürte ich in meinem Herzen die Frage: «Was ist mit Gott?» In der nächsten Sitzung stellte ich sie meiner Trainerin. Sie sagte: «Gott, Gott, Gott. Was soll das: *mit* Gott? Wir *alle* sind Gott!»

In meinem Herzen tauchte die nächste Frage auf: «Aber was ist mit der Liebe?» Wir wurden trainiert, keine Gefühle zu haben. Wir hatten Medien, die waren schon ein Jahr im Training. Sie waren fähig, sich zwei Stunden auf einem Meter Distanz gegenüber zu sitzen, sich in die Augen zu schauen ohne jede Körperbewegung. Ohne einen Gedanken zu haben. Jedes Mal, wenn ein Gedanke aufflackerte, sagten sie «Stop!» und stellten den Wecker oder die Uhr wieder zurück. Ohne Gefühle, ohne Gedanken. Ohne zu zucken. Sitzen und nur schauen. Ihre Gefühle waren komplett abgestumpft. Abgebrüht. Abgerichtet. Kommunikations-Training eben ...

Die Frage bohrte tiefer: Was ist mit der Liebe? Sollte sie nicht das Höchste sein? Mehrfach verwickelte sich die Trainerin in Widersprüche. Sie lebte nicht das, was sie sagte. Plötzlich wusste ich: Ich steige aus diesem Programm aus. Nach über einem Jahr Training. Der Gedanke «Ich steige aus» bereitete mir eine ungeahnte Freude.

Auf einem anderen Planeten

Zwei oder drei Monate später erzählte mir eine Freundin von einer christlichen Gemeinde. Sie meinte, ich solle da einmal hingehen. Aber ich steckte noch immer in meiner Ausbildung zur Gesundheitspraktikerin. «Annelies», erwiderte ich, «ich habe im Moment viele Prüfungen für mein Diplom, aber im März bin ich damit durch. Im April schaue ich mir das gerne mal an.»

April. Sonntag Morgen. Kurz vor zehn Uhr. Ich komme rein. Musik. Gesang. Stehende Leute. Sitzende Leute. Singende Leute.

An die Wand war der Text eines Liedes projiziert. Ich las die Strophen: «Du stillst meine Sehnsucht.» Wie ein Blitz durchzuckten mich diese Worte. «Du hörst meines Herzens Schrei.» Innerhalb weniger Minuten wusste ich: «Mein Suchen hat ein Ende. Ich bin zu Hause.» So lange Zeit hatte ich genau das gesucht! Von der Predigt bekam ich kaum etwas mit. Zwei Stunden lang konnte ich nicht aufhören zu weinen. So sehr überwältigte mich Gottes Liebe.

Zum Schluss fragte der Prediger, ob er für jemanden beten solle. Für jemanden, der Jesus noch nicht kennt. Ohne lange zu überlegen, meldete ich mich. Glücklicherweise holte er mich nicht nach vorne, sondern sagte: «Ich bete für die Frau dort hinten.» Neben mir saß ein junger Mann. Nach dem Gottesdienst versicherte er mir: «Ich gratuliere Ihnen, Ihr Leben wird sich ändern.» Es war mir peinlich, denn ich sah ziemlich verheult aus.

In der folgenden Woche beobachtete ich mich und hatte nicht den Eindruck, dass mein Leben sich veränderte. Dafür freute ich mich in den folgenden Wochen immer auf den Sonntag. Und das, obwohl es draußen noch immer kalt war und der Anfahrtsweg fast eine Stunde in Anspruch nahm. Aber es zog mich hin. Leider bin ich mit niemandem enger in Kontakt gekommen.

Dann hatten wir eines Tages einen Gastprediger. Er integrierte eine Gebetszeit: «Ich möchte, dass wir uns jetzt zwei bis drei Minuten Zeit nehmen, um füreinander zu beten. Geht dafür zu zweit oder zu dritt zusammen.» Ich konnte schon nichts damit anfangen, dass da Leute herumstanden, die «Halleluja» sangen und dazu ihre offenen Hände in die Höhe hoben. Jetzt sollte ich plötzlich auch noch für jemanden beten! Auf eine Person zugehen, nein, das wollte ich nun wirklich nicht.

Noch war ich in solche Gedanken versunken, als eine junge Frau auf mich zukam und mich anstrahlte: «Hi, ich bin die Claudia!»

«Und ich bin die Romana.»

Claudia betete für mich. Als sie fertig war, gestand ich ihr: «Claudia, ich kann das nicht.»

«Das ist schon okay.»

Die Frau gefiel mir. Ich wollte ihre Telefonnummer haben. Wir verabredeten uns. Drei Tage später trafen wir uns in einem Boulevard-Café. Nach ein paar belanglosen Themen sprach ich sie auf den Glauben an. Laut und begeistert verkündete sie aus tiefstem Herzen im gut gefüllten Bistro: «Weißt du, ich habe eine so große Liebe zu Jesus, ich könnte keinen Tag mehr ohne ihn leben.» Meine ersten Gedanken waren:

«Ist die blöd?»

«Ist die wahnsinnig?»

«Da hören hundert Leute um uns herum zu, und die sagt das so laut!» Aber etwas in mir drängte: «Was die hat, will ich auch!»

Die esoterische Seite wurde in diesen Tagen unerwartet aktiv. Plötzlich lernte ich Personen kennen, die mir berichteten: «In Österreich gibt es jetzt ein Ashram.» Dann erhielt ich von der Bücherei genau das Buch über den Buddhismus, auf das ich schon mehr als ein Jahr gewartet hatte. Ich las darin und merkte, dass ich hier keine echte Freude finden konnte.

Beten und die Bibel lesen, das kannte ich bis dahin nicht. Niemand hatte mir je etwas darüber gesagt. Aber es hat mich nicht mehr losgelassen. So besuchte ich regelmäßig die Gottesdienste und Bibelstunden. Irgendwann fragte mich jemand: «Hast du Jesus schon in dein Leben eingeladen?» – «Nein. Muss man das?» – «Ja. Lass es uns tun!» Wir gingen zum Pastor. Der fragte, ob er vorbeten solle. Manchmal bin ich stolz, sage Ja und denke mir dann: «Nee, nee, das mach ich schon selbst.» Jedenfalls sprach er mir ein wohlformuliertes Gebet vor: «... übergebe dir die Führung meines Lebensschiffes ...» und so weiter. Zu Hause dachte ich mir dann: «Nein. Das war nicht ich. Das mach ich noch mal.»

Um zehn Uhr abends ging ich auf meine Knie. Echt. Unter Tränen. «Jesus. Schau dir mein Leben an. Bis jetzt probierte ich es ohne dich. Ein einziger Scherbenhaufen. Ich will es nicht mehr ohne dich machen. Komm du jetzt in mein Leben. Führe mich.» Das war jetzt ich! Ich freute mich riesig.

Aber da war auch schon bald dieser für mich typische Gedanke: «Ich muss mir seine Liebe *verdienen*.» Das ging so: «Jesus, damit du siehst, wie ernst ich das meine, faste ich jetzt drei Tage lang. Du weißt, wie schwer mir das fällt. Der Kühlschrank ist voll. Und ich esse gerne. Außerdem habe ich so etwas noch nie geschafft. Aber wenn du mir hilfst, dann kann ich es!» Die nächsten drei Tage trank ich nur Säfte. Es war das erste und bisher letzte Mal in meinem Leben, dass ich fastete.

Esoterische Kräfte zeigten seit meinem Gebet keine Wirkung mehr. Jesus erwies sich als stärker.

25 Jahre lang habe ich in der Esoterik vergebens nach Liebe und

Geborgenheit gesucht. Heute weiß ich, was und wen ich all die Jahre gesucht habe: Jesus. Damals konnte ich das nicht in Worte fassen. Wenn ich früher den Namen Jesus hörte, gab es zwar eine bestimmte Resonanz in mir. Eine ganz stille Freude im Herzen. Aber ich wusste nichts damit anzufangen.

Vom ersten Gottesdienstbesuch bis zum Tag, an dem ich Jesus in mein Leben einlud, vergingen rund vier Monate.

Nachdem ich ihm mein Leben übergeben hatte, ließ ich mich taufen. Vor der Taufe wollte ich das ganze Zeug aus der Vergangenheit loswerden. Wollte vor der sichtbaren und der unsichtbaren Welt ein markantes Zeichen setzen. Ich verbrannte alles. Ohne Ausnahme. Einen ansehnlichen Stapel. Im Namen Jesu sagte ich mich von all dem los. «Mit diesen Methoden will ich nichts mehr zu tun haben. Sie haben mir nie auch nur einen kleinen Teil von dem gegeben, was ich jetzt von dir erhalten habe, Jesus. Es ist vorbei. Du bist meine einzige Quelle.» Das war's.

Streets of Gold?

Auf einem weißen Pferd reite ich jetzt auf goldenen Straßen und Rosenblättern in den Himmel hinein, und es gibt keine Probleme mehr – zumindest einige stellen sich mein Leben jetzt so vor. Ich hatte damals ähnliche Erwartungen. Bei vielen, die zu Jesus kommen, ist das so. Du erfährst Gebetserhörungen und schwebst wie auf Wolken. Dir geht es nur gut. Dann kommen aber auch die Prüfungen. Du betest, dass du gesund wirst, und kriegst noch mehr Fieber. Du betest, dass etwas Bestimmtes geschieht, und dann passiert anscheinend überhaupt nichts.

Wenn es bisweilen auch Probleme gibt, wird mein Leben aber trotzdem immer schöner und reicher. Keinen Tag möchte ich mehr ohne Gott leben. Manchmal frage ich: «Daddy, Vater im Himmel, was war da vorher? Wie habe ich ohne dich leben können? Wie nur?»

Einem Esoteriker berichtete ich von Jesus. Er hielt *eigentlich* viel von ihm: «Jesus war ein guter Mensch. Ein gutes Vorbild. Gott ist die Summe aller guten Energien im Kosmos.» Die typische nebulöse Beschreibung all der Leute, die ihn noch nicht persönlich kennen. In meinem Leben begegnete ich im Großen und Ganzen folgenden zwei Gottesbildern: Zuerst lernte ich Gott im Religionsunterricht als den verurteilenden, strafenden, richtenden Gott kennen. Darum wollte ich nichts mit ihm zu tun haben. Später, in der Esoterik, mutierte er in meinen Gedanken zu einem unpersönlichen Allwesen, das allgegenwärtig und zugleich nirgends ist: Alles ist Gott. In uns, in der Natur, überall.

Als ich mich vor rund dreißig Jahren mit der Esoterik zu beschäftigen begonnen hatte, wurden wir belächelt. Wir waren nur ein paar wenige. «Eingeweihte», sozusagen. Aus gesellschaftlichen Gründen änderte sich das in den letzten Jahrzehnten grundlegend. Heute führt uns der Wohlstand zu dem Punkt, an dem wir sehen, dass wir alles haben und doch immer noch nicht erfüllt sind. Und was mich wundert: Noch nie habe ich so viele Männer auf einer Esoterikmesse gesehen wie heute, im Jahr 2000. Früher bastelten sie an ihrer Karriere und saßen am Abend vor dem Fernseher. Heute haben sie das Gefühl, dass sie doch mehr brauchen. In den großen Möbelfirmen gibt es Vorträge, wie man seine Wohnung nach Feng-Shui-Kriterien einrichtet, in der Schule werden die Kinder mittels Kinesiologie und Qi Gong zu mehr Konzentration getrimmt. Keine Spur mehr von belächelt werden.

In der Astrologie sagten wir: «Die ersten 2000 Jahre nach Christi Geburt sind das Fische-Zeitalter. Da ist alles nebulös. Schleierhaft. Nur wenig Interesse. Mit der Jahrtausendwende treten wir ins Zeitalter des Wassermannes ein. Wo alles klar wird. Und allen zugänglich.» So ist es gekommen.

Mein Herz schmerzt, wenn ich sehe, wie Abertausende in der Esoterik suchen und wie viele «blinde Blindenführer» es dort gibt. Noch keinen Einzigen konnte ich finden, der wirklich glücklich ist. Keinen. In 25 Jahren. Keinen. Dabei unternahmen wir *alles*, um Erfüllung zu finden. Satan, Diabolos, Durcheinanderbringer, Teufel, Luzifer oder wie auch immer man ihn nennen mag – er hat die Kontrolle in diesem Bereich. Es wird beispielsweise viel über Beziehungs-Therapien gesprochen. Aber: Ich kenne in der Esoterik kein einziges Paar – und ich kenne sehr, sehr viele Paare dort –, das eine auch nur halbwegs glückliche Ehe führt. Angefangen in meiner eigenen Familie mit der Trennung von meinem Mann. Als Esoteriker ist man im besten Fall eine chancenlose Marionette.

Der Diabolos verwendet eine subtile Taktik. Er spricht von «Christusbewusstsein» – und benutzt massenhaft Bibelverse und Bibelzitate. Wenn man einen Hund vergiften will, gibt man ihm nicht die Giftampulle. Man ködert ihn mit einem vergifteten Steak. In der Esoterik sind die Bibelstellen das Steak. Zuerst wird man vom Diabolos verwöhnt. Dann zerstört er dich. Mein Leben ist eines von zahllosen Beispielen. Mit dem «esoterischen Feuer» kann man nicht spielen, ohne sich zu verbrennen.

In meinem Leben habe ich gemerkt, dass der Feind raffiniert und immer gleich zur Stelle ist, wenn man sich mit einer Praktik am Ende meint. Dann stellt er einem fast ritualmäßig die nächste Methode vor die Nase. Und weil man ja immer noch auf der Suche ist, greift man nach diesem neuen sich bietenden Strohhalm. Heute sehe ich das als Verblendung an. Wenn Yoga zum Beispiel durchaus auch ein möglicher Weg zur Erlösung wäre, hätte Gott seinen Sohn ja wirklich nicht sterben lassen müssen.

Im Gespräch mit Esoterikern hörte ich aber in letzter Zeit immer wieder: «Ihr Christen habt es gut. Ihr habt eine Hoffnung. Ihr habt etwas ‹Fixes›.» Um das dann selbst auch anzunehmen, ist der Stolz dieser Leute aber zu groß. Trotzdem: Für Esoteriker habe ich eine riesige Hoffnung. Denn sie suchen von ganzem Herzen und mit großem Engagement. Und deswegen denke ich, dass noch viele *wirklich* finden werden.

Mein Glaube hilft mir in jedem Bereich des Alltags. Früher fürchtete ich mich vor der Zukunft. Ich wusste nicht, was sie bringt. Sie erschien mir nebulös. Heute habe ich keine Angst mehr. Vor nichts. Weder davor, ein paar Stunden in einem Parkhaus eingesperrt zu werden, noch vor einem finanziellen Desaster oder sonst etwas. Die Ängste, die mich früher zerfressen haben, sind jetzt weg.

Nach außen hin hat sich bei mir nicht viel verändert. Weder habe ich jetzt einen Traumjob, noch quillt mein Bankkonto über. Dafür ist in mir drin alles anders. Mein Sohn und ich, wir genießen eine enorme Freude und Festigkeit im Leben. Das ist unbezahlbar – eine vorher nicht gekannte Lebensqualität. Und wenn ich dann erst erkenne, was mich als Christin von Gott her noch alles erwartet – es ist unerschöpflich!

Romana Vrana (43) lebte mit ihrem Sohn bis vor einem Jahr in Wien. Heute besucht sie eine Bibelschule in Wels (Österreich).

Kapitel 3

Esoteriker, Lebensberater, Hellseher:

Ein riesiges Angebot zwischen Humbug und Lebensgefahr

Er steht vor mir. Bolzengerade. 1,78 Meter hoch. Einen Zentimeter größer als ich. Er ist kräftig gebaut. Seine Haare sind dunkel, die Haut hell. Genau wie seine «Sicht», denn er bezeichnet sich als hellsichtig. Goldene Sterne, Monde und Sonnen zieren seinen marineblauen Umhang. Darunter quillt reichlich Brusthaar hervor. Seine nackten weißen Füße stecken in «Jesuslatschen». Ich frage ihn, ob er Zeit für ein kleines Interview hat. Er hat. Er gibt gerne Auskunft.

Hübsch geschwungene Bilder mit astrologischen Zeichen schmücken seinen Stand auf der Esoterikmesse. Auf dem Holztisch liegt eine große, viereckige Lupe mit schwarzem Griff. Die benötigt er zum Handlesen, das neben Rückführungen, Astrologie und Pendeln zu seinem breiten Angebot gehört.

Der Kenner hört sofort: Der Mann tut Gutes und spricht gerne darüber. Und das noch bevor ich mein Aufnahmegerät installieren kann. Wir setzen uns.

Rückführungen allein machen offenbar nicht selig. «Ich schicke die Menschen auch nach vorne. In ihre zukünftigen Leben. Eine Klientin landete im Jahr 2065.» Und wenn eine eine Reise tut, dann kann sie was erzählen: «Der Vierte Weltkrieg ist dann bereits vorbei», rekonstruiert mein Gegenüber. Außerdem: «Das Wasser wird knapp, trotzdem leben die Menschen unter Wasser.» Auch künftige Nobelpreise liegen in der Luft: «Aids kann schon im Jahr 2012 geheilt werden.» Ein anderer Klient fand sich gar im Jahr 3000 wieder. Und knüpfte lückenlos an die «Fiat-Lux-Wasserspiele» der «Prophetin» Uriella an: Ein Meteorit habe einen großen Teil unserer Erde zerstört. Wir, die wir dann alle in andere Leben inkarniert seien, bräuchten uns aber nicht zu fürchten. «Die Menschen siedeln auf andere Planeten um. Wir leben dann auch nicht mehr in unseren herkömmlichen Körpern, sondern bestehen aus Energieformen.» Mein Experte weiß viel zu berichten.

«Meine Trefferquote liegt bei 95 Prozent. Es sind natürlich alles Tendenzen.» Die nähere Zukunft scheint wesentlich verborgener. «Wenn der Mensch weiß, was er für Fehler machen würde, kann er diese vermeiden und sein Schicksal beeinflussen.»

Also wird die Zukunft dank der vielen Hellseher jede Sekunde umgeschrieben, womit wir medial ständig nach vorne schauen müssten.

Viele Dinge der Zukunft seien schon passiert, das wüssten wir aber nicht, weil wir nur dreidimensional denken. *Aha.* Wichtig sei, nicht zu weit in die Zukunft zu schauen, sondern im Hier und Jetzt zu leben. *Wie Recht er doch hat. (Außer natürlich bei den immens wichtigen Rück- und Vorführungen in vergangene und zukünftige Leben.)* Wir müssten wieder lernen zu lachen. Viele Menschen hätten das verlernt. *Soso.* In uns allen würden Anlagen von magischen Kräften stecken, denn wir waren ja alle schon mal auf der Welt. *Logo.*

Und welche Kräfte stecken bei Mr. Bolzengerade dahinter? «Mit gewissen Yoga-Übungen öffne ich meinen inneren Kanal, sprich: die Chakren. Dann steht mir im Prinzip alles zur Verfügung, was ich wissen will.» Aber last but not least: «Selig sind die, die reinen Herzens sind. Denn nur sie werden Gott schauen.» Die Kräfte dürften nicht missbraucht werden. «Wenn das jemand tut, werden ihm das Talent und die Fähigkeiten genommen.» *Uii!*

Eine abschließende Frage. Ursprünglich war sie mir ein bisschen peinlich. Aber ich weiß: Diesem Menschen kann ich voll vertrauen. Sicher kann er mir helfen. Er weiß viel. Trefferquote 95 Prozent. Mindestens. Deshalb: Augen zu und fragen: «Warum treffe ich im Eishockey das Tor nicht?» Jetzt ist es raus. Er weiß: Ich bin eine Niete. Ein Versager. Einer, der das Tor nicht trifft. War da ein schalkhaftes Aufblitzen in seinen Augen? Nein. Tiefes Verständnis strömt mir entgegen. Er versteht mich. Mich und mein Problem. Tiefes Angenommen-Sein.

Er weiß Rat: «Es sind seelische Blockaden da. Weil Sie unter Erfolgszwang stehen. Und in der Kindheit ist etwas passiert, was der Auslöser dafür ist.» Ein Bodycheck als Juniorenspieler? «Ja. Die einzige Möglichkeit, das rückgängig zu machen, besteht darin, Ihr Unterbewusstsein oder Ihr höheres Selbst in einem tiefen Entspannungszustand abzufragen, was die Ursache ist. Ähnlich dem Tempelschlaf, den die Leute schon damals im alten Ägypten gemacht haben. Das ist eine reine, realistische Antwort. Alles andere wäre Spekulation. Nur Ihr Unterbewusstsein weiß über Sie Bescheid. Auch bei Krankheiten. Folglich sollte man es abfragen. Dann werden Sie eine Antwort auf Ihre Frage kriegen.»

Mit ägyptischer Mystik zum Top-Scorer im nationalen Eishockey? Heiliger Skarabäus! Ob ich jetzt wieder treffe? Kaum. Ich spielte noch nie Eishockey. Danke trotzdem.

Tags darauf genießt mein «Berater» riesigen Zulauf. Lückenlos hören die Klienten die nahezu gleichen Sätze. Er sehe eine Blockade in der Kindheit. Gelöst werden könne sie durch Abfragen des Unterbewusstseins. Wenn das Problem weiter zurückliegt, würde eben eine Rückführung nötig.[1]

Wetten, dass selbst der erfolgreichste *National Hockey League*-Scorer aller Zeiten, Wayne Gretzky, exakt dieselbe Antwort bekommen hätte? Die Menschheit, «das globale Dorf», scheint an einer einzigen Blockade aus der Kindheit zu leiden.

Was aber, wenn mein Problem echt gewesen wäre? Hätte ich die erste Rückführung gemacht, um die wahre Ursache zu erkennen? Wie viele weitere Rückführungen wären ihr gefolgt? Wie viele frühere Leben hätte ich wie eine Zwiebelschale ablegen müssen? Hätte ich neben meiner Suche nach meinem mangelnden Torriecher überhaupt noch Zeit für den Eishockeysport gehabt?

«Ich sehe, Sie waren ...»

Nachdenklich stimmt mich, dass ich solchen «hellsichtigen» Personen immer wieder begegne. Mr. Bolzengerade war nicht der Einzige, der den Grund der Tor-Misere in meiner Kindheit vermutete.

«Lebenshilfe und Lebensberatung», so wird diese Sparte in der Esoterik genannt. Das Geschäft mit der Zukunft und der Vergangenheit läuft bestens. «Medien» wie *er* haben volle Terminkalender. Nur: Andere Leute fragen solche Medien, ob sie ihren aktuellen Lebenspartner heiraten sollen oder nicht. Im Glauben, dass deren Rat stimmen muss. Und wenn das Medium dann rät: «Es wird Änderungen geben ...», tja, dann muss man Ausschau halten nach neuen Ufern.

Er steht für viele, besonders für jene, die ihren Lebensunterhalt als Medium verdienen. Sein Metier ist Betrug, gestützt auf Täuschung. Diese besteht darin, dass einzelne Fakten (in einem Vorgespräch und durch psychologische Einschätzung während der Sitzung gesammelt) mit banalen Lebensweisheiten wortreich ausgekleidet werden. Mit bestätigenden Fragen («Sie waren in letzter Zeit aufgewühlt?») bastelt die Kartenlegerin während der Sitzung ihre These zusammen. Der Ratsuchende bestätigt. Das Medium scheint aber auch wirklich alles zu wissen! Bewegt sich die Hellsichtige mit ihren Fragen in eine falsche Richtung, kaschiert sie das mit einfachen Worthülsen.

Mit der so aufgebauten Schein-Glaubwürdigkeit werden die weiteren Aussagen unkritisch aufgenommen. Beispiel: *Ratsuchende*: «Wann werde ich denn nun in die ersehnte Wohnung ziehen können?» *Medium*: «Bald. Aber es wird schwierig sein, sie zu bekommen.» *Ratsuchende*: «Was heißt bald?» *Medium*: «Im Sommer. Aber nur, wenn Sie sich anstrengen. Ich sehe, dass es Sie eine Menge Schweiß kosten wird.»[2]

Folge: Erhält die Ratsuchende die Wohnung, hat das Medium dies vorausgesehen. Kriegt sie die Wohnung nicht, hat sich die Suchende zu wenig angestrengt. Wen wundert es, schließlich sagte das Medium ja, dass es schwer sein würde. Nach demselben Schema verlaufen die Live-Tarot-Stunden bei den Privatradios im deutschsprachigen Raum. Egal, wie sich die Sache wendet, das Medium hat immer Recht.

Von 1908 bis 2000

In ganzseitigen Zeitungsinseraten versprechen Hellseher ihre Hilfe. «Die außergewöhnliche Maria Duval» verschenkt fünfhundert Mal den «Talisman der drei Magier». Warum sie das macht? Diese Frage stellt sie sich in großen Lettern gleich selbst und ist um die Antwort nicht verlegen. Sie will Gutes tun: «Weil mir daran liegt, Ihnen zu helfen. Und weil ich Ihnen zeigen und beweisen möchte, welch unglaubliche Kraft dieser Talisman besitzt (um zu Geld zu kommen, um Glück in der Liebe zu haben, um ein neues, sorgenfreies Leben zu führen). Deshalb habe ich beschlossen, Ihnen diesen Talisman zu SCHENKEN.»

Kleingedrucktes existiert nicht. Dafür eine Bitte: «Schreiben Sie mir, sobald Sie dank dem Talisman eine wichtige Veränderung in Ihrem Leben festgestellt haben. Vielleicht erscheint Ihr Brief dann im

Buch *Der Talisman der drei Magier und seine unbegrenzte Kraft.*»
Ein Beispiel aus der Rubrik: «Recherchieren einfach gemacht»! Madame Duval «ist weltweit für ihre erstaunlichen Fähigkeiten und ihre unglaubliche Begabung für ‹direktes Hellsehen› bekannt.» Sie vergisst auch nicht zu erwähnen, dass sie in 23 Jahren bei 2 931 Fernseh- und 8 407 Radiosendungen mitgewirkt hat (was einem jährlichen Schnitt von 128 TV- und 366 Radiosendungen entspricht).[3]

Lady Dagoba («gilt international als eine der mächtigsten Magierinnen der Welt») und Hans-Joachim Schröder («Der Seher vom Rhein», «nachweislicher Berater mehrerer europäischer Königshäuser. Die Presse bezeichnet ihn voller Respekt als einen der besten Astrologen Europas») bieten ihre Dienste in ähnlicher Aufmachung an. (Interessant ist, dass weder der beste Seher Europas noch eine der mächtigsten Magierinnen der Welt über die großen Suchmaschinen im Internet auffindbar sind.)

Hauptsache, man ist laut und marktschreierisch. Also heißt es: «Bekannt aus Radio und Fernsehen», «Internationales Top-Medium» oder «Ich möchte Ihnen meine wertvolle Schrift schenken».

Ganz so freigiebig wie heute gingen die Hellseher eingangs des Jahrhunderts mit ihrer Gabe nicht um. Prof. Dr. Friedrich zur Bonsen schrieb 1909 [Neuauflage 1999] in seinem Standardwerk *Hellsehen*: «Sehern selber den Mund zu öffnen ist, eben weil das Schauvermögen von allen übereinstimmend als eine drückende Plage bezeichnet wird, nicht leicht. Sie sind durchwegs wortkarge, verschwiegene Leute, und eine natürliche Scheu vor der Erzählung des Geschauten verschließt ihren Mund. In die Tagespresse gelangen solche Berichte fast nie.»

Man vergleiche dazu das ganzseitige Inserat: «Ich habe bei 2 931 Fernseh- und 8 407 Radiosendungen mitgewirkt.»

Betreffend hellseherischem Wahrheitsgehalt schreibt zur Bonsen poetisch und doch direkt: «Schein und Wirklichkeit, Dichtung und Wahrheit: Gar zu leicht und unmerklich reicht ihr euch oft die Hand. Hier gilt es scharf und vorsichtig zu sondieren. Wir möchten nun von vornherein behaupten, dass etwa 95 Prozent aller angeblichen vorher gesehenen Geschichten nur den Schein und den Glauben für sich haben; bei Licht besehen und geprüft zerfließen sie wie der Nebel vor dem Sonnenstrahl.»[4]

Wie viele der Hellseher eine echte Gabe besitzen, lässt ein Blick in die Vergangenheit erahnen: In den letzten Jahren sahen die Hellseher regelmäßig schwarz. Zum Beispiel 1998: Keine einzige der großen öffentlichen Prognosen hat sich erfüllt, einmal abgesehen von «Zufallsaussagen» zum Ausgang der Bundestagswahl. Das jedenfalls ermittelte die Gesellschaft zur wissenschaftlichen Untersuchung von Parawissenschaften (Rossdorf bei Darmstadt). Sie analysiert seit 1991 – mit stets gleichem Resultat – die Voraussagen der Orakel-Zunft. Vor dem Dritten Weltkrieg, dem Zusammenbruch des Weltwirtschaftssystems und der Kollision mit einem Kometen blieben wir alljährlich verschont. Trotzdem: Das Geschäft mit der Zukunft läuft weiterhin gut.[5]

1999 dasselbe Bild: Weder zerbrach, wie für Mitte 1999 vorhergesagt, die rot-grüne Koalition, noch wurden 90 Prozent der Menschen aus Angst vor der Rinderseuche BSE zu Vegetariern. New Yorks Bevölkerung musste ebenso wenig wegen der vorausgesagten Giftgaswolke evakuiert werden, wie Terroristen die Freiheitsstatue sprengten.

Seit 1990 hat der Soziologe Edgar Wunder vom Forum der Parawissenschaften aus Sandhausen bei Heidelberg insgesamt 803 konkrete Prognosen von rund zweihundert Hellsehern, Astrologen und Wahrsagern jedes Jahr daraufhin geprüft, ob sie sich bewahrheiteten. Nur 31 davon, also vier Prozent, haben sich erfüllt.[6]

Die Kartenlegerinnen und Hellseher wollen uns helfen. Für weniger als siebzig Euro die Stunde. Dafür oft mit phänomenalen Fehlerquoten. Mit erstaunlicher Präzision wird danebengeschossen.

Das Jahr 1999 wurde als «Schicksalsjahr» proklamiert. «Europas Astrologin Nummer 1», Elisabeth Teissier, fuhr mit den wildesten «Vorhersagen» auf. Eine kollektive, die ganze Menschheit betreffende Katastrophe sollte es werden. Mit nachfolgender Krise. Wenn schon, denn schon. Den Maßstab, mit dem man ihre Voraussagen messen sollte, gab die Teissier gleich selbst an: «Eine Überschwemmung in Bangladesch» oder «ein Wirbelsturm in der Karibik» würden nicht ausreichen, ihre Prognosen zu rechtfertigen. Nein, sie dachte eher an einen Meteoriten-Einschlag oder den Absturz der mit Plutonium gefüllten Raumsonde «Cassini».

Nichts dergleichen geschah. Aber, o Wunder, in der *Schweizer Illustrierten* zog die telegene Astrologin trotzdem eine positive Bilanz ihrer Prognosen: Sie habe das Erdbeben in der Türkei und den Krieg im Kaukasus vorausgesagt. Gewiss, das sind schreckliche Ereignisse.

Aber sie haben weder den gesamten Globus erschüttert noch eine globale Krise ausgelöst. In Tat und Wahrheit ist nichts passiert, das Madame Teissiers eigene Anforderungen erfüllt hätte. Sie versprach im Vorfeld, bei einer Fehlprognose keine Vorhersagen mehr zu machen. Nicht einmal das traf ein.[7]

Als treffsicherer erwies sich «Star-Astrologin» Monica Kissling. Sie verriet in der Tageszeitung *Blick*, was die Zukunft bringt. Zum Beispiel Lawinen. «Vor allem Ende Januar, anfangs Februar.» Wer hätte das erwartet?!? Oder die Prognose zur schweizerischen Bundesratswahl: «Sie ist für Überraschungen gut.» Wusste ich selbst auch. Dafür sah Kissling im Gegensatz zu Teissier die Erdbeben in der Türkei und in Griechenland voraus. Nur hat sie uns das leider erst hinterher gesagt.[8] So konnten die Gebiete nicht evakuiert werden. Tausende mussten sterben. Das könnte Sammelklagen geben ...

Tausendundeine Fälschung

Die Veröffentlichungen der spirituellen Schule «Scuola Scientifica Basilio» (ihr Credo: «Die Forschungsergebnisse der Schule werden durch mediale Erkenntnisse verifiziert»[9]) schlagen exakt in die gleiche Kerbe. Die Argentinier versichern: «Sechs Stunden vor der Landung des Menschen auf dem Mond haben bereits drei Medien auf spirituellem Weg unseren natürlichen Satelliten bereist.»[10]

Warum haben sie diesen «Ausflug» nicht schon fünf Jahre vorher unternommen? So hätten sie berichten können, was die Astronauten später gesehen haben. Authentizität hätte geschaffen werden können. Oder haben sie etwa die Nachrichten der Medienlandschaft abgewartet, um ihre Beschreibungen bestätigen zu lassen? An dieser Stelle darf «spirituell» durch «suggestiv» ersetzt werden. Im besten Fall.

Blanche Merz, Spezialistin für Kraft-Orte rund um den Globus, sieht sich ebenfalls von Marktschreiern aus den eigenen Reihen konkurriert: «... für andere aber, die sich auf den verschiedensten wertlosen Wegen der Erkenntnissuche verlieren, kann es eine Falle bedeuten ... Auch blüht eine schöne Anzahl angeblicher Kraft-Orte, die zum Teil nur auf Rendite-Überlegungen beruhen.»[11]

Auch was die Heilpraktiker anbelangt, «heilt nicht alles, was verspricht». In der Schweiz führen mehrere Krankenkassen seit Sommer 1999 eine gemeinsame Kartei anerkannter Heilpraktiker. Nur knapp ein Drittel aller Therapeuten hat bisher die Aufnahme geschafft.[12]

Den Vogel schießt aber das Büchlein *Die fünf Tibeter* ab. Es fand mehr als zwei Millionen Käufer und wurde bisher in 24 Sprachen übersetzt. Das Geheimnis ist simpel. Fünf bis sieben Übungen («Riten») müssen bei einem täglichen Zeitaufwand von zehn Minuten durchgeführt werden, und schon winkt die ewige Jugend.

Eines schönen Nachmittags setzt sich im Amerika der 30er-Jahre ein alter Mann neben einen jüngeren auf eine Parkbank und erzählt eine verrückte Geschichte. Der Jüngere, Peter Kelder, ein Mann unbekannter Herkunft, entlockt ihm das Geheimnis des ewigen Jungbrunnens, das der Alte, ein ehemaliger Commonwealth-Offizier, in einem geheimnisvollen, nicht lokalisierbaren Kloster in Tibet aufgespürt haben will. Angeblich soll Kelder dieses Geheimnis um die sieben Übungen aufgeschrieben haben. 1985 will ein gewisser Harry R. Lynn das Buch «wiederentdeckt» haben.

Tatsache ist, dass sich *Die fünf Tibeter* erstmals 1985 bibliographisch nachweisen lassen. Der wirkliche Autor bleibt im Dunkeln. Der Name Peter Kelder taucht in keinem Biographiewerk auf. Das Werk findiger New-Age-Vertreter?

Das «alte» Büchlein war seiner Zeit klar voraus: Wunschträume wie Gewichtsabnahme, weniger Arbeitsstress, ein tolles Auto und so weiter sollen sich damit verwirklichen lassen. Dinge, die 1939 nach der Weltwirtschaftskrise und kurz vor Ausbruch des Zweiten Weltkrieges nirgends ein Thema sein konnten (erst recht nicht in Tibet). Außerdem verglich der Autor die «Riten» mit «isometrischen Übungen». Diese kennt man heute in der modernen Fitnessbranche.[13]

Die Wochenzeitschrift *Weltwoche* unterhielt sich mit dem Tibeter Geshe Khedup. Er ist Kenner und Deuter tibetischer Schriften im größten Tibet-Zentrum Europas in der Nähe von Zürich. Von den «fünf Tibetern» habe er noch nie gehört oder gelesen. «Wir turnen nicht. Ich habe solche Übungen noch nie gesehen.» Weder die Aufnahme der Lebensenergie «Prana» («Was ist das? Das ist nicht tibetisch!») noch das Streben nach ewiger Jugend («Daran liegt uns nichts. Wir glauben an die Wiedergeburt») hätten etwas mit der tibetischen Kultur zu tun.[14]

Auch der Leibarzt des Dalai Lama ließ verlauten, noch nie etwas von den «fünf Tibetern» und deren Übungen gehört zu haben.[15]

Die Liste über Humbug, Schwach- und Unsinn in der Esoterik lässt sich beliebig verlängern.

Zehntausend Mark zu gewinnen

Das von Colin Goldner (Autor des Buches *Psycho-Therapien zwischen Seriosität und Scharlatanerie*) geleitete «Forum für kritische Psychologie» unterbreitete den Anhängern der Bachblüten-Therapie den Vorschlag, die Tropfen einem wissenschaftlichen «Doppelblindversuch» zu unterziehen. Für die erfolgreiche Durchführung eines vorgeschriebenen Experiments schrieb Goldner zehntausend Mark Prämie aus.

Das Experiment ginge so: Nach Entfernung der Etiketten von zehn beliebig ausgewählten handelsüblichen Bachblüten-Fläschchen sind – unter Zuhilfenahme jedes beliebigen Analyseverfahrens – die darin enthaltenen «Essenzen» korrekt zu benennen. Bei Erfolglosigkeit haben die Versuchsteilnehmer lediglich die Kosten des Versuchs zu bezahlen.

Goldner erzählt: «Über ein Jahr nach der Ausschreibung war zwar eine ganze Reihe von Schmähbriefen eingegangen mit Vorwürfen von Ignoranz, Verbohrtheit und ‹mechanistischen Brettern vorm Kopf›, für das Experiment selbst aber hat sich kein einziger Kandidat gemeldet.»[16]

Spiritismus und Schizophrenie

Befürworter der Esoterik und Parapsychologie versichern, dass wir bei der Erforschung diverser Praktiken wie Hellsehen, Astralreisen, Astrologie, Pendeln und so weiter erst am Anfang der Erforschung stünden. Und dass es rationale Erklärungen für die Kräfte von Wasseradern gäbe ...

Esoteriker und Parapsychologen ziehen den Vergleich mit den technologischen Quantensprüngen des letzten Jahrhunderts heran. Der spiritistische Bereich sei demgegenüber aber noch gänzlich unerforscht und stehe dort, wo die Technik eingangs des letzten Jahrhunderts noch stand. Interessanterweise wird im spiritistischen Bereich seit ebenso langer Zeit intensiv geforscht. Dies bestätigen unzählige Aufzeichnungen. Offensichtlich ist man aber bei dieser Erforschung im Kreis gelaufen, teilweise sogar auf der Stelle getreten. Die alles durchdringende Offenbarung, adäquat zum vielzitierten Querverweis auf die Technik, ist nirgends auch nur ansatzweise feststellbar.

Die Mehrheit der erklärtermaßen medial Veranlagten unserer Zeit hat mit den antiken Schamanen eines gemeinsam: Sie leiden unter existentiellen psychologischen Problemen, die ihre Persönlichkeit auf verschiedenste Weise auflösen und sie zu einer spiritistischen Personifikation fähig macht.[17] Was bedeuten würde, dass viele dieser Medien nur deshalb «Kontakt mit Geistern» haben, weil sie unter einer schizophrenen Veränderung ihrer Persönlichkeit leiden.

Der französische Esoteriker René Guénon (1866–1951) war einer der heftigsten Gegner des Spiritismus. Laut Guénon gibt es zahlreiche Fälle von Wahnsinn, die durch spiritistische Überzeugungen ausgelöst wurden. Oft sind sie Resultate gefährlicher Suggestionen: «Der Spiritismus löst in den Medien und in jenen, die an ihren Unternehmungen beteiligt sind, schwere Neurosen und schwere organische Nervenkrankheiten aus. Es ist bekannt, dass die meisten berühmten Medien und eine große Anzahl derer, die die spiritistischen Praktiken emsig verfolgen, dem Wahnsinn verfallen oder an ernsthaften nervlichen Störungen litten.»

Guénon betonte weiter, dass die Mehrheit der Spiritisten, Okkultisten und Theosophen die Existenz Satans verneinen. Taucht in einer Sitzung eine Botschaft auf, die die Unterschrift Satans oder Luzifers trägt, dann schreiben die Spiritisten sie einem schalkhaften Geist zu.

Weiter bewertete Guénon den Spiritismus und andere vergleichbare Bewegungen als unbestreitbar aus dem «Wirkungskreis des Antichristen» herstammend. Er vermerkte, dass sich mit Sicherheit viele Spiritisten von ihrer Bewegung «mit Entsetzen lösen würden, wenn sie erkennen könnten, dass sie sich zu Dienern dunkler Mächte erniedrigt haben. Aber ihre Blindheit ist nicht zu heilen; wir erlauben uns daher zu behaupten, dass die größte List des Teufels darin besteht, die Menschen zu verführen, seine Existenz zu leugnen».[18]

Risiken und Nebenwirkungen

Neben der Sparte «Humbug» findet sich in der Esoterik auch eine Abteilung mit der Aufschrift «Lebensgefahr», und zwar vorwiegend im seelischen Bereich. Ärzte und Wissenschaftler haben längst den warnenden Zeigefinger erhoben. Die Annahme und Propagierung, dass Entspannungsverfahren wie die Meditation *nur Wohlbefinden* erzeugen, wird heute in der Wissenschaft allgemein als naiv bezeichnet und gilt als widerlegt.

So berichten Prof. Dr. Gabriele Niebel und Dr. Reiner Hanewinkel in ihrer Publikation *Gutachten über Meditationstechniken*: «Auf dem ideologischen Hintergrund einer so genannten Psychologie der Wende wird postuliert, dass bei der Aufgabe der Vorstellung vom ‹Ich› keine Möglichkeit mehr bestünde, eine Grenze zwischen uns und uns selbst und anderen oder der Welt zu ziehen. Das Motto lautet: ‹Gebe dein Ich auf zugunsten eines kollektiven Selbstverständnisses. Wir sind alles.›» In ihrem Gutachten[19] berichten die beiden Doktoren über diverse Begleiterscheinungen der «gemeinen» Meditation:

- *Neuromuskuläre Veränderung*
  Eine Senkung des Muskeltonus (gemessen am Elektro-Myo-Gramm EMG) wird häufig als wichtiger Entspannungsindikator betrachtet. Dies kann nur dann geschehen, wenn stimulierende Einflüsse auf das motorische System reduziert und gleichzeitig dämpfende Einflüsse verstärkt werden.

Bisherige Studien zur Meditation zeigen jedoch nicht zuverlässig eine Reduktion des Muskeltonus. Lediglich zwei Studien fanden eine nennenswerte Veränderung. Dem stehen Befunde gegenüber, in denen sogar eine Erhöhung des Muskeltonus bei Meditierenden beschrieben wird.

- *Elektrodermale Veränderung*
  Stressreduktion durch Meditation wird in der Meditationsliteratur häufig behauptet. Die bisher vorliegenden Untersuchungen, bei denen elektrisch messbare Veränderungen der Haut analysiert wurden, hinterlassen aber Zweifel. Eine Dämpfung auf Laborstressoren (künstlich herbeigeführten Stress im Labor) konnte bisher nicht nachgewiesen werden, eher das Gegenteil: Meditationserfahrene Personen weisen – gemessen an der Hautleitfähigkeit – sogar eine höhere Aktivierung auf als unerfahrene Personen. Diejenigen, die regelmäßig meditierten, waren also teilweise leichter unter Stress zu setzen als Nicht-Meditierende.

Im Gegensatz zu der versprochenen Wirkweise können bei der Meditation also gegenteilige Effekte auftreten. Auch Entzugserscheinungen, denn Meditation kann süchtig machen. Bei Nichtausüben können diese in dasselbe Stadium kommen, wie es klinisch von Angst- und Zwangssyndromen und schizophrener Psychose bekannt ist.

Bis zu Epilepsie ...

Dass Meditationstechniken Eingriffe in Hirnfunktionen provozieren können, zeigen neuere Studien. Berichtet wird von einem Epilepsie-ähnlichen Muster sowie krampfähnlichen Zuständen bei Langzeit-Meditierenden. Dabei besteht die Annahme, dass fortgesetzte Reizung einzelner Hirn-Areale durch wiederholte Stimulation (zum Beispiel durch die dauernde Repetition eines Mantras) zur Auslösung dieser Zustände führt. Solche Muster können außerdem mit dem Auftreten psychischer sowie psychotischer Phänomene in einem Zusammenhang stehen, nämlich mit Angstsymptomen und Depressionen.

Meditieren kann somit bedeutsame negative Auswirkungen auf die Gehirntätigkeit haben. Dies könnte besonders gravierend sein, wenn es sich um Kinder und Jugendliche handelt, deren Gehirn sich noch in der Reifung befindet, und um psychisch labile oder kranke Personen, bei denen die Hirnfunktionen ohnehin pathologische Auffälligkeiten aufweisen.

Als Begleiterscheinung erwähnen Niebel und Hanewinkel außerdem:

- *Sensorische Begleiterscheinungen* wie Prickeln, Schwere- und Wärmeempfindungen, Drehgefühl, Benommenheit, Schwindel, Gefühle des Schwebens und Fallens, Geschmacks- und Geruchsempfindungen sowie die Wahrnehmung von Tönen, Geräuschen, Musik und Stimmen.
- *Affektbetonte Begleiterscheinungen* wie rascher Wechsel der Gefühlsqualität, plötzlich auftretende Angstgefühle, depressive Verstimmungen, Liebesbedürfnis, Einsamkeitsgefühl sowie unspezifische Unruhe.
- *Motorische Begleiterscheinungen* wie Muskelzucken, Zittern des Körpers, verstärktes Schwitzen, Herztätigkeitsveränderungen sowie Husten, Schlucken, Saugen und Erbrechen.
- *Mentale Begleiterscheinungen* wie unkontrollierbare Gedanken, Konzentrationsschwierigkeiten, visionäre Erscheinungen.

Folgende Veränderungen würden *während der Meditation* erfolgen: Intensivierung emotionaler Stimmungslagen, mystische Gefühle, Veränderung der Wahrnehmung von Zeit, Raum, Größe und Farben,

Verlust der Körpergefühle sowie eine Diffusion der Wahrnehmungs-
grenze.

Nach der Meditation wird von Persönlichkeitsveränderung, erhöh-
ter Spontaneität, einem verbesserten Selbstwertgefühl, aber auch er-
höhter Akzeptanz von Aggressionen berichtet.

Verschiedene Ärzte und Wissenschaftler warnen seit Jahren vor *Gefahren und Nebenwirkungen* der Meditation. Dazu gehören:

– (Wieder)Auftreten schwerer psychosomatischer Symptome
  nach Meditationsbeginn
– Einzelne Fälle von Suizidversuchen
– Schwere Depressionen
– Auftreten akuter psychotischer Episoden, besonders nach lan-
  ger Meditationszeit, bei einzelnen Personen mit Schizophrenie-
  Anamnese (Anamnese = Vorgeschichte)
– Halluzinationen und emotionale Störungen
– Depersonalisations-Erscheinungen bis zu einer Stunde
– Paradoxe Angststeigerung
– Komplexe Epilepsie-ähnliche Anfälle
– Plötzliches Wiederaufleben akuter Angstzustände und früherer
  traumatischer Erlebnisse

Weitere *Nebeneffekte*, die vorwiegend bei *längerer Praxis* (ca. eineinhalb Jahre) auftreten, sind: antisoziales Verhalten, Ängste, Zerstreut-
heit, emotionale Instabilität, Frustration, körperliche und geistige
Spannung, Mangel an Entschlusskraft, motorische Unruhe, miss-
trauische Gefühle, Entzugserscheinungen, Intoleranz gegenüber anderen, sozialer Rückzug sowie die überdurchschnittlich große Chance, psychisch zu erkranken.[20]

Meditationstechniken sind demzufolge mehr als harmlose Entspannungs-Übungen. Insbesondere unter Berücksichtigung der wissenschaftlichen Entdeckungen einerseits und den Realitäten andererseits, die mit den Versprechungen von esoterischer Seite her
überhaupt nicht in «Einklang» stehen.
  Versprochen wird ursprünglich ja etwas ganz anderes: nämlich

Ruhe, Ausgeglichenheit, Selbstfindung, Liebe, Licht, Harmonie, Frieden (sobald genügend Menschen meditieren) und Annahme.

Alptraum im Kinderzimmer

Der Erziehungswissenschaftler und Bildungsforscher Prof. Dr. Reinhard Franzke von der Universität Hannover legte eine wissenschaftliche Arbeit zum Thema «Okkultismus im Klassenzimmer und Kindergarten» vor. Unter die Lupe kamen Entspannungs-Übungen, Visualisierungen, Phantasie-Reisen und Stille-Übungen. Sein Ergebnis: Bei den meisten dieser Praktiken handelt es sich um verkappten Okkultismus. Die gesundheitlichen Nebenwirkungen solcher Übungen für Schüler und Kindergartenkinder sind laut Franzke nicht zu unterschätzen: «Wissenschaftliche Untersuchungen zu den Risiken und Nebenwirkungen von Meditation und anderen spirituellen Praktiken zeigen: Die Nebenwirkungen reichen von diffuser Unruhe, massiven Ängsten, Alpträumen, Visionen, Halluzinationen bis hin zu epileptischen Anfällen, Selbstmordgedanken und Entzugserscheinungen.»[21]

Schon 1909 schrieb Prof. Dr. Friedrich zur Bonsen in seinem Standardwerk *Hellsehen*: «Mit ihrer ‹Gabe› prahlende Seher findet man nirgends. Wie schon Martin von den schottischen Sehern berichtet, ist das Vorgesicht seinen Trägern vielmehr eine Heimsuchung und Beängstigung; verschlossen in ihrem Wesen, scheu im Blicke, sind sie ungern an ihre ‹Plage› erinnert, und nur zögernd erzählen sie, was sie geschaut. Wie mit unheimlicher Gewalt kommt es über sie zu ihrer Stunde, ob sie wollen mögen oder nicht, und dann nahen sie sich, die ‹schwankenden Gestalten› des Vorgesichts, nehmen ihre Seele gefangen und erfüllen sie mit Bildern des Entsetzens.» Bedeutende wie unbedeutende Begebenheiten müsse der Hellseher «unter gleicher Beängstigung» sehen.

Weiter dokumentiert zur Bonsen den Landdechanten Matthias Droste, der «in Worten der Klage seiner Umgebung seine hilflose Beängstigung durch die schreckliche Gabe offenbarte». Zur Bonsen erinnert sich an die Oberin eines Klosters, wie «sie oft inbrünstig zu Gott flehe, er möge sie doch von der schrecklichen Plage befreien; alles sei sie bereit aus seiner Hand anzunehmen, aber so entsetzliche Bilder des Todes zu schauen, vermöge sie kaum noch zu tragen» ...

44

Kapitel 4

Michèle Zurbach:

«Meine Wahrsagerei und die Geister, die mich riefen»

Ich bin in einem kleinen französischen Dorf aufgewachsen – als waschechte «Landratte» in einem malerischen Ort, in dem sich bestimmt Jahre zuvor Asterix und Obelix guten Tag sagten und miteinander Wildschweine jagten. Meine Familie war katholisch und zeichnete sich durch starken Zusammenhalt aus. Wir wohnten in einem älteren Haus mit mehreren Wohnungen. Dort habe ich schon ganz früh spirituelle Erlebnisse gemacht.

So weit, wie ich mich zurückerinnern kann, erregte mich alles Übersinnliche immer sehr. Es sprach mich einfach an. Ohne die Inhalte genau zu kennen, kaufte ich mir von meinem Taschengeld parapsychologische Bücher. Ich sparte sie mir vom Mund respektive von den Süßigkeiten ab. Die Bücher zogen mich in den Bann des Mystischen. Ich war fasziniert.

In der Wohnung unter uns, im Erdgeschoss, wohnte eine alte Frau, die Hexerei betrieb. Ihre Tochter bot uns Kindern entweder Süßigkeiten an oder kreischte uns Schimpftiraden hinterher. Zuckerbrot oder Peitsche eben. Meine Eltern verboten meiner Schwester Yolande und mir jeglichen Kontakt mit den beiden.

Irgendwie gelang es der Alten aber eines Tages – wie, das ist mir heute noch unerklärlich –, mich in ihre Wohnung zu locken. Plötzlich stand ich an ihrem Bett. Sie brummelte etwas vor sich hin und packte mich dann am Arm. Eine durchdringende Berührung. Mein Körper war wie gelähmt. Der Schreck fuhr mir zutiefst in die Glieder. Kurz darauf befand ich mich wieder vor der Türe. Noch heute weiß ich nicht, was mit mir in dieser Zeit geschah.

Bald danach wurde ich sehr krank und hatte immer wieder heimtückische, Epilepsie-ähnliche Anfälle. Andererseits entdeckte ich aber auch bald, dass ich offenbar außergewöhnliche Gaben hatte.

Mein erstes Mal ...

Aus einer Kinderzeitschrift schnitt ich Tarot-Karten aus. Darauf waren niedliche Tiere abgebildet. Dieser Kinder-Tarot als solches war aber genau gleich konzipiert wie der allgemein verbreitete Tarot, auf dem die meisten Versionen basieren. Bald legte ich mir die Karten. Gleich danach ging ich zu meiner Mutter: «Zieh eine Karte, Mama. Hast du eine bestimmte Frage an mich?» Meine ersten esoterischen Schritte waren von Erfolg gekrönt. Alles traf haargenau ein. Trotz meiner Begeisterung hatte ich beim Kartenlegen immer Atembeschwerden. Manchmal versank ich dabei in Trance und konnte mit unsichtbaren Wesen Kontakt aufnehmen. Wie das vor sich ging, wusste ich nicht, aber das beschäftigte mich nicht weiter. Es funktionierte einfach.

Diese Wesen zogen mich magisch an. Manchmal konnte ich sie sogar sehen. Anfangs fürchtete ich mich nicht einmal vor ihnen. Meistens jedenfalls. Eines Abends – ich lag mit einer Angina im Bett – erschien mir dann aber eine riesige, abscheuliche Gestalt mit einem verzerrten Grinsen im Gesicht. Mein Atem stockte, ich konnte mich nicht rühren. Dann verdunstete die grauenhafte Erscheinung einfach. Vor Schreck wurde ich besinnungslos.

Bis zu meinem 28. Lebensjahr häuften sich bei mir Alpträume und Erscheinungen von Geistern. Wie in einem Horrorfilm. Nur: Für mich war das völlig normal, ich kannte es nicht anders.

Dessen ungeachtet wuchs mein Interesse an Karten, Pendeln und spirituellen Büchern. Mit einem Ring an einem Haar lernte ich zu pendeln. Auch aus den Händen konnte ich lesen. Alles traf so ein, wie ich es voraussagte. Gleichzeitig wurde ich aber immer mehr krank.

Die Ärzte konnten nicht herausfinden, worunter ich litt. Lähmungen traten ein, schreckliche Schmerzen. Manchmal wurde ich sogar bewusstlos. Während dieser Anfälle sah ich Erscheinungen. Dunkle Gestalten umgaben mich. Jedes Mal hatte ich Todesangst.

Wir haben das aber nie mit der Wahrsagerei verbunden. Ich dachte nähmlich – genau wie meine Eltern –, die Wahrsagerei sei eine Gabe Gottes und ich könne damit den Leuten weiterhelfen.

Meine Eltern hatten ebenfalls Einschneidendes erlebt: Vor meiner Geburt hatten sie eine spiritistische Party besucht. Dort sagte man ihnen voraus: «Ihr werdet vier Kinder kriegen. Zwei davon werden sterben.» Genau das passierte. Seit diesem Partybesuch erschienen meiner Mutter immer wieder dämonische Gestalten in der Wohnung. Davon berichtete sie mir allerdings erst später. Sie wusste zwar schon vorher, dass solche Wesen existieren – aber nicht, woher sie kommen und was genau sie verkörpern.

«Nisha», mein Künstlername

Trotz meiner Krankheit studierte ich Literatur, Sprachen und Malerei und lernte in dieser Zeit meinen Mann Bernard kennen. Er störte sich kaum an meinem Kränkeln und meinen Angstanfällen. Wir bekamen ein süßes Baby und heirateten früh. Nach meinem Studium und einer weiteren Handelslehre arbeitete ich zuerst als Sekretärin und später als Dolmetscherin. Die Tarot-Karten begleiteten mich weiter, zuerst nur als Hobby. Unzählige Stunden verbrachte ich damit, mich mit einer unsichtbaren, mysteriösen Welt in Verbindung zu setzen und in der Zukunft «zu blättern»: in meiner eigenen Zukunft und in der von anderen Menschen. Bernard interessierte sich nur am Rande dafür.

Zu meinem Entsetzen verwandelte sich die Wirklichkeit immer wieder in einen Horrorfilm. Gestalten erschienen. Ich konnte sie *sehen*. Sie quälten mich in der Realität wie auch in meinen Träumen.

Ich suchte nach einem Ausweg und fand ihn in der Hellseherei. Dort hatte ich Erfolg. Die Leute sahen, dass ich ihnen die Zukunft *wirklich* voraussagen konnte. Aus den einzelnen Besuchern wurde ein Strom von Ratsuchenden. Deshalb entschied ich mich, ein Wahrsagerei-Studio zu eröffnen. Dazu brauchte ich ein Ladenlokal, aber aufgrund meiner einschlägigen Erfahrungen dachte ich, dass so etwas schwierig zu finden sein würde. In der Tageszeitung waren ideale Räumlichkeiten in der Stadtmitte ausgeschrieben. Obwohl ich die dreißigste Bewerberin war, erhielt ich die Zusage innerhalb kürzester Zeit. Die Überraschung war perfekt.

Voller Tatendrang und mit den besten Absichten ging ich an die Vorbereitung und vergaß auch nicht, neben der Türklingel einen poetischen Künstlernamen anzubringen. Darf ich vorstellen? «Nisha», stets zu Diensten. Mein Pseudonym war ein indischer Name, dessen Übersetzung «Morgenröte» heißt. Ich wollte den Leuten helfen.

Ich war ständig auf der Suche nach einem transzendenten Gegenüber. Mir war bewusst, dass eine – meistens – unsichtbare Macht um uns herum existiert und Realität ist. Ich war auch davon überzeugt, dass die Toten uns als Schatten begleiten. Ich lebte mehr mit ihnen zusammen als mit Gott. Gott war mir zu streng und zu weit entfernt. Ich kannte ihn ja gar nicht.

Den Leuten bot ich von Anfang an eine breite Palette an: Tarot-Karten, Pendeln und Handleserei. Zu meinen Spezialitäten gehörten Meditation und Yoga, außerdem hatte ich Astrologie studiert. Mit der Zeit brauchte ich die Menschen nur noch anzusehen und konnte ihnen schon sagen, was in ihrer Vergangenheit passiert war, was sie in der Gegenwart gerade unternahmen und was die Zukunft ihnen bringen würde. Alles stimmte. Außerdem kannte ich mich in weiten Teilen der Parapsychologie aus und beschäftigte mich mit Spiritismus und automatischem Schreiben. Was ich ebenfalls praktizierte, war die «Projection Astrale» (dt. Astralprojektion): Ich konnte mich hinlegen, meditativ konzentrieren und so Körper und Geist trennen. Plötzlich wird man gewahr, wie der Geist den eigenen Körper verlässt. So hat man zum Beispiel die Möglichkeit, in ein paar Sekunden Frankreich zu verlassen und im Geist nach Amerika zu reisen. Man kann ungesehen in Räume dringen und dort alles mitkriegen. Man kann gehen, wohin auch immer man will. Man hört, was die Leute sagen, und hat den Eindruck, dass man sie anfassen könne.

Plötzlich kamen Kälte und Hass auf

Mir schien es, als begegnete ich plötzlich nur noch Leuten, die sich für solche Dinge interessierten. Ohne zu werben, baute ich einen großen Kundenkreis auf. Schon in den ersten Tagen wurde ich durch die enorme Nachfrage überrumpelt. Mein Honorar spielte keine Rolle: Die Leute hätten für meine Auskünfte alles bezahlt. Es war ein lukratives Geschäft. Häufig waren es Menschen, die nicht mehr weiterwussten. Sie wurden von mir abhängig. Manche waren auch bloß neugierig und betrachteten das Ganze als Spiel.

Das Anschauen der Personen reichte meist aus, um Vergangenheit, Gegenwart und Zukunft zu enthüllen. Ich erntete Verblüffung und wusste: Was ich sage, das stimmt. *Es geschieht tatsächlich.* Reale Stimmen in meinem Ohr leiteten mich an, berichteten mir über das Gegenüber. Ich brauchte das Gehörte nur nachzusprechen. Pendel und Karten dienten lediglich als Dekor in den mystisch hergerichteten Räumen. Damit der Kunde auch etwas Konkretes sieht.

Zu meinem Kundenkreis gehörten auch bekannte Persönlichkeiten. Sie kamen regelmäßig zu mir, um zu erfahren, welche Entscheidungen sie in den unterschiedlichsten Angelegenheiten treffen sollten. Sie *mussten* vorher zu mir kommen. Selbst handeln konnten sie nicht mehr. Sie taten genau, was ich ihnen riet. Ich hatte die Macht, sie zu beeinflussen. Viele meiner Kunden wurden süchtig. Sie mussten immer wieder kommen.

An mir selbst bemerkte ich ebenfalls eine starke Veränderung: Mit der Zeit war ich nicht mehr ich selbst. Ich sagte den Leuten alles lieblos auf den Kopf zu. Auch die schlimmsten Dinge – sogar den Tod. Zum Beispiel: «Dein Mann wird sterben, es passiert dann und dann ...» Die Leute waren niedergeschmettert und verließen mein Studio oft voller Verzweiflung. Es machte mir nichts aus. Ich wurde zunehmend kälter. Trotzdem kamen sie immer wieder. Bei allen traf immer genau das ein, was ich ihnen vorausgesagt hatte.

Früher mochte ich die Leute – und sie mochten mich. Zugegeben, ich war sympathisch. Innerlich veränderte ich mich aber so, dass ich mich selbst nicht mehr erkannte. Der Eindruck, dass ich die Menschen hasste, wurde zur Gewissheit. Ich kannte den Grund dafür nicht. Ich hasste sie einfach. Meine Kunden merkten nichts davon.

Wenn ich im Studio auf sie wartete, war eine eisige Kälte im Raum. Sie blieb, während ich den Leuten die Karten legte. Sie empfanden es als angenehm kühl!

Ich besaß immer mehr Macht. In einer solchen Position legt man leider auch einen Fluch auf gewisse Personen. Bewusst und ohne zu zögern. Trotz allem: Ich dachte weiterhin, dass ich den Leuten helfe. Zumindest im Großen und Ganzen. Ich verdiente viel Geld. Aber ich musste sehr viel dafür bezahlen. Seelisch vor allem. Instinktiv merkte ich: Das hat mit Gott nichts mehr zu tun. Ich wollte den Menschen mit der Zeit auch Schaden zufügen. Und das konnte ich allein schon mit meinen Gedanken ohne weiteres tun.

Schwarze Augen

Die Stimmen um mich herum diktierten, was ich den Personen raten sollte. Es waren ganz spezielle Stimmen, die mir auch Befehle gaben. Ich wusste nicht, woher sie kamen. Es waren Stimmen, die man nicht mit menschlichen Stimmen vergleichen kann. Meckernde, langsame Stimmen. Wie wenn sie zu langsam abgespielt würden. Man ist wie hypnotisiert. Als Medium ist man nicht frei, die Aussagen der Stimmen zu verändern. Man muss alles genau so weitergeben. Sonst wird man bestraft.

Mit der Zeit entwickelte sich in mir Furcht. Ich war unmerklich zum Instrument geworden. Und ich wusste genau: Von diesen Kräften – die hinter den Medien stehen – werden auch Leute in der Wirtschaft und in der Regierung beraten.

Auch im privaten Bereich schalteten sich nun Stimmen ein, um mir Befehle zu geben. Zuerst nur ganz simple, fast blöde Befehle. Zum Beispiel: «Nimm das Kissen vom Sofa weg!» oder «Öffne das Fenster. Öffne und schließe die Tür. Öffne und schließe die Schublade» und so weiter. Ich spürte: «Ich muss es tun, sonst passiert mir oder meiner Familie etwas Schlimmes.»

Vor meinen inneren Augen sah ich, was geschehen würde, falls ich nicht gehorchte. Blutige Szenen: Mein Mann verunglückte. Oder meine Tochter, meine Eltern. Da wusste ich: Ich muss gehorchen. Ich hab's nicht verstanden, ich hab's einfach getan.

Meine eigene Persönlichkeit gehörte nicht mehr mir, sondern diesen Geistern. Sie nahmen immer mehr Raum ein. Sie beherrschten, führten und leiteten mich. Ich tat nicht mehr, was ich früher getan hätte, sondern das, was *sie* wollten. Ich war die Hülle, der Körper, und sie waren der Geist, die Seele. Sie zwangen mich zu vielen Dingen, ich war ihre Sklavin. Das ist bei den meisten Medien, die diese Gaben haben, genau so. Ich kenne viele. Einige sind bewusst Medium und wollen das auch sein, weil sie auf diese Weise Macht bekommen: Macht, um andere zu manipulieren. Allerdings gibt es auch viele Scharlatane, die bloß ein gutes Geschäft machen wollen.

Obwohl ich eine Frau war, die sich für viele Sachen interessierte und in allen Bereichen nachforschte, konnte ich es in diesem speziellen Bereich nicht tun. Ich stellte keine Fragen. Ich war wie geblendet.

Im Flur meiner Wohnung hing ein großer Spiegel. Eines Abends schaute ich mir in die Augen. Der Anblick war schrecklich: Es waren nicht meine Augen! Mich packte das blanke Entsetzen. Ganz dunkle, schwarze Augen. Da habe ich wieder diese meckernden Stimmen um mich gehört. Sie haben mich nur ausgelacht. Ich sah die Gestalten, und sie gaben mir Befehle.

Sie wurden immer schlimmer und Besitz ergreifender. Mit der Zeit forderten sie von mir, dass ich meine Lieben töten sollte. Mich dünkte: Das kann doch nicht Gott sein, der so grausam ist?!

Da widersetzte ich mich, indem ich mich mit Leib und Seele dagegen wehrte. Von diesem Moment an war ich nicht mehr die passive Sklavin dieser Stimmen. Weil meine Liebe zu meinem Mann, zu meiner Tochter und zu meinen Eltern stärker war.

Um sich zu rächen, gaben die Stimmen mir andere Befehle. So musste ich zum Beispiel Geschirrspülwasser trinken. Ich hatte keine Wahl. Als sie merkten, dass ich nicht mehr bedingungslos gehorchte, forderten sie einen neuen Tribut: Sie gaben mir den Befehl, mich umzubringen. Ich war machtlos. Die Stimmen versprachen: Es wird eine Erleichterung sein. Ich war in diesen Schatten gefangen.

Zweimal versuchte ich es. Beide Male kam mein Mann dazwischen. Ich wurde den Stimmen hörig. Sie ließen mich nicht mehr in Ruhe. Besonders in der Nacht. Einerseits träumte ich, und trotzdem war alles gleichzeitig Wirklichkeit. Es waren reale Formen schrecklicher Alpträume. Das war für mich die Hölle. Die Gestalten verfolgten und quälten mich. Ich habe die Hölle *gesehen*, ich weiß, wie sie aussieht.

«Oma und Gott, seid ihr das?»

Ich war davon überzeugt, dass einige der Wesen die Geister von Toten waren. Beispielsweise Großmutter und andere Personen, die ich mochte. Ich dachte, ich stünde in Kontakt zu diesen Leuten. Zu diesem Zeitpunkt praktizierte ich das automatische Schreiben: Ich konnte in Trance und mit geschlossenen Augen schreiben. Eines Tages schrieb ich etwas auf. Es war genau die Handschrift meiner Oma väterlicherseits, die ich nie kennen gelernt hatte. Vater erkannte die Handschrift sofort. Trotzdem blieb der Eindruck, als würde jemand anders die Antworten zuflüstern.

Irgendwie war ich weiterhin der Meinung, diese Gaben kämen wohl von Gott. Ich glaubte das trotz zunehmender Zweifel – und obwohl diese Vorgänge nicht mit einem Gott der Liebe vereinbar waren. Ich wurde ja dauernd bedroht. Nur: Ich kannte Gott nicht richtig, war deshalb auch sehr unsicher und wusste nicht, wie das Ganze mit ihm zusammenhängen konnte.

Eines Tages besuchte mich meine Schwester mit ihrem mittlerweile zweiten Mann. Er war Christ. Yolande hatte sich verändert, seit sie mit ihm zusammen war. Sie war zufriedener und strahlte eine innere Freude aus. Für mich unbegreiflich.

Ich wollte wieder einmal auf den Friedhof, weil ich dort regelmäßig den Kontakt mit den Toten suchte. Zu meiner Verwunderung begleiteten mich Yolande und ihr Mann. Hinterher fragten sie: «Weißt du eigentlich, was du mit deiner Wahrsagerei tust? Weißt du, dass das Gott total missfällt und dass deine Wahrsagerei für ihn schrecklich ist?» – Was wissen die schon!, dachte ich mir. Wir diskutierten lange darüber. Die Stimmen flüsterten mir meine Antworten zu. Sie waren hart und ließen Yolande und ihrem Mann keine Chance. Bevor sie gingen, stellte mir meine Schwester aber eine letzte Frage: «Hast du denn Frieden?»

Meine Gefühle explodierten, ich brach zusammen. Diese Frage löste bei mir unendlich viel aus. Schließlich wusste ich ja nicht einmal, was Frieden überhaupt bedeutet. Die ganze Zeit über war ich durch diese Gestalten und Stimmen immer nur manipuliert worden. Während keiner Sekunde meines Lebens hatte ich Frieden gefunden. So erzählte ich Yolande, wie mich diese meckernden Stimmen mit ihren Befehlen und Drohungen nicht einmal im Schlaf in Ruhe ließen.

Mit von Tränen erstickter Stimme brachte ich hervor: «Nein, Frieden habe ich nicht.» Je länger ich redete, desto leichter wurde mein Herz. Es war ein Abtragen von Lasten. Yolande und ihr Mann beteten mit mir und zeigten mir verschiedene Passagen in der Bibel. Im fünften Buch Mose steht zum Beispiel, dass Gott meine Praktiken hasst und dass all diese Gaben und Fähigkeiten von der Finsternis kommen. Harte Worte.

Der Pfarrer liebt Tarot

Am nächsten Tag zweifelte ich an der Bibel. «Sie ist gefälscht, eine Sektenbibel», vermutete ich. Aus diesem Grund ging ich in eine Buchhandlung, um eine neutrale Fassung zu kaufen. In das Vorhaben baute ich einen Haken ein: Das Buch durfte nicht mehr als hundert französische Francs kosten. Ich fand eine für 99 Francs, 50 Centimes. Mit Herzklopfen eilte ich nach Hause. Im Wissen, dass ich etwas in den Händen hielt, was in meinem Leben ungemein viel in Bewegung setzen konnte.

In der gekauften Bibel stand genau derselbe Abschnitt. Aber da stand noch mehr: «Ihr dürft niemand unter euch dulden, der wahrsagt!» Entsetzt dachte ich: «So, jetzt weiß ich, woher diese grausamen Stimmen kommen und was mich manipuliert. Ich muss das so schnell wie möglich aufgeben.» Ich beschloss, mein ganzes Material einem Pfarrer zu bringen und mein Geschäft umgehend zu schließen.

Der Geistliche interessierte sich dann aber mehr für meine Praktiken, als dass er meine Zweifel bestätigte. Einzig ein «Leg mir bitte die Karten» fehlte noch! Trotzdem ließ ich Bücher, Pendel und Tarot-Karten bei ihm und wollte am nächsten Tag die restlichen Sachen aus meinem Studio schaffen.

In dieser Nacht schlief ich ausgesprochen gut. Ein Schlaf ohne Monster, ohne Verfolgung und Teufel. Das war etwas völlig Neues.

Am nächsten Morgen riss ich, beim Studio angekommen, als Erstes genüsslich das Schild «Nisha» weg. Drinnen spürte ich eine eisige Kälte, es roch modrig. Sofort öffnete ich das Fenster, aber der Wind schlug es gleich wieder zu. Der Wind? Draußen war alles windstill. Plötzlich war ich in eine Wolke aus Weihrauch eingehüllt. Nackte Angst schnürte mir die Kehle zu. Ich spürte die Mächte in diesem Raum. Schnell packte ich meine Sachen und ging wieder zu dem besagten Pfarrer.

Nach einer Weile öffnete er die Tür. Er sah erschöpft und schlecht aus. Weil er mir keinen christlichen Rat gegeben, sondern sich mehr für das Okkulte interessiert hatte, erlebte er offenbar eine schwere Nacht. Trotzdem habe ich ihm den Rest meiner Sachen wortlos überlassen. Und er genauso: Ohne ein Wort zu verlieren, zog er sich damit in sein Haus zurück. Mir wurde bewusst, dass dieser Mann mir nicht weiterhelfen konnte.

Also habe ich mich an die christliche Gemeinschaft gewandt, zu der meine Schwester ging. Diese Leute beteten bereits längere Zeit für mich. Wir verabredeten uns.

Am Abend, an dem ich zu ihnen fahren sollte, war mein Mann nicht zu Hause. Ihm brauchte ich deshalb nichts zu erklären. Aber meine kleine Tochter begleitete mich. Wir fuhren auf der Autobahn. Plötzlich überfiel mich ein krampfartiger Anfall. Mit dem rechten Fuß drückte ich das Gaspedal durch. Das Auto wurde schneller und schneller, aber ich konnte meinen Fuß keinen Millimeter rühren …

Ein neues Zeitalter

Geister und Dämonen versuchten mich zu vernichten. Nachdem ich mich gegen sie entschieden hatte, brauchten sie sich nicht mehr zu verstecken. Gut, dass mich die Christen vorher am Telefon gewarnt hatten. Sie gaben mir einen Rat, der mir sehr seltsam schien: «Hab keine Angst. Es kann sein, dass du Anfälle kriegst. Egal, was passiert, weise es zurück im Namen Jesu Christi!»

Blitzartig löste sich der Krampf, nachdem ich diesen Satz ausgesprochen hatte. Hinten im Wagen weinte meine Tochter und fragte, wie oft denn in meinem Umfeld noch solch merkwürdige und schreckliche Sachen passieren würden. Mit Tränen in den Augen versprach ich ihr: «Jetzt wird alles gut werden!» Endlich, endlich. Nach einem Leben in Angst und in der Abhängigkeit von einer Hierarchie, die in sich selbst nur durch brutalste Gewalt zusammengehalten wird. Bei mir selbst dachte ich in diesem Moment, dass dieser Jesus sehr viel Macht haben muss.

Wir trafen uns nicht in einer Kirche, sondern in einem Privathaus. «Hallo, ich bin Marcel.» «Freut mich, ich bin Monique.» Und so weiter. Ein warmer Empfang. Die Leute waren mir sympathisch. Meine Tochter und einige andere Kinder wurden zum Spielen gebracht. Wir gingen in einen separaten kleinen Raum. Sieben Personen erwarteten uns. Ein Mann stand in einer Ecke und hatte ein Buch in der Hand. Plötzlich störte ich mich daran. Ich fühlte mich schlecht. Also fragte ich: «Was für ein Buch hat er da?» Meine Schwester meinte: «Er liest in der Bibel. Du kennst sie ja jetzt und hast auch eine.» Meine Stimmung schlug weiter um. Ich hatte nur einen Gedanken: Meine Tochter holen und mich aus dem Staub machen! Diese Leute gefielen mir plötzlich gar nicht mehr! Ich bekam fast keine Luft in dem Raum und wollte unbedingt rausgehen.

Doch die Anwesenden waren auf so etwas gefasst. Sie standen in einem Kreis um mich herum. Hinter mir befand sich ein Sessel.

Sie begannen zu beten. Währenddessen spürte ich, dass sich in mir etwas rührte. Bewegungen der besonderen Art. Es war mir, als würde ich alles zuerst von außen erleben. Ich sah *Michèle* – mich! – und dachte: «Das kann nicht wahr sein. Das bin nicht ich. Was steckt in mir?»

Ich konnte mich nicht mehr wehren. Was immer sich in mir aufhielt, es hat getobt und geschrien. Ich selbst war wie eine Zuschauerin. Dafür spürte ich starke Schmerzen. Da wurde mir plötzlich klar: Ich bin besessen!

Die Mächte übernahmen jetzt die völlige Kontrolle über meine Stimme und meinen Körper. So wurde ich hoch in die Luft getragen und fiel wieder herunter. Obwohl ich es nicht wollte, sprachen die Mächte durch mich. Meine Schmerzen waren so stark, dass ich zu sterben fürchtete.

Die Christen beteten weiter. Nach einer Weile fühlte ich mich leichter. Ich wurde von einem Dämon befreit, dann von einem zweiten und einem dritten. Dann war auf einmal Ruhe. Aber ich spürte: Ich bin noch nicht ich selbst. Die Christen hingegen dachten, es sei vorbei. Meine Augen gehörten zwar mir, aber ich war nicht frei, meinen Blick auf das zu lenken, was ich wollte. Zeitlupe. Ich musste meine Schwester anschauen und ihr sagen: «Hört auf! Ich sterbe!» Sie hatte Angst und schrie die anderen an: «Halt! Sie wird sonst sterben. Hört ihr denn nicht?»

Der letzte Kampf

Es war der letzte Geist. Er wollte mich nicht loslassen. Marcel, der hauptsächlich gebetet und den geistlichen Kampf geführt hatte, kannte diese List schon. Er entgegnete: «Das ist nicht deine Schwester, Yolande. Schau sie dir an! Das ist nicht ihr Gesicht. Das sind nicht ihre Augen. Es ist nicht mal ihre Stimme! Wir müssen weiterbeten.» Der Dämon wehrte sich. Er hielt sich an meinen Eingeweiden fest. Nach einem letzten Kampf wurde ich dann total befreit.

Sie haben weitergebetet. Sie baten darum, dass Jesus meine Epilepsie-ähnliche Krankheit heilen möge – seit meiner frühesten Kindheit schleppte ich diese ja schon mit mir herum. Noch am selben Abend wurde ich gesund. Die Krankheit verschwand ohne Nachwehen. Tage später sprachen einzelne Ärzte von einem medizinischen Wunder.

Und außerdem erlebte ich zum allerersten Mal, was Frieden heißt! Hell leuchtete es im Raum auf. Ich spürte Jesus so deutlich, dass ich das Gefühl hatte, dies sei der Himmel auf Erden. Ein ganz starkes Erlebnis für mein Herz, für meinen Verstand, ja, für mein ganzes Sein. Ich habe Gott kennen gelernt und ihm meine ganze Liebe geschenkt. Ich war ihm dermaßen dankbar, dass er mich aus den Krallen der Finsternis, der Hölle, gerissen hat. Ich war so tief drin in dieser Sache, dass man das nicht beschreiben kann. Ich hatte die Hellseherei betrieben, ohne je zu wissen, wem ich dabei diente.

Ich kenne Wahrsager und Satanisten, die sich ganz bewusst auf die Finsternis einlassen. Die gehen zu Christen und bitten: «Betet für mich, ich möchte befreit werden.» Aber sie tun das mit einer bösen Absicht. Sie kennen die Bibel sehr genau und wissen: Wenn du Teufel austreibst und es nicht ehrlich meinst, dann kommen diese siebenfach zurück. Und genau das ist ihr Ziel! Einige wollten mehrmals um Gebet bitten. Alles nur, um noch mehr Macht zu kriegen. In solchen Kreisen gibt es eine starke Hierarchie, und jeder will mächtiger sein als der andere. Es ist so eine Art Wettbewerb.

Und der Gewinner heißt ...
Die Finsternis ist Realität. Aber Gott ist viel größer. Wenn er dich befreit, dann vergisst du das nie mehr. Heute kann ich Tarot-Karten nicht mehr sehen. Erst nach all diesen Erlebnissen merkte ich, wie verschleiert mein Verstand gewesen war. Mir fehlte damals der Wille, um nachzuforschen, was und vor allem wer hinter diesem mystischen Konstrukt steht. Aber Jesus Christus hat mich davon befreit. Es ist ein Unterschied wie Tag und Nacht. Genau das, was mir vorher gefehlt hatte, schenkte er mir jetzt. Ohne Workshops, ohne Kurse, ohne ätherische Öle, ohne Räucherstäbchen und ähnliches. Völlig ohne Vorleistungen und ohne finanzielle Forderungen erhalte ich seitdem Erfüllung, Annahme, Geborgenheit und Liebe.

Die Abhängigkeit im esoterischen Bereich entwickelt sich oft schleichend. Das Interesse an Horoskopen kann sich beispielsweise zur Sucht entwickeln. Du wirst abergläubisch und fürchtest dich vor vielen Sachen, obwohl du das nach außen hin niemals zeigen würdest. Dann brauchst du ein Amulett, denn du musst dich schützen. Du spürst die Gefahr. Sie lauert. Aber du weißt nicht, woher sie kommt. Man kann ihr keinen Namen geben. Das ist die große List der Finsternis – sie bleibt immer anonym. Sie will sich nicht entlarven lassen. Erst wenn du suchst, entdeckst du ihre Spur. Wer sucht, der findet, auch in diesem Bereich. So war es bei mir. Als ich nach dem Gespräch mit meiner Schwester und ihrem Mann nachforschte, haben sich die dunklen Mächte eindeutig enthüllt. Und zwar *nach* dem Lesen der Bibel und meinem Entschluss, alles aufzugeben. An diesem Punkt kam die Demaskierung. Da sind sie mir ganz konkret erschienen und haben versucht, mich zu vernichten. Nur: Gott ist größer. Er hat mich beschützt.

Nach meiner Hinwendung zu Jesus Christus sagte ich meinen Kunden: «Diese Gaben kommen nicht von Gott, sondern von der Finsternis. Ich höre auf.»

Sie erwiderten: «Nein, das ist nicht möglich. Wir brauchen dich, um weiterzuleben. Du irrst dich!» Wochenlang riefen sie mich an und flehten, ich solle ihnen doch weiterhin die Karten legen. Ich blieb standhaft. Diese Leute wurden dann eher zu meinen Feinden. So verlor ich viele, die mir früher sehr zugetan waren. Sie gestanden mir: «Wir mochten dich mehr, als du noch eine Hexe warst.» Viele wollten mit Jesus nichts zu tun haben. Sie wussten, dass sie in ihrem Leben einiges hätten ins Reine bringen müssen, statt es weiter mitzuschleppen und zu überdecken. Außerdem waren sie von der Wahrsagerei abhängig und wollten sie auf gar keinen Fall aufgeben.

Wenn ich auf mein Leben zurückblicke, bin ich erst jetzt, im Leben mit Jesus, richtig frei. Frei, um das zu tun, was ich wirklich will. Und ich weiß heute, was schlecht ist. Wenn ich in Gefahr laufe, etwas Falsches zu tun, spüre ich ein Signal in mir, das sagt: «Geh nicht weiter!» Ja, der Heilige Geist hilft mir, weise zu bleiben und den Gefahren zu entfliehen. Ich spüre: Jesus ist immer da. Von seinem Sieg lebe ich.

Michèle Zurbach (44) lebt mit ihrer Familie in St. Louis, Frankreich, und arbeitet als Dolmetscherin und Malerin.

Kapitel 5

Hinduismus und Buddhismus:

Worauf die meisten Esoteriker ihre Gedankengebäude aufbauen

Grundsätzlich lassen sich die östlichen Religionen als «Religionen des ewigen Weltgesetzes» einstufen. Ihnen zufolge ist die Welt ewig. Sie hat keinen Anfang und kein definitives Ende. Zwar hat Brahma bei der Entstehung der Erde eine maßgebliche Rolle gespielt, er schuf diese jedoch nicht aus eigenem Willen, so dass für ihn die Bezeichnung «Schöpfer» im christlichen Sinne nicht verwendet werden kann.

Hinduismus: Jeder nach seiner «Fasson»

Der Hinduismus ist die bekannteste Religion Indiens. Aus seinen Grundlagen formte Gautama Siddhartha rund 600 Jahre vor Christus den Buddhismus. Die drei höchsten Gottheiten im Hinduismus sind Brahma, Shiva und Vishnu. Zu den drei Hauptgöttern «gesellen» sich eine Unzahl weiterer Götter, die dem Außenstehenden den Überblick nahezu unmöglich machen. Tragende Elemente sind die Karma-Lehre (Vergeltung für gute und böse Taten) sowie die Lehre über die Wiedergeburt. Unsere Welt wird als Illusion (Maya) verstanden, die es zu überwinden gilt. Der Hauptweg zu dieser Befreiung ist Yoga.

Der Hinduismus wurde nicht durch eine bestimmte Person gestiftet. Er ist «von selbst» im Verlauf der Jahrhunderte unter dem Einfluss der äußeren Umgebung gewachsen und mutiert. Neben den Veden, den heiligen Schriften der Hindus, gehören zahlreiche weitere Schriften zum göttlichen Kanon. Dementsprechend lehren die Hindus, dass zu allen Zeiten göttliche Inkarnationen auftreten, um die Wahrheit zu verkünden. Râma, Krishna, Vyâsa, Manu, Vasishtha oder Shankara verkündeten keine neue Lehre, sondern formulierten die alten Weisheiten um und verkündeten sie erneut.

Anders als im Christentum, Buddhismus oder Islam befindet sich der Hinduismus in einem «beständigen Wandel» und besitzt keine feste Dogmatik. Es bleibt dem Einzelnen selbst überlassen, ob er sich als Atheist oder als Gläubigen einschätzt und ob er Vishnu oder Shiva als den Weltenlenker betrachtet. Ebenso wenig sind Theorien über die Entstehung der Welt und ihre materiellen Komponenten oder über die Menschheit und das Wesen der Seele allgemein verbindlich.

Die einen feiern (be)rauschende Orgien, während andere in äußerster Enthaltsamkeit leben.

Das charakteristische Merkmal dieser Religion ist die nahezu uneingeschränkte Vielfalt der Verehrungsobjekte und der zur Erreichung des Heils zugelassenen Mittel.

Neben Vishnu gilt Shiva für viele Hindus als höchster Gott, so dass sich eigentlich zwei Religionsparteien gegenüberstehen. Bei der toleranten Einstellung des Volkes legen sich aber die wenigsten Inder dogmatisch fest. Meist wird «gezappt». Einmal ist Vishnu der Allgott, ein andermal Shiva. Und auch «feministische» Ausrichtungen kommen zum Zug: Für manche ihrer Verehrer ist Shakti (die Urkraft) die Alleinherrschende, von der die anderen Götter abhängig sind. Sie gilt als *die* Kraft der Natur, die gebärt und zerstört (ihre Darstellung: wilde Haare, heraushängende Zunge und ein Halsband mit Schädeln). Selbst ihr Gatte Shiva muss ihr – je nach Lehrmeinung – den Vorrang lassen. Ihren Höhepunkt erreichte diese Entwicklung in der Vorstellung, dass ein männlicher Gott nur durch Vermittlung seiner Göttergattin wirksam sein kann.

Trotz der massiven Einschränkungen in ihrem sozialen System halten die Hindus ihre Religion für die kompletteste. Einfach darum, weil sich ihrer Meinung nach jeder religiös bewährte Gedanke integrieren lasse.

Aber die Toleranz wird nicht immer «toleriert». Mahatma Gandhi wurde von einem jungen Mitglied einer orthodoxen Hindu-Bewegung ermordet. Weil Gandhi «mit seiner Toleranz die Sache des Hinduismus verraten hatte».

Das Sozialsystem: Fette Bauern – unberührbare Götter

Nach Anschauung der Hindus ist das soziale System in den Kosmos eingegliedert. Dieser gilt als das «geordnete Ganze» und wird durch das Weltgesetz «Dharma» beherrscht. Die Ordnung offenbart sich vor allem darin, dass alle Lebewesen von Geburt an nach ihren Fähigkeiten und Obliegenheiten streng voneinander geschieden sind, eingeteilt in Kasten (Klassen).

Diese Ordnung gilt für Götter, Menschen und Tiere. Die Veden sahen ursprünglich vier Kasten vor. An der Spitze stehen diejenigen Menschen, die ihrer Tätigkeit und Lebensführung nach die größtmögliche Reinheit in physischer und moralischer Beziehung besitzen und so den Göttern am nächsten kommen. Diese höchsten «Repräsentanten» des menschlichen Geschlechts sind die Brahmanen (Priesterkaste). Sie lehren die Hindu-Schriften, leiten religiöse Zeremonien und sind in gehobenen Positionen der Regierung vertreten. Die Brahmanen haben strenge Gebote einzuhalten. Sie sind nicht automatisch wohlhabend. Einem Bauern, der in der Kastenhierarchie weiter unten steht, geht es materiell häufig wesentlich besser.

Fürsten und Krieger gehören zur zweiten Kaste («Kschatrija»). Aus dieser Kaste gehen normalerweise die Könige hervor. Eine starke physische Verfassung gibt den Kriegern eine größere Überlebenschance, deshalb unterstehen sie weniger strengen Speisevorschriften als die Brahmanen. Sie dürfen zum Beispiel Fleisch essen. Während die Brahmanen von Geschenken derjenigen leben, die ihre Dienste in Anspruch nehmen, müssen die Angehörigen der Kriegerkaste auf Steuern, Beute oder sonstige Abgaben zurückgreifen.

Bauern, Kaufleute und Händler sind die Angehörigen der dritten Kaste («Vaischjas»). Sie betreiben Handel, Gewerbe, Viehzucht und Ackerbau. Diesen drei Kasten müssen die Handwerker und Landarbeiter dienen, die den vierten Stand «Shûdra» des indischen Sozialsystems bilden. Die beiden letzten Kasten gelten auch als die «Unreinen».

Unter den vier Kasten stehen die Unberührbaren. Sie nennen sich heute «Dalits» (Unterdrückte). Zu ihnen zählen beispielsweise unheilbar Kranke. Ihr sozialer Status ist so tief, dass man sie als kastenlos bezeichnet. Sie müssen die – im mittelalterlichen Verständnis – als unrein geltenden Arbeiten verrichten: Leder gerben, Kot aufsammeln und Tote verbrennen. In vielen ländlichen Gegenden sind sie Leibeigene, die es über Generationen hinweg nicht schaffen, sich freizukaufen. In manchen Dörfern ist es ihnen untersagt, Wasser aus dem Brunnen zu schöpfen – sofern sie überhaupt im Dorf leben dürfen. Hochkastige Hindus vermeiden den Kontakt zu den Unberührbaren. Sie vermeiden es sogar, im Schatten der Unberührbaren zu stehen. Denn fällt ihr Schatten auf sie, werden sie unrein.

Jede dieser fünf Gruppen splittet sich wieder in eine große Anzahl Unterabteilungen auf. Heute gibt es eine Stufenfolge von mehreren Tausend «Jatis», einzelnen Unterkasten. Diese sind meistens an Berufen orientiert und unterscheiden sich von Dorf zu Dorf. Jede Unterkaste hat eine bestimmte Funktion im sozialen Organismus.

Nichthindus rangieren – da kastenmäßig nicht erfasst – *unter* jedem Hindu. So gesehen ist der Hinduismus nach wie vor die nationale Volksreligion der Inder. Insbesondere deswegen, weil es für den Einzelnen keine offizielle Möglichkeit gibt, sich zum Hinduismus zu bekehren.

Dafür sind die Götter umso zahlreicher vertreten. Der Theologe Madhva lehrt, dass auch sie verschiedenen Kasten angehören: Brahma und Agni sind Brahmanen, Shiva und Indra Krieger, die Ashvins und die Erdgöttin gehören der Shûdrakaste an; diesen sind die meisten Gottheiten untergeordnet. Man stelle sich die vielen unreinen und sogar unberührbaren Götter vor! Oder anders gesagt: Die meisten Hindu-Götter sind Madhva zufolge unrein!

Die Gründerväter der indischen Republik versuchten vor mehr als fünfzig Jahren, die Kasten-Diskriminierung (der Menschen) rechtlich einzuschränken. Die «Kaste» wurde als sozial relevante Kategorie abgeschafft. Unberührbarkeit ist verboten. Mit einer Quotenregelung sollten die in die unterste Gesellschaftsschicht Hineingeborenen gefördert werden. Manchem gelang der Sprung in die materielle Unabhängigkeit, aber für die breite Masse änderte sich nichts. Die Kasten sind weiterhin Maßstab und Bezugspunkt der Inder.

Rein menschlich gesehen würde man diese unterschiedlichsten Gesellschaftsformen niemals auf einen friedlichen Nenner bringen. Wenn nun aber eine Religion existiert, die diese verschiedenen Schichten, aus denen man *nicht ausbrechen kann*, in ein Weltgesetz einordnet, lässt sich dieses Konzept durchaus verwirklichen.

Im Hinduismus ist die Religion aufs engste mit dem sozialen System verknüpft. Das darin integrierte Weltgesetz («Dharma») regelt den Alltag seiner Anhänger bis in die intimsten Details. Vom morgendlichen Reinigungsbad über das als sakrale Handlung betrachtete Mittagessen bis hin zur Abendandacht. Die Religion schreibt dem Einzelnen sogar vor, was und mit wem er essen oder wen er lieben darf.

Neben der grenzenlosen Vielfalt besteht zugleich eine totale Einschränkung, die dem gläubigen Hindu kaum Handlungsspielraum offen lässt.

Auf den Hund gekommen

Gute oder schlechte Taten entscheiden über die Klasse des Individuums im nächsten Leben. Bei «guter Führung» wird man beim nächsten Mal etwas Besseres, bei «schlechter Führung» kann es zu bösen Überraschungen kommen.

Grundsätzlich beginnt die Stufenleiter bei den Pflanzen und endet beim Gott Brahma. Dank Karma und Reinkarnation befindet sich die Seele auf dem Weg zur Verschmelzung mit dieser Gottheit.

Nach hinduistischem Verständnis ist das Dasein und Schicksal jedes Einzelwesens eine logische Folge seiner Taten, die er in einem früheren Leben vollbrachte (Karma). Die Fähigkeiten, aber auch Schwächen (sogar Behinderungen!) sind eine Folge des Verhaltens im vorigen Leben. Wer beispielsweise zur Mittelschicht gehört und Gutes leistet, hat die Möglichkeit, in seinem nächsten Leben als Brahmane, Krieger oder Händler auf dieser Erde zu weilen. Wer ein schlechtes Leben führt, könnte im nächsten Leben als Hund oder Schwein zur Welt kommen und «Lumpi» oder «Porki» heißen. Karma: Der Stoff, aus dem die Depressionen gestrickt sind ...

Die ungeheure Vielzahl von höchsten Göttern bis zu niedrigsten Insekten, Würmern und Pflanzen wird von den Hindus auf die große Bandbreite der Taten zurückgeführt, die vergolten werden müssen.

Selbst die Götter sind der Seelenwanderung unterworfen und können in der Hierarchie nach unten rutschen. Die Karriere vom Tellerwäscher zum Präsident oder sogar zum Gott ist in der hinduistischen Religion möglich – über eine Unzahl von Leben.

Diese Dogmen – zum großen Teil sozialer Natur – engen das Leben wie in keiner anderen Religion ein. Freiheit gewährt der Hinduismus dagegen in Glaubensfragen. Er verlangt lediglich den Glauben an die nachwirkende Kraft von Verdienst und Verschulden. Der Einzelne ist aber frei in der Entscheidung darüber, wer von den zahlreichen Gottheiten ewig und allen anderen überlegen ist.

Wie frei die Götter Indiens interpretiert werden, zeigt sich am Beispiel des ursprünglichen Sonnengottes «Varuna», dem «Mädchen für alles» der hinduistischen Götter. Seine Gestalt hat im Laufe der Zeit so viele Phasen durchgemacht, dass über sein wahres Wesen die verschiedensten Theorien im Umlauf sind. Die Spannweite erstreckt sich vom Himmelsgott, Mondgott, Wassergott bis hin zum Strafgott.

Auch Brahma ging seinen speziellen Weg durch die Weltgeschichte. An der Schöpfung noch prägend mitbeteiligt (er ordnete mit den vorhandenen Bauteilen die Welt), gilt er für die Brahmanen heute lediglich noch als Erzengel.

Gebt dem Brahmanen, was des Brahmanen ist ...

Im Laufe der Zeit (seit 1000 v. Chr.) gewann das Ritualwesen der Brahmanen eine Monopolstellung, wie sie kein Priesterstand auf der Welt sonst je gesehen hat. Kraft ihres Wissens um die heiligen Lieder und Zeremonien behaupteten sie, denen, die sich ihre Dienste gegen einen hohen Lohn sichern, in der jenseitigen Welt alles verschaffen zu können. Ganz ähnlich also wie bei der katholischen «Ablasskrämerei». Sie behaupteten auch, in ihren Formeln und Handlungen so viel Macht zu besitzen, dass sich selbst die Götter ihnen beugen müssten. So erhoben sich die Brahmanen zu Halbgöttern und Göttern in der Menschenwelt.

Die Opposition gegen solche Ansprüche des Priestertums ebnete zwei neuen Heilslehren den Weg: dem Buddhismus und dem Jainismus, die sich mit dem Brahmanismus (Hinduismus) ein Kopf-an-Kopf-Rennen lieferten. Wobei diese drei Religionen durch tausend Fäden miteinander verbunden sind.

Die Schriften

Die Hindus haben weder das Bedürfnis, alle Glaubensinhalte in einem starren System zusammenzufassen, noch den Drang, die Persönlichkeiten, die diese Inhalte schufen, explizit zu erwähnen. Die Schriften in fest umrissener Form, die sich mit klaren Standpunkten gegen andere Meinungen abgrenzen, sind gering. Von den Autoren der einzelnen Lehren sind vielfach nicht einmal die Namen bekannt.

Die heiligen Schriften der Hindus sind alle in Sanskrit verfasst.

Viele Hindus sind der Meinung, dass diese Kunst- und Gelehrtensprache Altindiens früher die Sprache der Götter war. Die Werke werden in zwei Gruppen geteilt: in solche mit übermenschlichem Ursprung und in solche mit menschlichen Verfassern.

Die Veden («Wissen»), mitunter die wichtigsten Hindu-Schriften, bilden eine gewaltige Sammlung von Texten, die in ihrer Entstehung von 1500 vor Christus bis 1500 nach Christus reichen. Sie bestehen aus vier «Testamenten»:

1. der Rigveda, einer Sammlung von 1 028 Hymnen, mit denen die Götter zum Opfer herbeigerufen werden;
2. der Sâmaveda, bestehend aus Gesängen, mit denen die Zubereitung und Darreichung des Opfers begleitet wird;
3. der Yajurveda, die sich aus Sprüchen zusammensetzt, die beim Vollzug des Opfers gemurmelt werden;
4. der Atharvaveda, einer Sammlung von Zauberliedern.

Zur Zeit Buddhas (um 500 v. Chr.) lagen die Veden in ihren bedeutendsten Teilen bereits vor und galten bei den Brahmanen als heiliges Ganzes von uraltem Ursprung.

Im Laufe der Zeit schwand der Glaube an die Naturgötter, die Religion wurde philosophischer. Deshalb versuchte man die Wirklichkeit hinter diesen Göttern zu finden. Daraus entstanden unterschiedliche Abhandlungen, die als die Upanishaden (wörtlich: «nahesitzend») bekannt sind. Diese Lehren sollen Gurus angeblich an diejenigen ihrer Jünger weitergegeben haben, denen es erlaubt war, nahe bei ihnen zu sitzen. Die Upanishaden stammen aus dem vierten Jahrhundert vor Christus und werden erst in neuerer Zeit zum Kanon der Veden gezählt. Darin wird versucht, das Wesen des Brahman, das Wesen der Menschen und den Sinn des Lebens zu erklären. In der Schrift wird versucht, die Identität der individuellen Seele (Atman) in der Identität der universellen Seele (Brahman) zu finden und die wesenhafte Gleichheit aller Dinge aufzuzeigen.

Das beliebteste der heiligen Bücher aller Hindus ist die Bhagavadgita («Lied des Herrn»). Sie wird oft «das Evangelium des Hinduismus» genannt. Die Schrift beinhaltet einen Dialog zwischen dem Krieger Ardchuna, der davor zurückschreckt, im bevorstehenden Krieg seine Verwandten zu töten, und dem Gott Krishna, der als sein Wagenlenker fungiert und ihn ermutigt, seine Pflicht als tapferer Krieger zu erfüllen.

Dem Hindu steht es frei, die eine oder andere Schrift zu favorisieren, ganz wegzulassen oder Schriften aus anderen Religionen einzuflechten. Mahatma Gandhi brachte diese Freiheit auf den Punkt: «Ich glaube nicht, dass einzig die Veden allein göttlichen Ursprungs sind. Ich halte vielmehr dafür, dass Bibel, Koran und Zend Avesta genauso göttlich inspiriert sind wie die Veden. Andererseits verpflichtet mich der Glaube an die heiligen Schriften der Hindus nicht, jeden Vers in ihnen für inspiriert zu halten.»

Buddhismus: Das sanfte Auflösen im Nichts

David Roth ist mit einer Thailänderin verheiratet und lebt deshalb heute in Thailand. Aufgewachsen in der Schweiz, suchte er lange nach tragfähigen Werten. Die christlichen Werte bekam er allerdings nur verzerrt mit. «Durch diesen Hintergrund, zusätzlich vermischt mit meiner humanistischen und materialistischen Erziehung, darf man sich nicht wundern, dass ich sehr offen war für alles, was aus dem Fernen Osten kam: Mantras, Meditation, Hinduismus und Buddhismus.»

Im Alter von zwanzig Jahren wanderte David mit einem Freund aus. Nach Thailand. «Um die Wahrheit und den Sinn des Lebens zu suchen und zu finden.» Ihm war klar, dass der Materialismus nur zur Lust- und Sinnesbefriedigung dienen kann, «dass er aber das tiefe Verlangen aus dem Herzen eines Menschen nach dem Woher und Wohin der Seele niemals sättigen wird».

Zuerst wandte David sich dem Hinduismus zu. «Ich las die Bhagavadgita und das Sri Gmad Bhagwatam, welche die Essenz der vedischen Schriften darstellen. Diese sind derart umfassend, dass ein Mensch sie in seinem Leben kaum durchzulesen vermag, auch wenn er nichts anderes tun würde.» Die Geschichten und Mythen aus den Veden waren interessant, «doch ich erlebte nicht die Erfüllung mit Wahrheit. Ich erfuhr keinen Frieden für mein Herz». Trotzdem war die Lektüre eine gute Vorbereitung für den Einstieg in den Buddhismus, der in Thailand Staatsreligion ist und von rund neunzig

Prozent der Bevölkerung als ihre Religion akzeptiert wird. «Hier muss aber ausdrücklich gesagt werden, dass – ähnlich wie bei den Christen in Europa – der größte Teil der Bevölkerung in Thailand ‹Namens-Buddhisten› sind. Diese leben ebenfalls materialistisch. Nach meiner Einschätzung leben nur etwa zehn Prozent der Thailänder den buddhistischen Glauben wirklich aus.»

Die Irrtümer der Euro-Buddhisten

David Roth erzählt weiter: «Nach zwei Jahren Vorbereitung und Sprachstudium trat ich in einem Waldtempel im Nordosten von Thailand dem buddhistischen Mönchsorden bei. Was ich dort lernte und erlebte, stand in krassem Gegensatz zu dem, was viele Euro-Pseudo-Buddhisten verkünden und lehren; Dinge, von denen sie offenbar annehmen, sie repräsentierten den Buddhismus.

Sechs Punkte sind speziell auffallend:

1. In Europa glaubt man, der Buddhismus sei voller Friede, Freude und Sanftheit. Buddha aber lehrt anderes: Geboren werden und leben bedeutet bei ihm Schmerzen, Leid, Hunger und Tod. Diese vier Dinge laufen Frieden, Freude und Sanftheit klar entgegen.

2. Weiter wird angenommen, der Buddhismus sei tolerant. Buddha aber lehrte, dass es bezüglich Sünde keine Toleranz gibt. Wer sündigt, wird gerichtet. Alle Fehler müssen abgearbeitet und abgetragen werden. Auch in der Praxis zeigt der Buddhismus gegenüber jemandem, der den Glauben wechseln will, wenig Toleranz: Schläge und Prügel sind das Normale für Leute, die den Buddhismus aufgeben. Ausschluss aus der Familie und Enterbung gehören zum weiteren ‹Repertoire›.

3. Im Buddhismus heißt es, dass man Sünde und Fehler selber abarbeiten kann, um so sein künftiges Karma zu bestimmen. In der Praxis ist es so, dass man sein Land, sein Geld und seine anderen Güter den Mönchen schenkt. Diese guten Werke sollen dann die Verfehlungen aufwiegen. Also Sündenerlass durch Bezahlung.

4. Eine weitere Fehlannahme geht davon aus, dass der Mensch sich durch Meditation selbst ändern kann und durch das Halten der Gesetze und das Vorwärtsgehen in der buddhistischen Lehre

irgendwann einmal in einem zukünftigen Leben sündlos leben wird, um dann ins große Nichts einzutauchen.

5. Was Frauen im Buddhismus betrifft: Sie haben keine Hoffnung, in diesem Leben die Erleuchtungsstufe zu erreichen, da ihnen der Weg als gleichwertige Mönchin versperrt ist. Buddha war der Auffassung, dass die Frau das Rad der Wiedergeburt in Bewegung hält und so zum großen Leiden der Menschheit beiträgt.

6. Es ist eine große Täuschung des Buddhismus, dass das Endziel, nämlich im großen Nichts aufzugehen, gut und erstrebenswert wäre. Es ist ein Schlag ins Gesicht des Schöpfers allen Seins und de facto die Vernichtung des Lebens. Buddhismus lehrt Rebellion gegen das Sein und gegen das Leben, denn das Ziel eines jeden Buddhisten ist das Nichts und das ‹Nicht-Sein› seiner Seele.

Ich erwähne dies nur als kleinen Vorgeschmack für künftige Buddhistinnen und Buddhisten! ...»

Die Verehrung von Statuen und Amuletten
Angesprochen auf die buddhistische Religion, nennt David Roth drei Grundpfeiler: die Lehre, die Orden und die Erleuchtung.

David bezeichnet die Lehre als schlechte Kopie der alttestamentlichen Gesetzeslehre. Mose hatte die Zehn Gebote, die wir aus dem Alten Testament kennen, vor rund 3500 Jahren von Gott erhalten. «Buddha selbst lebte vor etwa 2600 Jahren. Es ist stark anzunehmen, dass er als Königssohn Zugang zu sämtlichen Schriften der damaligen Zeit hatte. Somit auch zum Pentateuch, den fünf Büchern Mose, dessen Gesetze sich sehr stark in Buddhas Lehren widerspiegeln.»

Buddha sei ein aufrichtig Suchender gewesen, der in vielen Bereichen eine große Erkenntnis hatte. «Er blieb ehrlich mit sich und sagte: ‹Es gibt etwas, das alles geschaffen hat. Aber ich bin nicht bis zu ihm hindurchgedrungen.› Das ist der Grund, warum die ersten Gebote, die von einem persönlichen Gott sprechen, im Buddhismus fehlen. An dessen Stelle setzte Buddha die Lehre vom unpersönlichen Nichts, in der das ‹Nicht-Sein› die Erfüllung des Menschen darstellt.»

David konstatiert weiter, es sei für jede Religion, die die Selbsterlösung durch eigene Werke verkündet, bezeichnend, dass sie immer verwirrender wird und zum Beispiel im Buddhismus in der Lehre gipfelt, dass das «Nicht-Sein» und das «Auflösen im großen Nichts» die Erfüllung für den Menschen darstelle. «Ich bezeichne diese Lehre als Rebellion gegen den Schöpfer und als widergöttlich inspiriert, weil sie die Auflösung und den Tod der Seele zum Ziel hat.»

Über die zweite Säule, den Mönchsorden des Buddhismus, gebe es genauso viel Gutes wie Schlechtes zu berichten wie auf christlicher Seite in Europa. «Viele der Mönche sind ehrlich und aufrichtig und tun viel Gutes. Andere sind ihres Bauches wegen Mönche geworden, und wieder andere sind Wölfe in Schafspelzen. Auf jeden Fall hat der Orden vieles zur Lehre von Buddha hinzugefügt, was die Menschen vom Orden abhängig werden lässt. Beispielsweise die Zeremonie für Verstorbene, ohne die deren Seele die nächste Stufe nicht erreichen könne.

Die Verehrung von Statuen und Amuletten stammt ebenfalls aus dem Orden. Dabei gibt es die schlimmsten Auswüchse: Wenn man ein bestimmtes Amulett trägt, so könne jemand auf dich schießen, doch die Kugel verletze dich nicht, heißt es. Oder: Ein gewisses Amulett bewahre vor Unfall, und wenn ich noch ein anderes tragen würde, so könne mir keine Frau widerstehen. Und so weiter. In der Praxis werden diese Amulette mit den Zauber- und Bannsprüchen der Mönche belegt und dadurch wie eine Batterie aufgeladen und wirksam. Der Glaube an die übernatürlichen Kräfte der Statuen und Amulette wurde so zu einem einträglichen Geschäft des Ordens. In der Lehre Buddhas sind solche Krämereien aber nicht enthalten.»

Die Erleuchtung als dritte Säule ist derjenige Teil, der die Nicht-Asiaten am meisten interessiert, weil er durch Meditation erreicht wird. «Leider wird dabei der achtfache Pfad Buddhas stark vernachlässigt und einzig auf die Meditation Wert gelegt. Dazu wird ein Mantra verwendet, wie zum Beispiel das Wort ‹Bud-doh›. Beim Einatmen ‹Bud› und beim Ausatmen ‹doh› gesprochen, werden die Sinnesorgane dank Konzentration ignoriert. Es entsteht dadurch ein Vakuum im Menschen, das, wenn es groß genug ist, implodiert und alles aufsaugt, was benötigt wird. Ich selbst erlebte dabei große Glücks-, Friedens- und Ruhegefühle. Auch erreichte ich die Loslösung des Ichs vom Leib, so dass ich außerhalb meines Körpers war und reisen konnte. Leider hielten diese Gefühle nicht an. Immer wenn ich aus der Meditation zurückkehrte, wurde mir bewusst, dass ich immer noch gleich viele Sünden hatte wie vorher; Sünden, die mich vom heiligen Gott trennten. Konzentrations-Meditation ist Selbstbetrug, vergleichbar mit übermäßigem Alkoholkonsum in der Nacht. Am nächsten Tag bleiben Kopfschmerzen übrig und womöglich ein leerer Geldbeutel. Wer glaubt, er werde die Erleuchtung durch Meditation erreichen, betrügt sich selbst.

Nach insgesamt drei Jahren brach ich meinen Weg als Buddhist ab. Nach der hingebungsvollen Phase aufrichtigen und ehrlichen Suchens, Forschens und Lernens als buddhistischer Bettelmönch war mir klar geworden, dass es meine Sünden waren, die mich am Durchbruch zur Erfüllung hinderten. Ich konnte zwar durch Meditation Glücks- und Friedensgefühle erzeugen, sie hielten aber nie wirklich an.

Darum fragte ich meinen Lehrer im Tempel, ob es einen Weg gibt, dieses alte Sündenpaket, das sich in 23 Jahren angesammelt hatte, loszuwerden. Ich bin Gott dankbar, dass dieser Lehrer mich nicht belog. Er gestand, dass es im Buddhismus keinen Weg gibt, um von Sünden loszukommen. Er sagte, dass ich wieder geboren würde. Und wieder und wieder und wieder. Bis ich ein sündloses Leben führen könne, um danach im Nichts zu versinken.

Ich fragte ihn weiter, ob er einen Menschen kenne, der ohne Sünden lebt. Wieder ein ‹Nein›. Ich sagte ihm dann, dass es auf diese Weise ja nicht die geringste Hoffnung gebe, wirklich frei zu sein. Er schwieg dazu.

Heute bin ich mein Sündenpaket los und erfahre, dass ich einen konstanten Frieden gefunden habe durch die Vergebung, die Jesus Christus für mich erwirkt hat. Ich muss mich nicht selbst erlösen oder erleuchten, sondern darf das im Glauben annehmen, was Gott, der Schöpfer allen Lebens, für mich getan hat. Heute bin ich erlöst – nicht erleuchtet – und weiß, dass ich ewiges Leben habe und nicht nach unzähligen Wiedergeburten im Nichts enden werde.»

Keine Rückführungen im Buddhismus

Entgegen den westlichen Trends sind die «Rückführungen in frühere Leben» im Buddhismus wie auch im Hinduismus weitgehend unbekannt. David Roth aus Thailand, der ehemalige Bettelmönch, sagt dazu: «Ich war jahrelang im Buddhismus. Doch von Rückführungen habe ich noch nie etwas gehört, geschweige denn einen Priester etwas Derartiges ausüben sehen. Eine solche Praktik ist hier unbekannt.»

Warum bloß kennen die weisen Brahmanen und Lamas des Ostens dieses «Instrument» nicht, wenn es in der Esoterik des Westens doch als nahezu unumgänglich betrachtet wird?

Und wo bleibt die Frauen-Power im Osten?

Buddha ermahnte seine Schüler während langer Zeit, sich vor Frauen zu hüten und auf sie zu verzichten. Er sagte, sie seien meist «töricht und böse», wild «wie Straßenräuber» und von Natur aus lügnerisch. Monatelang weigerte er sich, einer Frau die Türe zu öffnen. Sie war in Lumpen gekleidet und flehte ihn Tag für Tag an, doch ein paar Worte zu ihr zu sagen oder ihr einen Blick zu schenken. Buddha antwortete seiner Tante, die ihn liebevoll großgezogen hatte, nicht.

Für Buddha waren Frauen in spiritueller Hinsicht minderwertig. Es dauerte Jahre, bis er mit der Gründung von Frauenklöstern einverstanden war. Erst nach endlosen Debatten mit seinen Schülern räumte er ein, dass auch Frauen zur Erleuchtung gelangen könnten. «In der Vergangenheit wurde die Frau zweifellos verachtet», berichtet der 14. Dalai Lama. Immerhin sei die Lage der Frau in Tibet mittlerweile besser als in China oder Indien. «Aber es bleibt noch viel zu tun.»

Nicht anders sieht es im Hinduismus aus. Ein Paradebeispiel findet man (und frau) im Kamasutra: «Jeder Mann muss das große Lehrbuch der Liebe studieren.» Gleiches gilt nach dieser altindischen Schrift auch für die Frau. Sie muss sich bereits während ihrer Jugend damit beschäftigen. «Unter Umständen sogar noch während ihrer Ehe, vorausgesetzt, ihr Mann gestattet es ihr.» Allerdings werde von verschiedener Seite eingewendet, dass «die Frauen das große Lehrbuch nicht begreifen können und dass ihnen deshalb die Beschäftigung damit untersagt ist».

Indiens Götter vor dem Bankrott

Von der schlimmsten Dürre seit einhundert Jahren sind fünfzig Millionen Menschen betroffen. Neuntausend Städte und Gemeinden leiden unter akutem Wassermangel. Dabei ist das Ausmaß des Desasters noch gar nicht absehbar. Frauen legen in den ländlichen Gebieten täglich Märsche von bis zu zwanzig Kilometern zurück, um an den wenigen funktionierenden Brunnen einen Tontopf voll Wasser zu schöpfen. In manchen Gegenden hat es seit drei Jahren keinen Trop-

fen geregnet. Unter den Bauern registrieren die Behörden eine Selbst-
mordwelle größeren Ausmaßes. Viele Bauern haben sich bei Banken
und Geldverleihern, die Zinsen bis zu 120 Prozent verlangen, schwer
verschuldet und können nun, da ihre Kulturen verdorren und es
keine Ernte geben wird, die Anleihen nicht zurückzahlen.

Ist die Dürrekatastrophe das Karma des indischen Volkes? Oder
wollen die Inder den Regen einfach noch zu wenig? Sind sie sich dessen
einfach noch nicht genug bewusst? Oder haben sie den Göttern, die die
Elemente lenken, einfach noch zu wenig geopfert? Haben sie sich
einfach noch zu wenig mit der universellen Urkraft verbunden? Haben
sie zu wenig meditiert? Oder haben sie, wie der Esoteriker es bezeichnen
würde, «mechanistische Bretter vor dem Kopf und sind deshalb verschlossen für die feinstofflichen Energien der universellen Urkraft»?

Keine Kritik am Dalai Lama?
Der Buddhismus wird in der Presse häufig zuvorkommend behandelt. Zumindest im Vergleich mit dem Christentum. Dass in unseren
hiesigen Kirchenhierarchien im Wesentlichen Männer das Sagen haben, greift die Presse immer wieder hochkritisch auf. Dass sich der
Dalai Lama aber mit einem Altherrenklub in mönchischen Gewän-
dern umgibt, daran nimmt keiner Anstoß. Wenn der buddhistische
«König» unverständliche Mantras murmelt, fasziniert das viele Journalisten. Beten aber Christen aus begeistertem Herzen, gilt das
schnell als Fanatismus. Halten viele den christlichen Appell zu sexueller Reinheit und allenfalls mäßigem Alkoholgenuss für «leib- und
sinnesfeindlich», so bewundert man buddhistische Mönche für ihren
alternativen Lebensstil. Für die Lehre, dass der Mensch sich selbst erlösen kann, erntet der Dalai Lama beifälliges Kopfnicken und wird
allenthalben brav als «Seine Heiligkeit» bezeichnet. Für die Lehre,
dass Jesus Christus durch seinen Tod am Kreuz die Menschen erlöst
hat, hagelt es dagegen Unverständnis. Selbst die Fragen des Geldes
streifen die Medienschaffenden kaum. Wenn der Dalai Lama mehr
als drei Millionen Mark für sein Video *Buddhas Weg zum Glück* ein-
setzt, ist das den Kommentatoren keinen Halbsatz wert. Missionie-
rende Christen ernten hingegen reflexartig den immergleichen Vor-
wurf: Geldverschwendung.

Interessant ist in diesem Zusammenhang besonders ein Zitat
Buddhas am Ende seines Lebens: «Ich bin immer noch auf der Suche

nach der Wahrheit.» Ein Leben lang Leerlauf? Millionen folgen heute einem religiösen Führer nach, der am Ende seines Lebens eine (allerdings sehr ehrliche) Bankrotterklärung verlauten ließ. Er hatte noch immer nicht gefunden, was er ein ganzes Leben lang unter Selbstverleugnung und Selbstverachtung gesucht hatte.

Der Buddhismus im Überblick

Religionsstifter:
Siddhartha Gautama alias Buddha, etwa 560 bis 480 v. Chr., wuchs als Hindu in Nepal auf. Auf der Suche nach Wahrheit entfloh er seinem irdischen Reichtum. Es folgten Askese, Selbstkasteiung und Erleuchtung. Diese führten zur Verwerfung des Hinduismus sowie zur Verbreitung der eigenen Lehre. Seine letzten Worte: «Ich bin immer noch auf der Suche ...» Nach indischem Verständnis wurde Siddhartha über sechshundert Mal inkarniert, bis er zum Buddha wurde.

Vom Hinduismus übernommen:
Nirwana: Sobald man mit dem Brahma eins geworden ist und sich in ihm aufgelöst hat, ist das letzte Ziel die Auflösung im Nichts, der Übergang ins Nirwana.

Karma: Vergeltung durch Wiedergeburt.

Reinkarnation: Ewige Wiederverkörperung bis zum Eingang ins Nirwana.

Die vier edlen Wahrheiten (auch «Einsichten» genannt)

1. **Alles Dasein ist Leiden,** weil das Leben aus negativen oder positiven Bindungen besteht. Die negative Bindung (zum Beispiel Angst oder Hass) ist leidvoll. Die positive Bindung (das schöne Leben, das Gautama als Prinz genoss) offenbart seine Leidgebundenheit, sobald es gilt, Abschied vom Glück zu nehmen.

2. **Alles Leiden wird durch die Begierde ausgelöst.** Wir leiden nur so lange, wie wir Wünsche haben; so lange, wie wir lieben und hassen. Das führt endlos zu positiven wie negativen Bindungen und treibt uns nach buddhistischer Auffassung durch den Tod in neue Geburt und von der neuen Geburt ins Altern und ins erneute Sterben. Ein Verlöschen im Nichts wird durch diesen Kreislauf verunmöglicht.

3. **Das Leid endet, wenn die Begierde erloschen ist.** Wem das schon in diesem Leben gelingt, der ist ein Buddha, wobei es in jedem Weltzeitalter nur einen Buddha gibt. Was die Aussicht auf Erleuchtung für die Anhänger dieser Religion kaum zu steigern vermag.

4. **Der Weg der Erlöschung jeder Begierde führt über den achtfachen Pfad.** Dieser soll den Menschen vom Leiden befreien und ins Nirwana führen. Der achtfache Pfad beinhaltet: Rechtes Glauben, rechtes Entschließen, rechtes Wort, rechte Tat, rechtes Leben, rechtes Streben, rechtes Denken und rechtes Sich-Versenken.

Gebote aus der Bibel?

Siddhartha kam in einer belesenen Adelsfamilie zur Welt. Zu deren Bibliothek soll auch der Pentateuch gehört haben. Immerhin lassen sich Buddhas Grundregeln (je nach Person 5, 8, 10, 227 und für Wandermönche sogar 350 Regeln) alle in den Zehn Geboten wiederfinden. Zum Beispiel: Nicht töten, nicht lügen, nicht stehlen usw. Buddha baute diese Gebote aus. Beim Töten ist bei ihm *jegliche* Lebensform gemeint. So muss man, bzw. «mönch», das Wasser durch ein Sieb schütten, damit man nicht etwa eine Mücke verschluckt. Wie es sich mit Bakterien (ebenfalls Lebensformen) verhält, ist noch unklar.

Die wichtigsten Lehrgebäude:

«Mahayana» (das große Fahrzeug): Zahllose Reden, nachträglich Buddha oder seinen Schülern in den Mund gelegt, bilden die Mahayana-Sutren; eine Erweiterung der älteren Form der Lehre. Die Lehrreden des großen Fahrzeuges führen zur Erkenntnis, dass sich Nirwana («Erlöschen») und Samsara (ewiger Kreislauf der Wiederverkörperung) nur graduell voneinander unterscheiden. Während der Unerleuchtete nur den Kreislauf des Leidens sieht, erkennt der Erleuchtete die Identität von Samsara und Nirwana. Wir alle sind Buddha und haben dies bloß noch nicht erkannt. Die innere Leere oder Buddha-Schaft kann durch eine nahezu grenzenlose Vielfalt spiritueller Wege, Richtungen, Schulen und Rituale erreicht werden. Die im Westen bekannteste Variante der Mahayana-Spiritualität ist Za-Zen, das stundenlange, regungslose Sitzen bei Betrachtung einer Wand.

«Hinayana» (das kleine Fahrzeug): Beruht auf der alten Lehre Buddhas. Beschäftigt sich stark mit Empfehlungen Buddhas über einen sittlichen Lebenswandel. Die Sammlung der Schriften lässt sich in drei Abteilungen gliedern: den «Korb der Disziplin» (Vinaya-pitaka), den «Korb der Lehrreden» (Sûtra-pikata) und den «Korb der Metaphysik oder Dogmatik» (Abhidharma-pikata).

1. *Korb der Disziplin*: Besteht aus drei Werken, die sich mit der Mönchsdisziplin befassen.
2. *Korb der Lehrreden*: Enthält vier Sammlungen von Lehrreden: die «Sammlung der langen Reden»; die Sammlung der «mittellangen Reden»; die Sammlung der nach aufsteigender Zahlenfolge aneinander gereihten Reden; und die Sammlung der in Gruppen eingeteilten Reden. Hinzu kommen fünfzehn weitere Texte, teilweise poetische Worte Buddhas.
3. *Korb der Metaphysik oder Dogmatik*: Besteht aus sieben Texten, die sich in trockener wissenschaftlicher Form mit dogmatischen Fragen auseinander setzen.

«Vajrayana» (das Diamantfahrzeug): Der Buddhismus nahm im Verlauf der Geschichte zahlreiche tantrische Elemente auf. Diese sollten helfen, Hindernisse in Wege zu verwandeln (Aufsteigen durch das, was niederreißt; Dämonen in Engel verwandeln). Als die Moslems ins Land einfielen, flüchteten viele buddhistische Mönche nach Tibet. Dort hatten sie genügend Möglichkeiten,

Hindernisse in Wege zu verwandeln. Sexualität, Angst, Aggression und Tod sind Bausteine, die der Tantriker durch magische und mystische Rituale zur Erleuchtung nutzen will. Hauptsymbol dieser tantrischen Richtung war der Diamant – als Sinnbild der Leere und Kraft. Er ritzt alles, kann aber selbst nicht geritzt werden. Diese Form des Buddhismus erfordert die intensive Begleitung durch einen spirituellen Lehrer («Lama»). Wer ohne Meister den Dämonen befiehlt, findet sich bald in der Rolle von Goethes Zauberlehrling wieder. Das Diamantfahrzeug wird auch als Lamaismus bezeichnet. Die Auseinandersetzung Tibets mit der chinesischen Regierung zeigt, wie schwer es selbst den tantrischen Buddhisten fällt, Widersacher in Freunde zu verwandeln.

«Buffet-Buddhismus» [Wenn wir das hier mal fiktiv so nennen dürfen ...]: Das buddhistische Erwachen im Westen schickt inzwischen ein viertes Fahrzeug ins Rennen. Nirwana, Erlöschen, Leere und Erleuchtung interessieren die Neobuddhisten in der Schweiz, in Deutschland und anderswo dabei nur am Rande. Der Weg wird bei ihnen wichtiger als das Ziel. Das befreiende Nichts verblasst gegenüber dem Hier und Heute. Statt jahrelanger meditativer Übung in der Einsamkeit bieten aufgeschlossene Klöster und Zentren nun Wochenendkurse an. Die Popularität des Zen-Buddhismus in der westlichen Welt führt damit zugleich auch zu seiner Verwässerung.

Der europäischen Esoterik liegt – neben dem Schamanismus – vorwiegend der Hinduismus zugrunde. Von ihm stammen Yoga, Karma- und Reinkarnationslehre ab. Im Westen werden diese Komponenten teilweise in eine mystische Form des Buddhismus gekleidet.

Kapitel 6

Gabriel Dominik Müller:

«Schauspieler, Esoteriker und Diener zweier Herren»

Vor mehr als zehn Jahren wurde ich in die «Insel», die Großklinik in Bern, eingeliefert. Es war am Tag vor der Premiere des Stückes «Gerettet» von Edward Bond am Berner Stadttheater, in dem ich die Hauptrolle spielen sollte. Mein linker Arm war derart bedenklich angeschwollen, dass mich der Regisseur unverzüglich in die Klinik bringen ließ. Als Schauspieler mit zwölfjähriger Berufserfahrung hatte ich bis dahin schon einiges an «Bühnenreifem» erlebt, aber diese Situation in der Klinik spielte sich nicht mehr im Theater, sondern auf der Bühne des Lebens ab. In der Realität also.

Da lag ich im Bett, am Tropf, und hatte von den Ärzten gerade vernommen, dass ich mit einem dunkel-dunkel-dunkel-blauen Auge davongekommen wäre; *eine* falsche Bewegung, und das Thrombose-Gerinnsel in der Aorta oberhalb des Herzens hätte sich gelöst. Ich wäre ein toter Mann gewesen. Ich wusste, dass sie die Wahrheit sagten, denn kurz zuvor, in der kritischen Phase, hatte ich wie von oben auf mich herabgeblickt und gesehen, wie ich mich aus meinem Körper zu lösen begann. Und das war ein anderes Loslösen gewesen als auf den Geist-Reisen, die ich schon vorher in Rückführungs-Sitzungen unternommen hatte. Oh, das war kein guter Zustand. In Sekundenschnelle raste mein bisheriges Leben in aller Klarheit an mir vorüber, und ich dachte mir: Das kann's doch nicht gewesen sein! Was für ein unerfülltes Leben! Ein inniges Flehen nach einer zweiten Chance wurde in mir wach. Jemand musste es gehört haben. Ich kam wieder in meinen Körper zurück.

Erste Plauderstündchen mit Toten

Vierzehn Tage vorher war ich in einem ganz anderen Zustand gewesen. Ich war erfüllt von hohen Glücksgefühlen; angstfrei und voller Würde. Ich war eingetreten in eine mir verborgene Welt. Ich sprach mit verschiedenen Verstorbenen, unter anderem mit Rainer Maria Rilke. An Einzelheiten kann ich mich nicht mehr erinnern, aber ich habe ganze Szenenabläufe von Geschehnissen «erhalten» und gesehen. Was ich mit Rilke sprach, weiß ich nicht mehr – außer, dass ich Mitleid mit ihm hatte.

Über den Leben von einigen Mitmenschen sah ich Zukünftiges. Wellen von großer Liebe durchströmten mich, ja sogar ein tiefes Gefühl von Vergebung. Gedanken von Großzügigkeit und des sich Verschenkens riefen ungeahnte Glücksgefühle in mir hervor. All das war eingetroffen, was uns «gute Freunde» über das Einnehmen von MDMA (das ist der technische Ausdruck für die heute bekannte Droge Ecstasy) vorher erzählt hatten. Ich fühlte mich irgendwie «angenommen», und es war mir, als ob ich im Nu in ein höheres Selbst katapultiert würde. Was ich durch verschiedene Meditations- und Heiltechniken vorher nicht erreichen konnte, wurde mir nun scheinbar möglich durch die zweieinhalbfache Portion der Menge, die zu nehmen man mir geraten hatte. Dass ich nach diesem High-Erlebnis über Tage hinweg mit Traurigkeit und Depressionen zu kämpfen hatte, wollte ich nicht wirklich wahrhaben.

Man sagte mir, das gehöre dazu; es sei wie der Abschiedsschmerz von einer geliebten Person. Was ich dabei aber ganz und gar unterschätzte, war mein Körper. Durch die Wirkstoffe dieser hohen Dosis von MDMA erweiterten sich meine Blutgefäße derart – und das auf längere Zeit –, dass während der körperlich sehr anstrengenden Proben für das neue Stück eine meiner Venen beschädigt wurde und mehrere Blutgerinnsel entstanden. Diese begannen zu wandern, und je näher sie an den Herzbereich herankamen, desto schlechter fühlte ich mich.

Auf der Suche nach der Wahrheit

Ich erkannte zwar, dass mir eine gute Macht eine weitere Chance zum Leben gegeben hatte. Auf der anderen Seite aber war ich völlig davon überzeugt, nach meinem Tod in einem nächsten Leben wiederzukommen; nur wollte ich dann unbedingt in ein höheres Karma wiedergeboren werden. Dass da Einer hinter meinem Leben mit offenen Armen stand und sprach: «... *ich aber bin gekommen, damit ihr Leben habt, und zwar im Überfluss»*, das habe ich nicht wahrgenommen. Da war noch niemand da, der mir von diesem Einen, dem lebendigen Gott, berichtete und mir sagte, dass die Wahrheit, das Leben und der Weg eine Person ist, die mich ganz persönlich meint und liebt.

Entschlossener denn je stürzte ich mich in die Suche nach der Wahrheit – ich meine, ich ging *wirklich* auf Wahrheitssuche! Beinahe alles, was sich als Wahrheit anpries und nicht offenkundig unseriös daherkam, erweckte meine Aufmerksamkeit. Als Eklektiker – als einer, der geübt war, sich aus den verschiedensten religiösen wie philosophischen Angeboten zu bedienen – war ich mir sicher, immer das Richtige herauszupicken. Schließlich war ja mein eigenes Empfinden der Maßstab für Gut und Böse. Ich meinte, alles, was mich anzog, müsste auch genau das sein, was mir im Moment gut tat.

Und – ich wollte das Leben nicht mehr verpassen. Eines der ersten Dinge, die ich nach meiner Genesung tat, war der Schritt, zu einem Berufs-Astrologen zu gehen und mir ein Karma-Horoskop erstellen zu lassen. Ich empfand mich in allem, was ich vorher getan hatte, als oberflächlich und nicht echt. Jetzt wollte ich in die Tiefe gehen! Lebenslang war ich auf der Suche nach meiner Identität gewesen, und nie konnte mich etwas wirklich befriedigen. Die sehr intensive, aber jeweils nur kurzfristige Identifikation mit einer von mir zu spielenden Bühnenrolle konnte mich – eigentlich seit geraumer Zeit schon – nicht mehr erfüllen. Und ich erinnerte mich meiner Anfänge auf der Suche nach der Wahrheit ...

«I can get no satisfaction!»

Aus einer eher streng katholischen Künstlerfamilie aus München kommend – mein Vater war Schauspieler und Intendant von verschiedenen Theatern, zuletzt von den Münchner Kammerspielen, die zu den renommiertesten im deutschsprachigen Raum zählen –, wollte ich schon früh aus einer Welt ausbrechen, die mir mehr Schein als Sein vermittelte.

Vieles, was ich sah, wirkte auf mich unecht. Obwohl ich auf mein Elternhaus stolz war und meine Eltern zu achten suchte – in dieser Haltung wurde ich ja von ihnen erzogen –, wollte ich nicht in ihren Wertvorstellungen leben. Das Bestehende befriedigte mich nicht mehr. Ich fühlte mich darin nicht angenommen und verstanden. «I can get no satisfaction!» sang und bekannte ich mit Millionen von Gleichgesinnten, basierend auf dem Kultsong der Rolling Stones. Ich wurde zum Kind des Zeitgeists, der Studentenrevolution. Ein Leben zwischen Beatles und Stones, Marx und Lenin, Aufbruch und Ausbruch. Ich suchte die Wahrheit mehr im Gefühls- und Erlebnisbereich und weniger im Intellektuellen, denn damit fühlte ich mich nicht vertraut.

Nach dem Abitur studierte ich Kunsterziehung an der Münchner Kunstakademie und war zur gleichen Zeit Sänger in der Jazz-Rockgruppe «Missing Link». Wir waren gut, fielen auf und machten Karriere. Nach meinem Staatsexamen und den ersten wilden Jahren zog es mich ans Theater. In den Augen meines Vaters war das ja der Ort, an dem man den Menschen den Spiegel der Wahrheit vorhalten konnte, und das schien auch meiner Sehnsucht zu entsprechen. Ich studierte Bühnenbildnerei, besuchte die Neue Münchner Schauspielschule und hatte am Ende der siebziger Jahre mein erstes Engagement am Berner Stadttheater. Später war ich auch am Frankfurter und am Darmstädter Theater engagiert.

Trotz all dieser Herausforderungen und der damit einhergehenden Faszination war ich noch immer unzufrieden und nicht von Sinnerfüllung ergriffen. Ich kam mir vor wie ein Fass ohne Boden: Oben floss es hinein, unten heraus. Wer konnte diesen Mangel ausfüllen, wer diesen Hunger stillen?

Nach meinem unfreiwilligen Time-out in der Klinik wollte ich wissen, was die Sterne über mich zu sagen haben. Ich wollte echte Eckdaten für mein neu geschenktes Leben erhalten. Kein Computer-Horoskop von «Astrodata», sondern die seriöse Beratung eines Profis. Neben meinem Beruf studierte ich Psychoanalyse am C. G. Jung-Institut in Küsnacht am Zürichsee und kam dort über mein Studium und die gut fünf- bis sechshundert Lehranalyse-Stunden zu allerlei Therapiemöglichkeiten im esoterischen Bereich. Die Astrologie wurde im Institut unter manch anderem als eine der «Königsdisziplinen der Analyse» angesehen, und so fühlte ich mich in diesem Schritt nur bestätigt.

So bekam ich, was ich suchte: Von den Sternen her gesehen war ich wer!

Ich suchte weiter, ich wollte mehr. Neue Möglichkeiten taten sich auf. Nach relativ kurzer Zeit war ich in über dreißig verschiedenen Heilspraktiken und Heilsideen involviert. Einiges lief nacheinander, anderes parallel; auf längere Zeit richtig ausgeübt habe ich zirka fünf bis sieben Praktiken. Die anderen Praktiken nahm ich eine Zeitlang mit und legte sie alsbald wieder weg. So ließ ich mich immer wieder auf neue Kräfte ein.

Immer tiefer trieben mich die nicht zu leugnende Unruhe und meine nicht zu analysierende Traurigkeit in all diese Techniken hinein – bis ich selbst anfing, gewisse spirituelle Philosophien zu lehren. Mit anderen zusammen, die von den gleichen Sehnsüchten gepackt waren, gründete ich die «Merkur-Schule», einen Ableger der «Arkan-Schule», die sich nach den okkulten Schriften von Alice Bailey und Helena Petrovna Blavatsky ausrichtete. Immer mehr fühlte ich mich dazu berufen, an dem Bau der neuen sich anbahnenden Weltordnung mitzuarbeiten und durch Schulungen meinen Beitrag zu leisten.

Es schien mir so klar, dass das nur geschehen könne, indem sich die Menschheit – gleichsam in einem Paradigmenwechsel – durch ein erweitertes Bewusstsein in das neue Zeitalter transformieren ließe. Und das Esoterische schien mir der richtige Ansatz zu sein, um den Weg zu diesen noch verborgenen Erkenntnissen sichtbar werden zu lassen.

Geister – meine Freunde und Helfer

Das Einnehmen von MDMA, von Ecstasy, sollte mich – nebst all dem anderen – noch tiefer in diese verborgenen Welten führen. Ich begriff mich als einen zunehmend Erleuchteten, konnte mir aber nicht eingestehen, dass diese Droge mich schon längst in ihrem Griff hatte. Ich empfand mich eher wie «Don Juan», das Alter Ego von Carlos Castaneda. Castaneda ist ein Kult-Autor, der den Eingeweihten und noch Einzuweihenden in mehreren Büchern von seinen Erlebnisreisen in eine verborgene Welt berichtet. Darin erklärt er das Einnehmen von bewusstseinserweiternden Substanzen nur als anfängliches Hilfsmittel, dank dem er in die andere Realität gelangen konnte. Erst aufgrund dieser Voraussetzung wurde er dort von den verschiedensten Geisteswesen machtvoll gelehrt, den Weg der Kraft schrittweise zu gehen. Den Kontakt mit diesen «Lichtgestalten» beschreibt Castaneda als seltsam: Es war nicht Freude, es war nicht Angst, aber es war seltsam tief bewegend.

So ist es nicht verwunderlich, dass ich nicht nur während der Wirkungszeit des MDMA anfing, mit Wesen zu sprechen, um Belehrung zu erhalten, sondern bald begann, ihre Präsenz Tag und Nacht zu spüren. Besonders von meinem so genannten «Geistführer» wurde ich auf tägliche Präsenzwahrnehmung hin trainiert.

Mein ganzes Leben lang hatte ich mich sehr eingeengt gefühlt, und über die Jahre hinaus habe ich mir das Recht genommen, alles, was mich einengte, zu sprengen. Jetzt schien ich die Mittel in die Hand zu bekommen, das abzuschütteln, was mich schon immer bedrückt hatte: dieses Gefängnis von Schuldgefühlen, von Angst und Traurigkeit! Und keine Erziehung, keine Sexualmoral, kein Staat, kein Beruf, keine Beziehung, ja, nicht einmal mein eigener Körper sollten mich mehr binden können. Ich wollte frei sein; frei von allem, was mich hinderte. Und nun hatte ich dazu noch Helfer aus der geistigen Welt bekommen!

Diese stetige Zunahme von verborgenem Wissen und Wahrnehmungen der geistigen Realitäten bedeutete auch eine stetige Zunahme von Macht und Kontrolle. Wissen ist doch Macht! Das fühlte sich gut an und gab mir gewisse Überlegenheitsgefühle. So versuchte ich, auf diesem Weg nicht nur meine dunklen Gefühle zu kontrollieren und mich von ihnen zu erlösen, sondern meine Erkenntnisse auch auf andere Menschen anzuwenden. Ich empfand mich dabei als gut und hilfreich, lebte ich doch in diesem neu entdeckten Bewusstsein, dass *jeder* Christus ist, weil *jeder* ein Christusbewusstsein hat und es eigentlich nur zu entwickeln bräuchte. Und dass diese universelle Lebensenergie jedem zur Verfügung steht, der sie benötigt, um zu lieben, zu helfen und zu heilen.

Der Hexenkreis endet im Hexenkessel

Doch was zuerst so faszinierend, verheißungsvoll und erlösend aussah, entwickelte sich zu einer Spirale abwärts, zu einer Sucht nach immer mehr. Anderthalb Jahre lief ich diesen spirituellen Lauf – auf Hochtouren und doppelspurig! Auf der einen Seite standen der Beruf und die Beziehung zu einer Frau, inklusive einer damals zweijährigen Tochter. Und auf der anderen Seite standen die Lehren über den neuen kosmischen Menschen und die Instruktionen von Seiten der unsichtbaren Mächte. Immer mehr schlichen sich negative Erfahrungen ein, und das Chaos nahm in meinem Leben überhand – gerade auch in meiner unmittelbaren Umgebung.

Viele der Esoteriker, die von der All-Liebe und vom Austausch der kosmischen (Liebes-)Energien sprachen, entpuppten sich als Menschen, die immer weniger in der Lage waren, mit anderen wirklich Leben zu teilen. Es ging ihnen ständig darum, sich zu vervollkommnen und ihre eigenen Probleme und Träume aufzuarbeiten. Ihre Karma-Gedanken stumpften ihr echtes Mitgefühl für andere ab und ließen nicht mehr zu, die eigene Einsamkeit als Mangelzustand zu erkennen und beheben zu wollen.

Ich war ohnmächtig und voller Wut, sah ich doch dieselben Tendenzen auch bei mir selbst. Am meisten war ich aber erschrocken über die unkontrollierbaren Ausbrüche von Hass und Selbsthass, die in unerklärlicher Wucht aus mir herauskamen und die ich auch von anderen gegen mich spürte. Eine bis dato nicht gekannte innere Kälte ergriff mich. Es war, als ob die Hölle los wäre. Zuerst dachte ich in meiner Selbstbezogenheit noch, dass das mit meinem «Auftrag» und meiner höheren Bewusstseinsstufe zu tun habe. Doch als die Trennung von Frau und Kind aufgrund von unerträglichen Zuständen nicht mehr aufzuhalten war, wurde mir bewusst, dass ich unter die Einwirkung von Kräften gekommen war, die nicht mehr ich beherrschte, sondern die mich beherrschten. Ich spürte regelrecht, wie ich ein steinernes Herz bekommen hatte – und ein zerbrochenes zugleich. Ich war nicht so gut, wie ich dachte. Manchmal bekam ich sogar Angst vor mir selbst.

Das Wort Gottes, die Bibel, sagt in 3. Mose 20,6 ganz eindeutig: Wenn sich eine Person zu Totengeistern (zu Totenbeschwörern) und zu Wahrsagern wendet, um auf sie zu hören, so wird Gott sein Angesicht gegen diese Person richten und sie aus der Mitte seines Volkes ausrotten. Auch wenn ich damals nichts von Gottes ewigen Ordnungen wusste, so war und bin ich ihnen als sein Geschöpf doch verpflichtet. Unwissenheit schützt vor Strafe nicht.

Ohne zu wissen, was da wirklich mit mir geschah, bin ich in die Fänge dunkler Mächte geraten. Der Engel des Lichts hatte scheinbar leichtes Spiel, meine Sinne zu verblenden. Ich gab ihm großen Freiraum, und er begann, seinem Charakter gemäß, mich zu verderben. Doch Gott, der Allmächtige, «ist barmherzig und gnädig, langsam zum Zorn und reich an Gnade und Wahrheit» (2. Mose 34,6). Und *er* handelte in meinem Leben *seinem* Charakter gemäß!

In verschiedener Hinsicht war ich am Ende. Da stand ich, wieder allein, mit einer gescheiterten Beziehung im Gepäck und einer zweijährigen Tochter, die ich kaum mehr zu Gesicht bekam. Ich war enttäuscht von Freunden und Gurus, von Ideen und Plänen. Unter Gurus verstand ich dabei nicht nur die wohlbekannten «spirituellen Meister» aus der internationalen Szene, sondern all diejenigen, die durch ihr Charisma Menschen an sich ziehen und dadurch beeinflussen können.

Das einzige, worin ich mich noch erfolgreich empfand, war mein Beruf. Wie entsetzt und erschüttert ich innerlich tatsächlich war, konnte ich damals ja gar nicht wirklich ermessen. Ich konnte mir kaum eingestehen, wie gescheitert ich in Wahrheit war – zumal es äußerlich auch gar nicht den Anschein hatte. «Als Schauspieler und New-Age-Lehrer geht man eben durch solche Erfahrungen», so lautete der Tenor vieler. «Das gehört halt zu solch einer Biographie – zu so einem Karma!»

Wie der Buddhismus-Gründer Gautama Siddhartha wollte ich mich nun *allein* auf den Erlösungspfad begeben. Ich flüchtete mich in Einsamkeit und unstete Beziehungen und hoffte, dass jemand kommen und mich zur Quelle der Erfüllung bringen würde.

Offenbarung beim «Boxenstopp»

Anfang 1988 lernte ich eine Frau kennen – es war die Freundin meiner Vermieterin –, die mir etwas «Neues» ins Haus brachte: die Bibel. Dieses Buch, dachte ich mir, könnte ein weiterer Baustein im Puzzle des Ganzen sein. Gegen die Bibel hatte ich aber doch irgendwie ziemliche Vorbehalte, da sie von so vielen blutigen Taten schrieb – und von Grausamkeiten hatte ich eigentlich genug! Jesus Christus war mir aus meiner Kindheit und vom Katechismus-Unterricht her durchaus ein Begriff; vor allem aber war er mir ein Begriff als eine der Inkarnationen des «Lord Maitreya». Und nur *dieser* Christus interessierte mich effektiv.

Doch die Frau, die mir die Bibel zeigte, wollte mir nicht nur eine «neue» Wahrheit zeigen, sondern gab sich auch ganz mitfühlend in die Situation hinein, in der ich mich befand. Und sie wollte keinen Pfennig dafür!

Wie so oft bei derart dicken Wälzern begann ich den Schluss des Buches zuerst zu lesen, um zu erfahren, wie das Ganze enden wird. So war «Die Offenbarung des Johannes» für mich das erste Buch aus der Bibel, das ich las. Ganz besonders haben mich die klare Kraft dieser aufgeschriebenen Worte und das Versprechen angesprochen, dass ich, wenn ich dieses Buch lese, gesegnet werden würde. Das hat mir gefallen. Am Ende des Buches wusste ich auf unerklärliche Weise in meinem Herzen: Das ist es! Das ist meine Heimat! Da gehöre ich hin! Doch das verriet ich damals niemandem. Bis ich es wieder vergaß ...

Erleuchtende Freudentränen

Monate vergingen. Ich las einige Evangelien und stieß mich massiv an dem Anspruch Jesu, der *alleinige* Zugang zum Vater Gott zu sein, und an seiner Aussage, dass es außer ihm niemand geben soll, der Gott genannt werden könne: «Niemand kommt zum Vater denn durch mich.» Das war fast *zu* herausfordernd für mich.

Zu meinem persönlichen Schmerz kam nun auch die Verwirrung, die nicht weniger schmerzlich war. Was ist nun *wirklich* wahr? Wer hat hier Recht? Das waren meine Fragen. Denn ich wollte nicht wieder auf jemanden setzen, um dann schließlich festzustellen: Es war wieder nichts! Zu sehr war ich vorher getäuscht und enttäuscht worden. Doch diese Aussage: «Niemand kommt zum Vater denn durch mich», sie bohrte in mir weiter, bis ich auf die Idee kam, *ihn* zu fragen. So bat ich in meiner Not Jesus, er solle – wenn es ihn denn gäbe – sich mir doch offenbaren. Jedes Mal, und das während längerer Zeit, geschah nach meinem Bitten immer dasselbe: Ich weinte und weinte und weinte. Ich verstand gar nichts, aber es tat mir unendlich wohl. Ich wurde getröstet, und ich spürte: Da ist jemand, der meint es gut mit mir.

Nach und nach enthüllte sich eine vorher unpersönliche Gottheit aus dem «Shamballa» zu einem persönlichen Gott vor mir. In einem inneren Bild sah ich den gekreuzigten Jesus; wie er, da oben am Kreuz hängend, direkt in meine Augen herunterschaute und sagte: «Das habe ich für dich getan!» Diese Begegnung dauerte nicht sehr lange, aber lang genug, um zu erkennen: Dort gehöre eigentlich *ich* hin! Ich fühlte mich wie einer der Schächer am Kreuz neben Jesus. Ich war ein Todeskandidat, der – verdientermaßen – hätte sterben müssen. Aber da war Jesus, der an meiner Stelle den Tod für mich erlitt, damit ich leben konnte. Ich war zutiefst erschüttert und gab innerlich das Versprechen ab, diesen Jesus nicht mehr zu verleugnen.

Just danach fingen die Mächte in mir an, sich derart bemerkbar zu machen, dass ich in tiefe Zerrissenheit und Verwirrung kam. Da prallten zwei Reiche aufeinander, an denen ich zu zerbersten drohte. Ich wollte aufgeben. Ich zog mich zurück.

Zwei Herren

Zu dieser Zeit suchte das Theater für mich eine neue Hauptrolle. Sie schlugen mir das Stück von Goldoni vor: «Diener zweier Herren». Ich sollte den Trufaldino spielen, die komische Hauptfigur in dem Stück. Die Rolle des Trufaldino gilt wie die des Hamlet für die Heldencharaktere als «Weltrolle» in der Theaterwelt; also etwas ganz Besonderes. Ich wollte diese Rolle gerne spielen. Diese reizvolle Arbeit hätte mich so richtig ablenken können. Eine Hürde gab es noch: Der Regisseur wollte sich aus der versammelten Schauspieltruppe seinen eigenen Trufaldino holen und beorderte folglich das gesamte Männerensemble zu einem Vorsprechen auf die Bühne. Zum Schluss und zur Überraschung aller, einschließlich meiner selbst, bekam ich die Rolle doch zugesprochen. Das war seltsam. Es folgte die Theater-Sommerpause.

In den Ferien hatte ich erkannt: Wenn es wirklich so ist, wie es in der Bibel geschrieben steht, dann gibt es tatsächlich nur *einen* Weg zu Gott dem Vater – durch seinen Sohn Jesus Christus. In meinem Herzen wurde mir klar: Ich will nie mehr etwas tun, was ihm Unehre erweist. Ich wurde kühner und legte mich darin fest. Ich sprach es laut aus, trotz vehementer Ängste. Mit Besorgnis sah ich auf die nächste Spielzeit, denn inzwischen erfuhr ich, dass ich in der «Rocky Horror Picture Show» den Frank N. Furter spielen sollte; die Hauptrolle, die einen Transvestiten darstellt.

Nach den Ferien wollte ich die Proben zu «Diener zweier Herren» aufnehmen. Doch nun passierte mir etwas, was mir in meiner ganzen Karriere als Schauspieler in dieser Form noch nie passiert war. Ich konnte weder den Text lernen noch behalten. Ich musste Proben absagen, weil ich mich genierte. Als ich in die Augen des Regisseurs und in die Augen einiger Schauspielerkollegen schaute, fürchtete ich mich vor ihnen. Da war etwas in ihren Augen, das mich wie magisch in sie «hineinziehen» wollte. Ich hatte meine eigene «Rocky Horror Picture Show»!

Ich schrie zu Gott, was ich denn nun tun solle. Ich wusste nicht mehr ein noch aus. In der Nacht zum 17. August 1988 antwortete er mir mit einer ganz deutlichen Stimme: «Schau auf den Titel des Stückes: Diener *zweier* Herren.» In dem Moment wusste ich, ich kann und will nur *einem* Herrn dienen: Gott, dem Allmächtigen! Er hatte allein für mich die ganze Situation «inszeniert», um mich zu einer klaren Entscheidung zu führen. So kam es mir wenigstens vor. Am nächsten Tag ging ich zu meinem Direktor, habe ihm, so gut ich konnte, von meiner Situation erzählt, ihn über meine Entscheidung unterrichtet und ihn gebeten, mich fristlos vom Theater zu entlassen. Er willigte ein. Seither habe ich nie mehr eine Bühne betreten. Von diesem Zeitpunkt an habe ich meinen Beruf nie mehr ausgeübt.

Neuer Meister

Am Abend desselben Tages habe ich öffentlich Jesus Christus als meinen einzigen Herrn und Erlöser angerufen. Ich bin von meinen falschen Wegen umgekehrt und ein «Kind von Gott» geworden. «So viele ihn aber aufnahmen, denen gab er das Recht und die Vollmacht, Kinder Gottes zu werden, denen, die an seinen Namen glauben.» Das steht in der Bibel, im Johannes-Evangelium. Von dieser Nacht an konnte ich ganz direkt erleben, dass im Namen und im Blut Jesu Christi die Kraft ist, die auch heute noch den Tod und den Teufel entmachtet. Gott ist der einzig wahre Geist, dem sich alle «Geister» unterwerfen müssen.

So ging ich auch zu manchen meiner Esoterikerkollegen und berichtete ihnen von meiner Entscheidung, fortan nur noch dem lebendigen Gott der Bibel dienen zu wollen. Ich berichtete ihnen, dass er der wahre Meister aller Meister ist. Dass er über jeder Hierarchie steht und den Obersten der Shamballa nicht nur am Kreuz besiegt, sondern durch seine Auferstehung von den Toten auch den Tod überwunden hat. Er ist der Gott der Lebenden, nicht der Toten. Niemand anders soll unter allen Geschöpfen, den sichtbaren wie den unsichtbaren, «Meister» genannt werden als nur er.

Viele meiner Kollegen konnten diesen Schritt nicht verstehen, da ich in ihren Augen den *einfachen* Weg gewählt hatte. Sie sagten, ich hätte mich einfach erlösen lassen, statt mich selbst zu erlösen. Ich konnte ihnen noch nicht begreiflich machen, was für eine Gnade es ist, dass Jesus für sie und mich bereits alles getan hat. Selbsterlösung ist demgegenüber so gnadenlos. Immer wird noch etwas mehr gefordert. Es ist nie genug.

Bei Jesus Christus müssten meine alten Esoterikerkollegen zwar zuerst einen schmalen Weg gehen, um in die enge Pforte einzugehen. Das heißt konkret: Sündenerkenntnis, Umkehr und Gehorsam würden ihnen nicht erspart. Danach aber wäre eine große Weite da. Seit meiner Entscheidung für Christus kann ich diese Weite erleben. Und das ist jedem Menschen möglich. Wir können genau wie Isaak aus dem Brunnen Rechobot trinken. «Rechobot» bedeutet: Große Weite, die Frucht bringt. Und wir können aus der Quelle trinken, die ewiges Leben in sich birgt. Ich habe diese Möglichkeit erkannt und genutzt, um aus dem Gefängnis meiner Sinnlosigkeit auszubrechen.

Gott hatte von Anfang an den wahren Ort meiner Identität bestimmt – in ihm und nicht in der Identifikation mit anderen Bühnen-Identitäten und Theaterrollen. Von ihm aus ist mein ganzes Leben berufen und gesetzt. Grundsätzlich hat sich alles geändert. Mein Leben ist so radikal anders geworden, dass ich das gar nicht beschreiben kann. Ich habe ja meinen Beruf nicht mehr ausüben können und wollen, und so änderte sich auch mein soziales und kulturelles Umfeld. Ich habe die Transformation von Finsternis zu Licht regelrecht auf allen Ebenen erlebt.

Zwei Fragen beschäftigten mich heute besonders: Warum haben sich so viele Menschen in unseren Breitengraden vom christlichen Glauben abgewandt und neue Heilswege gesucht? Und warum kann so etwas wie Esoterik einen derartigen Boom erleben, und kaum einer steht auf und hinterfragt das Ganze?

Ich weiß es noch so gut wie heute: Als ich mit 25 Jahren aus der Kirche austrat, war es nicht wegen der Steuern, sondern weil mir nichts Lebendiges angeboten wurde. Mein Hunger konnte nicht gestillt werden. Ich bekam Antworten, aber sie sättigten nicht meinen Geist, sondern nur meinen Intellekt. Wir haben ganz offensichtlich etwas verloren, was es wieder zu entdecken gilt.

Gabriel Dominik Müller (50), aus München, lebt mit seiner Frau Esther und seinen zwei Kindern in Spiez, Schweiz, und ist im Aufbau eines überkonfessionellen Anbetungs- und Gebetszentrums begriffen.

Kapitel 7

Auf der Esoterikmesse:

Gemeisterte Meister, oder: Die Anbieter widersprechen sich!

Ursula Perniß, Engelmedium aus eigenen Gnaden, berichtete bei einem Live-Channeling-Set über die Macken ihrer Engel: «Die Engel kommen, wann sie wollen. Wenn ich sie anrufe und sie wollen nicht kommen, dann kann ich lange warten. Da habe ich keine Chance.» Anders sehe es aus, wenn die Geisteswesen mir ihr in Kontakt treten wollen: «Dann tun sie es einfach. Ob ich will oder nicht.»

Jahrelang habe sie ihre «Gabe» nicht akzeptieren wollen. Gabriel, so heißt ihr persönlicher Engel, stellte sie während eines Herzstillstandes im Krankenhaus vor die Wahl: Entweder sie arbeite künftig mit ihm, oder sie würde nicht mehr erwachen. Frau Perniß entschied sich für das Erstere. «Weil ich mich so lange gesträubt hatte, gab er mir den Namen ‹Bockiger Esel›.» Die Kontrolle hätten nämlich die Geisteswesen und sonst niemand.[1]

Die *guten* Mächte sind in der Esoterik klar in der Minderheit. Zu viele Menschen sind auf einer trostlosen Suche. Zur Erkenntnis, dass nicht alles erleuchtet, was leuchtet, ist zumindest der Reiki-Lehrer Eckart Warnecke gekommen.

Weitgehend herrscht die Meinung vor, dass ein Reiki-Meister vor negativen Schwingungen und dunklen Mächten geschützt sei. Warnecke indes fragt: «Ist es wirklich so, dass die Reiki-Energie die stärkste verfügbare Kraft ist, in der Lage, universell zu heilen? Oder gibt es womöglich, bisher von der Reiki-Szene unbeachtet, auch geheime, zerstörerische Seiten und Dimensionen auf dieser Welt, denen Reiki macht- und schutzlos gegenübersteht?» Sein «Ja» belegt Warnecke mit einem eigenen Erlebnis und fügt an: «Womöglich gibt es Bereiche, denen wir uns als ‹Reiki-Lichtarbeiter› bisher noch gar nicht zugewendet haben – die allerdings dennoch existieren. Was nützt es, alles in Licht und Liebe ‹einzupacken›, gleichzeitig jedoch zu vergessen, dass uns dunkle und auch destruktive Kräfte unbemerkt vereinnahmen?»[2]

Um die Reiki-Kraft weiterzuleiten, sind bestimmte Symbole notwendig, die nur Eingeweihten bekannt sind. Warnecke gibt zu, den Hintergrund der Symbole nicht zu kennen. «Ich möchte mich ungern in etwaigen Spekulationen ergehen, da ich einfach nicht weiß, wodurch die Wirkungsweise der Symbole und Mantras zustande kommt. Für mich sind sie, ganz pragmatisch gesehen, ‹Schlüssel›, die es dem Eingeweihten erlauben, bestimmte Techniken, ausgehend vom Bewusstsein, durchzuführen.»

Die Symbole lassen sich aktivieren, indem sie optisch dargestellt werden. Die einfachste Methode sieht so aus, dass man unter Verwendung der eingeweihten Schreibhand so tut, als würde man das entsprechende Zeichen auf eine imaginäre Tafel auftragen. Des Weiteren lassen sie sich aktivieren, indem man die Symbole nur mit der Fingerspitze «malt». Wie groß die Bewegungen gezeichnet werden, ist ohne Belang. Sie können winzig klein, aber auch körpergroß sein. Wer mental geschult ist, kommt sogar ohne Handbewegung aus. Die Symbole können durch die Gedanken in Kraft gesetzt werden. «Du schließt die Augen und lässt das betreffende Symbol in seiner Gesamtheit vor deinem Stirn-Chakra innerlich erscheinen.»[3]

«Finstere Lichtwesen»

Hildegard Matheika, Medium, berichtet, dass sich «Aufsteigende Meister» wie auch Verstorbene bei ihr bemerkbar machen. «Um mit ihnen in Kontakt zu treten, falle ich in Volltrance. Bei der Sitzung zuvor hatte eine Klientin durch mich Kontakt zu ihrer verstorbenen Mutter. Mein Bewusstsein wird dabei ausgeschaltet, ich weiß hinterher gar nicht, ob und was durch mich gesprochen wurde. Die Klientin war überrascht, dass ich fast mit der Stimme ihrer Mutter gesprochen hatte. Die ‹Seelen› verwenden zwar meine Stimmbänder, aber da kommen immer wieder Worte heraus, bei denen man merkt: Es ist wirklich die ‹Seele›, die da spricht.» Bei einem Russen und einem Chinesen habe sie auch schon Antworten in deren Sprache gegeben. «Sprachen, die ich nicht kenne.» Ihre Vorfahren hätten auch schon

Karten gelegt. Eine Familientradition. «Ich wundere mich, was täglich alles durch mich hindurchkommt.»

Aus dieser Seelenwelt habe sie bisher nichts Negatives bemerkt. «Dafür aus der Welt der Magie und aus Seelen, die noch in einem Körper drinstecken.» Negative Energien habe sie auch schon gespürt. «Die Konkurrenz – andere Medien – schickt manchmal negative Energien. Neid und Eifersucht gibt es halt überall. Da weiß ich dagegen anzugehen, dass sie meiner Familie und mir nicht schaden.»[4]

Hildegard Matheikas Mann und Manager erklärt: «Die Esoterik ist wie eine riesige Stadt. Zuerst total verwirrend. Aber mit der Zeit erkennt man die verschiedenen Straßen. Eine mündet in die andere ein.» Einige davon würde er aber am liebsten ausquartieren. Rund fünfzig Prozent der auf der Esoterikmesse in Wien anwesenden Anbieter sollten gemäß Matheika ihr Geschäft am besten schließen. «Sie machen ihre Aussagen falsch und bringen die Leute dadurch in Gefahr, statt von der Gefahr weg.»[5]

Knapp vorbei ist auch (sehr) daneben

Edmund Hoffmann (Geistheilung, Channeling, Akasha-Lesen etc.; Autor des Buches *Ich bin – Die Offenbarung nach Edmund*) sagt, dass er seit 28 Jahren mit Jesus (!) auf dem Weg sei («durch disziplinierte Versenkungstechniken, durch mentale Gebete»). Hoffmann wirkt als Trance- und Schreibmedium. «Das Problem vieler Christen ist, dass sie die Bibel zu wörtlich nehmen. Die beste Bibel ist in mir. Es heißt, klopfet an, so wird euch aufgetan, bittet, so werdet ihr empfangen. Christus ist für mich die Offenbarung.» Seinen geistigen Weg ging Hoffmann mitunter als Schüler des Maharishi Mahesh Yogi. «Christus sprach, und die Leute wurden heil. Das Christentum ist meine wichtigste Religion. Ich heile durch den Heiligen Geist.» In seinen Seminaren entdecken Hoffmanns Schüler ihre eigenen Talente und Fähigkeiten, um mit der göttlichen Energie umzugehen, die uns alle umgeben soll.

Hoffmann verwandelt sauren Wein in süßen. «Wie man sät, wird man ernten. Wer aus der Quelle lebt, wird in der Quelle sein. Wer nicht, der wird vergehen. Ich sehe, was aus der Quelle kommt, und das, was mir der Moment zu säen gibt.» Hoffmann ist laut eigenen Angaben hellsichtig, hellhörig und hellfühlig. Und er hat die Möglichkeit, auf der Akasha-Ebene Informationen zu empfangen. «Es

gibt nur einen Geist für mich, und das ist Gottes Geist.» Hoffmann
hat, so sagt er, die Fähigkeit entwickelt, ein «vollbewusstes» Medium
zu sein. Er kennt allerdings auch Destruktives. «Aber das sind die Sa-
tanswerke. Die sind von dieser Welt. Der Glaube wird sie retten. Es
gibt keine neutralen Gedanken.» Durch die Kraft, die von ihm (Hoffmann) ausgehe, transformiere er die Menschen auf höhere Bewusst-
seins-Ebenen, um sie so in Einklang mit sich selbst zu bringen. «Jesus
hat vorgelebt, was wir nachleben sollen. Er hat gesagt, gehet hin und
tut Gleiches, was ich getan habe.» An seinen Heilungsabenden seien
Spontanheilungen keine Seltenheit. «Wer mit dem Sohne geht, der
steht unter dem Schutz des Schirmes des Höchsten.» Auf seinen Reisen baut er Heilgruppen auf und gibt Seminare in geistigem Heilen
und Channeling.

Edmund Hoffmann: «Viele Esoteriker fallen auf die Materie in
Horoskopen und in der Sterndeuterei, in Wahrsagerei und Voraussagen herein. Es gibt böse Fallen in der Esoterik. Böse Fallen.»
Dazu äußern mag er sich nicht. «Dann würde ich urteilen.» Er selbst
sei in keine davon gefallen. «Ich kann mich nicht erinnern. Vergangenheit ist für mich sowieso nicht mehr wichtig.»

Es sei richtig, dass in der Bibel stehe, man solle sich von Astrologie
und Wahrsagerei fernhalten und solle sich nicht an Sterne, Planeten,
Steine oder an die Kräfte des Universums wenden. Von daher sei der
größte Teil der Esoteriker auf einem Irrweg.[6]

Hoffmann beantwortet des Weiteren gerne Fragen, die anhand der
Bibel gestellt werden. Außerdem liebt er es, Bibelstellen auszulegen.
Einzig auf anständig gestellte Fragen wie etwa: «Wie ist Matthäus 7,
Verse 22 und 23 zu verstehen?» reagiert er leider recht ungehalten ...[7]

Von Schwingungen und destruktiven Kräften
Peter Hirnschall bietet Kristall-Karten (Crystal Cards) an, dazu auch
die Methode Ro-Hun. «Um bewusster zu werden.» Die Karten
wurden für die NASA entwickelt. «Damit die Astronauten ihre
Schwingungen behalten können.» Das Ganze sei wissenschaftlich
abgesegnet. Warum ist er aber auf einer Esoterikmesse? Nun, die
Energielehre dieser Kristall-Karten gehe über in die Chakra-Arbeit.
«Ich sage eben Chakra dazu, und die NASA sagt Lebensenergie.»
Das sei Ansichtssache. Spürbar sei einfach, wenn die Schwingungen
nicht mehr stimmen. Schwingungen könne man messen. «Bei der

NASA schlägt ein Zeiger aus. Ich bemerke das aber schon mit meiner feinfühligen Hand.» Die Kristalle seien auf ihre Schwingungsfrequenzen geprüft und auf die Karte geätzt worden. Die Karten hätten die unterschiedlichsten Farben. «Weil Farben auch schwingen.»

Er habe manchmal Depressionen und Existenzängste. «Dann unternehme ich alles, um sie wieder loszuwerden.» Mit Karten. «Wenn ich zum Beispiel zu wenig Selbstwert habe, nehme ich die kupferne. Um meinen Selbstwert zu stärken.»

Hirnschall kommuniziert nach eigenen Angaben mit Lichtwesen. «Man hört und spürt sie.» Es gebe auch niedere Lichtwesen. «Um die macht man am besten einen großen Bogen. Wenn so eines auftaucht, stellen sich meine Nackenhaare auf und ein kalter Schauer läuft mir den Rücken hinunter.» Den Bogen mache er so, dass «ich einen geistigen Rollladen herunterlasse oder die Straßenseite wechsle.» Es gebe auch Lichtwesen, die sich als positive Wesen ausgeben – in Wirklichkeit stecke aber eine negative Macht dahinter. «Wenn man für sie offen ist, können sie mit einem machen, was sie wollen. Man sagt, in den Nervenheilanstalten seien verrückte Personen. In vielen Fällen sind aber destruktive Kräfte in sie hineingeschlüpft. Man muss schauen, wie diese Menschen da hineingekommen sind.» Der Satan sei ein gefallenes Lichtwesen. «Er verführt uns in jeglicher Weise. Die Anziehungskraft des Geldes ist ein Beispiel für die Macht Satans.»

Zwanzig Prozent der auf der Esoterikmesse anwesenden Anbieter bezeichnet Hirnschall als gefährlich: «Schwarzmagisch.»[8]

Die tausend Gesichter der Chakren

Auch in fundamentalen Lehrfragen sind sich die Anbieter in der esoterischen Welt alles andere als einig. Das Paradebeispiel findet sich in der Chakra-Arbeit. So berichten erfahrene Chakra-Kenner, dass die Arbeit mit diesen «feinstofflichen Energiezentren» gefährlich sei und von daher nur mit äußerster Vorsicht angegangen werden dürfe. Der Grundtenor: «Unter keinen Umständen darf eine Chakra-Öffnung alleine vorgenommen werden.» Mehrmaliges Wiederholen und Nicken rundum. «Denn», so erklärt eine attraktive blonde Frau, «wenn man nicht aufpasst, empfangen die Chakren eine Überdosis der kosmischen Energie. Das führt zu einer Überbelastung dieser Energiezentren. Körperliche wie psychische Leiden sind die Folgen. In Extremfällen führt das bis zur Schizophrenie, was wir schon mehrfach beobachten mussten.» Deshalb, und man könne es nicht genug wiederholen, sei es von äußerster Wichtigkeit, dass «Chakra-Öffnungen nur unter Anleitung und in Gegenwart einer Fachperson vollzogen werden dürfen».[9]

Aber auch diese Sicherheitsmaßnahme reiche nicht immer aus. Eine Kartenlegerin berichtet: «Ich habe das selber zweimal bei mir machen lassen. Für mich war es absolut gefährlich. Ich fühlte mich bedrängt und kam total durcheinander. Meine Seele und mein Geist wurden bedrängt. Ich war völlig am Boden zerstört. Nie in meinem Leben würde ich das mehr machen lassen, und ich empfehle die Chakra-Arbeit auch niemandem weiter. Es ist eine zu gefährliche Sache!»[10]

Anders sieht das Margot Anand, Gründerin des «SkyDancing-Instituts». Sie beschreibt, wie die Chakra-Arbeit, auch deren Öffnung, problemlos alleine ausgeführt werden kann, und liefert in ihrem Buch gleich die genaue Schritt-für-Schritt-Anleitung mit. Beginnend mit dem «Spielen auf der inneren Flöte» (hierbei lässt man die Energie zwischen den Chakren rauf und runter fließen), endet Anand schließlich mit der Öffnung gegenüber dem Universum: «... während Sie den Atem anhalten, stellen Sie sich vor, wie das Licht sich spiralenförmig durch Ihr Kronen-Chakra zum Scheitelpunkt bewegt. Dann stellen Sie sich vor, dass sich an dieser Stelle eine trichterförmige Öffnung befindet, durch die Sie die Energie wie eine Fontäne nach oben ins Universum versprühen. Atmen Sie aus, visualisieren Sie, wie die Energie aus dem Universum zurück durch Ihr Kronen-Chakra, die innere Flöte hinab und durch die Genitalien aus dem Körper fließt.» Diese Übung könne alleine oder mit dem Lebenspartner gemacht werden ...[11]

Zum Ritual wird der Umgang mit den Chakren, wenn man die Anweisung aus dem Buch *Atlas der Chakras* befolgt. Hier wird empfohlen, jedes Chakra jeden Tag zu hegen und zu pflegen. Beginnend beim Wurzel-Chakra. Dazu müssen dreimal täglich bestimmte Bachblüten-Tropfen eingenommen, ein ätherisches Öl aufgetragen sowie ein Edelstein aufgelegt werden. Des Weiteren folgen «meditative, harmonisierende Übungen». Dazu gilt es, drei verschiedene Mantras (Affirmationen) aufzusagen. Die anderen sechs Chakren werden ebenfalls einer solchen Prozedur unterzogen. Für jedes Chakra gilt es, andere Bachblüten-Tropfen einzunehmen, ein anderes Öl zu verwenden und einen anderen Edelstein aufzulegen. Und das immer dreimal täglich.[12]

Das alles ist laut Heinz Klaus vom «Studienkreis für nichtuniversitäre Heilweisen e.V.» unnötig. «Die ganze Chakra-Arbeit ist überholt. Wir brauchen sie nicht mehr.» Der ätherische Mensch habe sich weiterentwickelt: «So, dass diese ganzen Energierhythmen von selbst funktionieren.» Dessen seien sich aber viele noch nicht bewusst. «Es hat noch kein Umdenken stattgefunden. Die Leute müssen diese falschen Lebensrhythmen aber ändern. Wichtiger wird in Zukunft sein, dass wir stärker mit unserem Karma verschmelzen. Die Energien, die wir früher mit der Chakra-Arbeit beeinflussten, reguliert unser Geist mittlerweile von selbst.»[13]

Eine weitere Chakra-Variante verkündet Blanche Merz, Koryphäe auf dem Gebiet der Kraft-Orte: «Bisher waren diese Bewusstseinszentren [die Chakren] in der westlichen Konzeption für die hochmütige materialistische Welt eine Zielscheibe ungläubigen Spottes. Aber neuerdings blühen bis zur Ebene der Universitäten Kurse und Seminare auf, in denen man plötzlich zu entdecken scheint, dass die Kenntnis der Funktion der Chakren eine interessante Sache ist. Es gibt eine große Zahl von Illustrationen mit den bisherigen sieben Chakren, gemäß der altindischen Tradition von der Basis des Rumpfes bis zum Scheitel in einer Linie angeordnet. Die Annahme von sieben Chakren ist noch gültig im Zusammenhang mit der alten Astrologie, die nur sieben Planeten (in Erwartung von deren zwölf!) kennt. Mittlerweile sind wir in einen neuen Entwicklungszyklus eingetreten: *Eine neue Beziehung zwischen dem Universum und dem Menschen des 21. Jahrhunderts baut sich auf.* Nach der Entdeckung des Planeten Neptun 1846 und des Pluto 1930 dürften wir bei fortschreitender Erkenntnis mit der Annahme von neun Chakren der Wahrheit näher kommen. Jede Entwicklungsperiode hat ihre eigene Uhr, und die Umstellung wird den konservativen Einstellungen viel Zeit zubilligen müssen.»[14]

Was gilt nun? Sieben oder neun Chakren? Schizophrenie oder endlose Energie durch Selbstversorgung? Oder sind die Chakren etwa doch längst überholt?

Therese Krieg ist heute Christin. Jahrelang suchte sie ihr Glück in der Esoterik. Dabei nahm sie mehrmals Chakra-Öffnungen vor. «Man musste sich mit der Erde verbinden, sich vorstellen, dass man Wurzeln schlägt. Bis ins Feuer hinein. Einmal, als ich mein Wurzel-Chakra öffnete, spürte ich, dass Satan in mich fuhr.»

Viele Esoteriker kennen diese Gefahr, wissen aber nicht, wie damit umzugehen ist. «Der Geist ist in diesem Zustand für solche Mächte offen. Sie haben freien Zugang. Wenn sie nicht von Gott kommen – und das kommen sie in der Regel nicht –, schwebt die Seele in äußerster Gefahr. Man sagte uns bei den Kursen immer: ‹Vergesst nicht, die Chakren wieder zu schließen. Sonst sind sie offen für böse Geister.›»[15]

Die Geisteswesen lassen die nach Liebe Suchenden hängen

Der Mensch kann über die Geisteswesen in der Esoterik nicht frei verfügen. Im Gegenteil, die Wesen bestimmen den Menschen. Viele Medien sagen, dass uns die Lichtwesen helfen würden, unseren Weg zu finden, und dass sie uns zu Frieden und Harmonie führen. Offenbar tun sie das mit wenig Erfolg. Obschon Medien unterschiedlichster Schattierung immer wieder berichten, wie sie mit positiven Energien und Wesen zusammenarbeiten, findet man nahezu ausnahmslos Menschen, die von einer solchen Erfahrung meilenweit entfernt sind. Wenn diese Geisteswesen tatsächlich so positiv sind, so voller Liebe, Annahme und Mitgefühl, warum lassen sie dann die aufrichtig suchenden Personen derart im Stich?

Ähnliches wie Eckart Warnecke erlebte auch Blanche Merz: «Ich erinnere mich an eine Nacht in einem Warschauer Hotel, die ich nicht zu überleben glaubte. Ich war bei bester Gesundheit angekommen, um an einem Kongress über Mikrowellen teilzunehmen. Sollte es wirklich eine mystische Stunde geben zwischen Mitternacht und zwei Uhr morgens? Langsam kam ich dazu, daran zu glauben, nachdem in jenem großen Hotel Schatten, seltsame und bedrohende Formen, zerschlagene Gesichter und Uniformierte in meinem Zimmer erschienen. Ich sagte mir, dass wohl auf diese Art der Wahnsinn beginnen könnte. Trotzdem beobachtete ich alles mit klaren Sinnen und spürte etwas, als ob meine physischen und energetischen Kräfte aufgesaugt würden. Während des ganzen nachfolgenden Tages war es mir nicht mehr möglich, mich aufrecht zu halten. In der Folge erfuhr ich, dass unter den Fundamenten des Hotels, das etwas höher steht als die Straße, seit dem letzten Weltkrieg viertausend deutsche Soldaten begraben liegen. Man begegnet hier dem makabren Tanz der energetischen Körper, die an den Ort gefesselt bleiben.»[16]

Kinder in Gefahr!
Kinder reagieren auf solche Wahrnehmungen besonders sensibel. In einem Handbuch der Parapsychologie steht unter dem Titel «Sind Versuche gefährlich?» Folgendes: «Kinder und Heranwachsende sollten von spiritistischen Experimenten ausgeschlossen sein, weil sich seelische Störungen ergeben könnten.» Und weiter: «Auch Erwachsene sollten sich spiritistischer Experimente enthalten, sofern sie nicht unter Kontrolle richtiger Parapsychologen, Ärzte und Psychologen stattfinden. Diesem Rat liegt die Tatsache zugrunde, dass sich gelegentlich doch ‹psychokinetische Kräfte› entwickeln können, die sich nicht mehr aufhalten lassen und Anwesende in großen Schrecken versetzen. Ein weiterer Grund für die Mahnung zur Vorsicht liegt in der Möglichkeit, dass sich seelische Störungen entwickeln, die sich zu wahren ‹mediumistischen Psychosen› auswachsen können.»[17]

Der esoterische Markt weitet indessen sein Angebot verstärkt auch auf Kinder aus. Ein Beispiel: Eine große deutsche Kinderzeitschrift präsentierte ihren kleinen Lesern in ihrer Ausgabe vom März 2001 in der Einschweißfolie als attraktiven «Gimmick» vier Tarock-Karten plus ein Pendel, damit früh üben kann, wer später im Pendeln ein Meister werden will ...

Kapitel 8

Rita Dullinger:

«Ich war Therapeutin im esoterisch-okkulten Bereich»

Mit 23 Jahren fängt das Leben normalerweise gerade erst so richtig an. Der Kokon der Teenagerjahre ist abgestreift. Keine Eltern heischen mehr nach tausend Rechtfertigungen. Jetzt regieren Selbständigkeit und Freiheit. Man kann tun und lassen, was man will. Man hasst, und man liebt. Ein alles mit sich reißendes Lebensgefühl ...

Rita Dullinger war genau diese 23 Jahre alt, als ihr die Ärzte ein nahes Ende prognostizierten. Die Diagnose war erschütternd: Knochenkrebs.

An dem Tag, an dem ich diese Schreckensmeldung erfuhr, sprach Jesus zu mir. Er sagte mir, dass ich nicht sterben werde, weil ich einen großen Auftrag vor mir hätte.

Die Ärzte sahen das anders. Sie gaben der feschen Österreicherin noch ein halbes Jahr zu leben.

In mir drinnen wusste ich: Da steckt doch noch mehr dahinter. Mehr als nur dieses Symptom. Da muss in meiner Seele etwas falsch sein. Also machte ich mir tiefere Gedanken über mein Leben und musste feststellen, dass ich bisher recht oberflächlich gewesen war.

Zum Erstaunen ihrer Ärzte überstand Rita das erste Jahr. Und das zweite. Und das dritte.

Dann brach bei mir Lungenkrebs aus. Erneut wurde eine Operation fällig. Weitere drei Jahre später dasselbe in den Lymphen. Zwischen mir und der Krankheit wütete ein schrecklicher, zehn Jahre dauernder Krieg.

Dieser Kampf dehnte sich auf Ritas ganzes Leben aus.

Mein Mann und ich heirateten jung. Meine gesundheitlichen Probleme führten aber bald in eine Ehekrise. Darunter litt vor allem unsere kleine Tochter. Ich wollte ausbrechen, denn mir drohten Lymph-Metastasen. Als ich wirklich kurz vor dem Ausbruch stand, drohte ich meinem Mann: «Wenn du mich weiterhin so behandelst, werde ich wieder Metastasen kriegen.» Sechs Wochen später erfüllte sich diese unheilvolle Prognose.

Ein Gedankenblitz durchzuckte mich: «Wenn ich so etwas hervorrufen kann, kann ich es doch auch wieder verschwinden lassen.» Einzelne Ärzte erklärten mich wegen solcher Hypothesen für verrückt. Im Sanatorium lernte ich aber eine Frau kennen, die mich verstand. Sie betrachtete mich ganz anders: «Super, wie du dich mit dir selbst auseinander setzt! Ich weiß da jemanden, der verschiedene Seminare zu diesem Thema anbietet.»

Endlich verstanden
So besuchte ich mein erstes Seminar: ein Selbsterfahrungsseminar. Dort fühlte ich mich geborgen, denn Gefühle standen im Zentrum. Das war genau das Richtige für mich. Ich bin gefühlsorientiert. Darum wusste ich: Hier bin ich am richtigen Ort. Das Seminar ging vorüber, und ich sehnte mich schon nach dem nächsten. Seminar um Seminar, Kurs um Kurs nahm ich nun in Angriff. Eine Menge Seminare. Ich war bald ein Seminar-Junkie.

Mein Themenspektrum weitete sich rasch aus: Selbstentfaltung, Tanzpädagogik, Maskentherapie, NLP (Neuro-Linguistisches Programmieren), Reiki, Tai Chi, Yoga und vieles Weitere. Einige Praktiken waren mir hingegen zu manipulativ. In solchen Fällen stoppte ich die Ausbildung. Parallel dazu besuchte ich Therapeuten, Biodynamik-Kurse, Gesprächstherapien und «Lebensberatungen».

Mir wurde bewusst: Schuld an meiner Krankheit bin *ich*. Ich ganz allein. Konsequenz: Ich muss mich verändern. In den Bereichen Vergangenheitsbewältigung und Selbsterfahrung blieb ich schließlich hängen. Die Fäden zwischen den unterschiedlichen Seminaren konnte ich problemlos verknüpfen, auch wenn sich die Theorien verschiedentlich widersprachen. So wurde mir laufend empfohlen, weitere Kurse zu besuchen. Nach einem Jahr engagierte mich eine Therapeutin als ihre Co-Trainerin. Ich atmete auf: Keine Ärzte mehr, die mich für verrückt erklärten. Ein neues Leben. Neue Erfahrungen. Mehr als Symptome.

Ein Jahr später wagte ich den Schritt in die Selbständigkeit. Ich eröffnete ein kleines Zentrum. Ich forschte weiter und absolvierte erneut viele Ausbildungen. Daneben beschäftigte ich mich intensiv mit dem Hinduismus. Mein «Rebirthing-Ausbildner» war Hinduist. In seinen Kursen ließ er immer einiges von seinem Hintergrund einfließen. Daraus wuchs mein eigenes Interesse. Ich eignete mir ein breites Wissen an und ließ auch den «obligatorischen Besuch» in Indien nicht aus. Dort besuchte ich Ashrams, um mich zu reinigen und zu heilen.

In Indien konnte ich den hinduistischen Glauben richtig erleben und kennen lernen. Er faszinierte mich total. Zurück in Österreich, wollte ich nur noch eines: die Welt retten.

Beziehungskiste

Immerhin: Mein Zentrum wurde jetzt ein erfolgreiches Unternehmen. Besonders mein Hauptthema «Beziehungen» entwickelte sich zum Renner. Obwohl sich gerade dieses Thema in meinem privaten Leben als Schwachpunkt erwies: Nach zwei gescheiterten Ehen lebte ich gerade in meiner dritten längeren Beziehung.

Und trotzdem hatte ich gerade in dieser Sparte die meisten Klienten. Eigentlich pervers. Mir persönlich sagte «Rebirthing» deshalb natürlich mehr zu. Hier konnte ich meine Kreativität und Verspieltheit einbringen.

Ein Klient musste sich bei mir für zehn Sitzungen von je mindestens zwei Stunden verpflichten. Diese kosteten ihn 14 000 Schilling. In der ersten Sitzung arbeiteten wir den entsprechenden Vertrag aus. Das machte ich, weil ich überzeugt war, dass in den ersten drei bis vier Stunden Verhaltensmuster hochkommen, die der Klient vielleicht nicht sehen will, so dass er die Therapie bald abbrechen möchte – einfach weil er die Verhaltensmuster nicht klären will. In seltenen Fällen hängten wir manchmal noch eine weitere Serie à zehn Sitzungen an. Mehr aber nicht. Weil ich immer eine Verfechterin der These war, dass niemand von mir abhängig werden durfte. Das hatte ich bei anderen Medien häufig gesehen und als kontraproduktiv erkannt.

Wenn einer einen dritten Therapieblock wollte, wusste ich, dass der Klient sich nicht abnabeln konnte und ich als Therapeutin in diesem Bereich versagt hatte.

Meine alternative Behandlung wurde mir damals von diversen Therapeuten in ganz Österreich angekreidet. Ich war eben keine ausgebildete Frau Doktor, sondern hatte mir alles autodidaktisch angeeignet. Deshalb war bei mir das oberste Gebot, dass die Klienten selbst die Verantwortung für das Geschehen übernehmen mussten. Keiner sollte ein «Opfer» sein.

Auch Rückführungen gehörten zu meinem Angebot, obwohl ich selbst bei meiner ersten Rückführung starke Schmerzen und Trauer verspürt hatte. Ich hatte weinen müssen. Die Therapeutin führte mich damals tiefer und tiefer in das vergangene Leben hinein und forderte in liebevoller, monotoner Tonlage: «Schau genau hin, woher der Schmerz kommt.» Damals war ich starke Raucherin. Ich wollte die Sucht aufgeben, schaffte es aber nicht. In der Rückführung stellte ich dann fest, dass ich in meinem früheren Leben ein «Sandler» war, ein Obdachloser. Seine einzige Tagesbeschäftigung: Zigarettenkippen einsammeln. Er kaute oder rauchte den Tabak. Die Rückführung war intensiv. Nachher stank der ganze Therapieraum nach Ungewaschenem, Alkohol und Zigarettenrauch. Genau so, wie die Obdachlosen es oft tun. Mein Körper musste das ausgedünstet haben. Ich *war* ganz offensichtlich in diesem früheren Leben gewesen. Es war eindeutig!

In einer ähnlichen Weise arbeitete ich mit meinen Klienten. Weil mir Rückführungen eigentlich zuwider waren, ließ ich die Leute nur im *aktuellen* Leben nach hinten schauen. Alles andere war mir zu endlos. Man rutscht immer tiefer hinein. Leben um Leben. Mir reichte es, meine Klienten in den Mutterleib zurückzuführen. Von dort aus noch weiter in die Vergangenheit zu «zappen», war meine Sache nicht. Der Bauch der Mutter war doch genug. Dort ließ ich meine Klienten die Situation erspüren und anschauen und ließ sie dann ihre Schlüsse daraus ziehen. Quasi Lesen im Fruchtwasser statt im Kaffeesatz ...

Rückführungen in verschiedene Stationen des aktuellen Lebens sind tatsächlich bereits «unendlich» genug. Je mehr Schmerz man bei der Aufarbeitung der Kindheit sucht, desto mehr findet man auch.

Gedränge auf der Bank

Im Christentum wird von einer Salbung gesprochen. So etwas gibt es auch im anderen, im esoterisch-okkulten Bereich. Ich war eine sehr gesalbte Frau. Bei vielen, die mir gegenüber saßen, reichte mir ein Blick, und ich konnte ihnen ihr ganzes Leben beschreiben. Damals schaute ich dich an und sagte: Gell, bei dir ist jetzt dies oder das oder jenes im Tun. Für viele Leute war das enorm faszinierend.

Diese Gabe entpuppte sich bei den Rückführungen als hilfreich. Bei der Kontrolle der Emotionen wusste ich immer, wie weit ich wo gehen konnte. Daneben arbeitete ich mit Edelsteinen und Tarot; ich betrieb also Wahrsagerei. Das war aber mehr ein Hobby, zum Spaß und unentgeltlich. Aufgrund meiner Gabe war der Tarot ohnehin *nicht wirklich* vonnöten. Der Tarot war ein Spielzeug. Eine visuelle Bestätigung für den Kunden: «Jetzt sagen's die Karten auch noch!» Privat gebrauchte ich den Tarot als Entscheidungshilfe, weil mir oft die Zeit fehlte, um in mich hineinzuhorchen.

Mehrere meiner Freunde in der Esoterik kontaktierten regelmäßig die Geisterwelt oder sahen Kobolde und Zwerge. Geisteswesen eben. In der Zeit meiner zweiten Ehe machte ich selbst ein erschreckendes Erlebnis. Mit einer Freundin saß ich eines Abends an einem Teich. Es war Vollmond. Ich sagte zu ihr: «Ich fühle mich unwohl. Es ist so eng auf der Bank.» Da kicherte sie und fragte: «Ja, siehst du's denn nicht? Da sitzen acht oder neun *Gestalten* um dich herum und grinsen dich an!»

Es wurde wirklich immer enger. Gesehen habe ich aber niemanden. Dafür war jetzt mein Interesse geweckt. Meine Freundin erzählte mir vieles über diese Geisterwelt. Dass es sich um Verstorbene handelte und dass sie regelmäßig den Kontakt zu ihnen pflegte. Angst hatte ich deshalb aber keine.

Eine Woche später war ich zu Hause. Ich lag im Bett. Das ganze Zimmer war voll von Geisteswesen. Sehen konnte ich sie nicht – aber spüren konnte ich sie. Und diesmal empfand ich eine bedrohliche Atmosphäre. Es wurde enger und enger im Raum. Die Geisteswesen drückten mich auf das Bett. Ich bekam keine Luft mehr. Es war alles ganz real. Ganz und gar physisch. Wehren konnte ich mich nicht – höchstens fürchterlich schreien, dass sie verschwinden sollten. Irgendwie konnte ich mich vom Bett loswinden. Ich rannte aus dem Zimmer, rüber zu meinem damaligen Ehemann. Ich erzählte ihm, was gerade geschehen war. Ob er mich ernst nahm, weiß ich nicht. Es war mir in diesem Moment auch egal. Wichtiger war, dass diese Bedrängung so abrupt aufhörte, wie sie gekommen war. Und ich wusste, dass ich von nun an keine weiteren Informationen mehr über diese Geisteswesen wollte. Die Sache wurde mir einfach zu gefährlich.

In der Esoterik gibt es eine Menge Leute, die lediglich eine Methode oder ein Instrument suchen, um ihre Probleme loszuwerden. Andere wiederum fasziniert das Übernatürliche so sehr, dass sie auch den Kontakt zu diesen «Geistes- und Lichtwesen» suchen.

Den Krebs besiegt

Einige meiner Klienten hatten Aids, andere waren krebskrank. Einmal suchte mich ein von seiner Krankheit arg gezeichneter Mann auf. Er war so schwach, dass er kaum noch gehen konnte. Einige Ärzte hatten ihn wohl bereits aufgegeben. Selbst eine Chemotherapie hatte ihm nicht geholfen. Darum dachte er: «Was soll's? Ich probier's bei der» – also bei mir – «auch noch.» Nachdem er sich in mein Studio geschleppt hatte, war er völlig fertig. Total verschwitzt konnte er sich kaum mehr im Sessel halten. Er besuchte die vereinbarten Sitzungen.

Nach nur sechs Wochen war er gesund.

Ich konnte verblüffende Ergebnisse vorweisen. Das waren Dinge, die mir natürlich gut taten. Ich war von der selbst unheilbar Kranken, der noch ein halbes Jahr gegeben worden war, zu einer Lebensberaterin geworden, die nun Menschen in ähnlich hoffnungslosen Situationen unterstützen und sogar heilen konnte. Das waren Erfolgserlebnisse, die mich innerlich übersprudeln ließen. Und die mein Ego aufbliesen. Und kein Wunder: Mein Stolz wuchs. Zu mir kamen Aids- und Krebskranke, die nicht einmal mehr ein Glas in den Händen halten konnten. Nach der vierten Sitzung fuhr ein Klient mit dem Fahrrad die eineinhalb Stunden zu unserem nächsten Treffen.

Darüber freute ich mich einerseits sehr, andererseits war ich aber nun *der* Superstar. Mein Geheimnis lag in meiner Atemmethode und in meiner Liebe zu den Klienten. In Atemübungen und Emotionen also. Keine Tabletten, keine Spritzen, keine ärztlichen Untersuchungen – nichts in der Art. Auch auf Trance verzichtete ich meistens. Bei mir waren die Klienten wach. Einige der Kranken waren durch die schulmedizinische Therapie auch schon ziemlich geschädigt.

Meine Behandlung war *anders*. Bei mir haben wir oft nur dagesessen, die Klienten und ich. Ich hielt ihre Hand und umarmte sie. Das war manchmal neben ein paar Worten alles. Welche *Kräfte* den Krebs besiegten, wusste ich nicht. Es interessierte mich auch nicht, obwohl ich die Praktiken eigentlich tiefer ergründen wollte. Aber da war eine Blockade, die mich immer am tieferen Nachforschen hinderte. Etwaige Ungereimtheiten übersah ich einfach. Die Methoden funktionierten, und das war doch am wichtigsten. Schließlich wollte ich immer noch die Welt retten. «Lahme» konnten gehen, Kranke wurden gesund. Was wollte ich mehr?

Um dem noch weiter Vorschub zu leisten, schaltete ich zwischenzeitlich Inserate in verschiedenen Zeitungen. Kurz darauf entdeckte ich, dass ich mit einem Kaffeelöffel Wasser in die Donau schippte. Ich war auf der Esoterikmesse in Wien präsent und erkannte dort, wie mir derart viel Mund-zu-Mund-Propaganda zuteil wurde, dass ich die Inserate gleich wieder lassen konnte.

Oder sogar lassen musste. Denn meine Überstunden nahmen zu. Oft dauerte ein Arbeitstag bis um zwei oder drei Uhr in der Frühe. Ich kniete mich eben voll rein. Es geschahen sehr viele Heilungen. Aber dafür war ich nun auch total überarbeitet.

Alle Wege führen nach «Astralien»

Auch vor Gericht fand ich mich wieder. Die Skepsis der Schulmediziner war gestiegen. Die oberösterreichische Ärztekammer hatte mich angezeigt, weil ich einen solchen «Blödsinn verbreitete» (und wie sie es sonst noch nannten). Es folgte die Gerichtsverhandlung. Wegen meiner, so hieß es jedenfalls, «gefährlichen Praktiken». Der Prozess dauerte nicht lange und endete für mich mit einem Sahnehäubchen; für die Ärzte jedoch mit einer schallenden Ohrfeige. Nach dem gewonnenen Prozess gratulierte mir der Richter mit den Worten: «Ich wünschte, es gäbe mehr Menschen wie Sie!» Ihn faszinierten meine Aussagen und Ansichten ganz offensichtlich. Hypnose war dabei nicht im Spiel. Der Grund für seine Faszination war vielmehr in meiner Einstellung zu suchen: Ich hatte eine gewisse Grundeinstellung in meinem Herzen, die mich durch mein ganzes Leben begleitet hat.

Trotzdem: Neben meiner Rolle als Anbieterin war ich stets auch eine suchende Persönlichkeit. Denn trotz Hunderter gelesener Bücher und trotz der ebenfalls über hundert besuchten Seminare und Kurse hatte ich noch nicht gefunden, was ich wirklich suchte. Das wurde mir erst im Verlauf der Jahre bewusst. Ich konstatierte, dass ich mich offenbar auf einem Weg befand und dementsprechend alles Suchen meinem Weiterkommen dienen musste. Logischerweise hätte ich folglich bei meinem Weiterkommen immer glücklicher und erfüllter werden müssen. Das Gegenteil war aber der Fall.

Neben meinen endlosen Arbeitstagen besuchte ich weiterhin viele Kurse, quetschte sie irgendwie zwischen die eigenen Therapien. Was ich hatte, reichte mir nie. Ich musste immer noch weiter. Wie ein Fisch, der verzweifelt nach Luft schnappt. Ich war total auf der Suche. Zu meinen Klienten sagte ich immer: «Ich habe die Wahrheit noch nicht gefunden.» Und: «Was ich jetzt mache, ist für mich im Moment gut. Aber ich suche weiter. Und wenn mir morgen einer sagt, die Wahrheit besteht darin, dass man sich zwei Cola-Flaschen ans Ohrläppchen hängt, und ich erkenne, dass *das* die Wahrheit ist, dann werde ich das auch tun. Ich werde so lange suchen, bis ich die Wahrheit gefunden habe.» Das habe ich denen immer gesagt. Ich wollte nicht, dass die Leute sich wunderten, wenn ich ihnen ein halbes Jahr später etwas ganz anderes auftischte. Außerdem teilte ich ihnen mit: «Solange ich es nicht gefunden habe, kann es euch passieren, dass ich heute noch ‹Rebirtherin› bin und in einem halben Jahr Ballett-Tänzerin oder was auch immer.»

Durch diese Eingeständnisse wuchs das Vertrauen der Leute zu mir sogar noch mehr. Die Klienten sahen mein Ringen nach Wahrheit und nach einer *echten* Therapie, die den ganzen Menschen umfasst – zumindest all seine Gefühle. Deswegen sprach ich mit den Klienten in den Einzeltherapien auch über meine persönlichen Probleme. Man stelle sich den Chefarzt in einer Klinik vor, wie er am Bett eines Patienten sitzt und diesem von seinen persönlichen Problemen in der Kindererziehung klagt. So etwas kommt wohl kaum einmal vor.

Aber ich tat es. Weil ich nicht wollte, dass die Menschen, die bei mir Hilfe suchten, in mir die perfekte, unfehlbare Heilige sahen. Sie nahmen an meinem echten Leben teil. Mit Ausnahme meiner Beziehungen und all der Schwierigkeiten in diesem Bereich. Die hielt ich als Beziehungstherapeutin dann doch lieber geheim.

Zwei meiner Ehen waren gescheitert, meine dritte Beziehung war auf dem besten Weg dazu. Als Beziehungsberaterin reihte ich jedoch weiterhin Erfolg an Erfolg. Wie ein Junkie, der erfolgreich eine Drogenentzugsstation leitet. Meine Thesen waren einfach und banal: «Sie sollten nicht warten, bis der Partner Sie glücklich macht. Es ist vielmehr unsere Aufgabe, den Partner glücklich zu machen.» Das ist eine der einfachsten Weisheiten. Doch sie funktionierte hundertfach. Bei allen meinen Klienten. Nur bei mir nicht. Ich selbst trampelte weiterhin an Ort und Stelle herum. Obwohl ich eine riesige Sehnsucht nach «Ehe» hatte und nahezu süchtig nach Harmonie war.

Mein Leben war ein Auf und Ab. Steil bergauf ging es vor allem am Anfang. Dann ging's mal rauf und mal runter, bis zu dem Punkt, an dem es nur noch bergab ging. Die Beziehungs-Seminare sind das beste Beispiel dafür: Nach meinen Therapien sind die Leute manchmal beinahe «heimgeflogen». Sie waren glücklich, die Ehen schienen wieder gekittet. Anders sah es bei mir persönlich aus: Mein Partner schlug mich derweilen grün und blau. Es wurde immer schlimmer. Die Dämonen der Kunden blieben buchstäblich bei uns hängen. Sie steckten in unserem Haus, in unserer Beziehung, und ließen die Situation eskalieren. Wir waren der Blitzableiter dieser finsteren Mächte. Bei uns tauchten jeweils exakt die Probleme auf, die bei meinen Besuchern verschwunden waren.

Sturzflug und Kursänderung

Mein Partner war ein ehemaliger Klient, in den ich mich verliebt hatte. Ich hatte ihn zum Co-Trainer ausgebildet. Nicht wegen seiner Begabung, sondern wegen meines Verliebtseins. Ich war blind. Die Schuld an unseren Auseinandersetzungen schoben wir immer auf «finstere Lichtwesen» ab. Es dauerte nicht lange, da war mein Freund der Trainer. Er übernahm das Ruder. Von diesem Zeitpunkt an ging alles endgültig den Bach runter, obwohl wir Tag und Nacht arbeiteten und eine Menge Geld verdienten. Aber irgendwann fing er an, mich zu schlagen.

Zwischendurch gab ich sogar Geld-Seminare. An diesen beteiligten sich auch Bankdirektoren. Mit einem solchen Seminar verdiente ich leicht 60 000 Schilling und mehr. Das Geld lag nur so in der Runde. Trotzdem wurde unsere eigene finanzielle Situation immer schlechter. Obwohl wir ja viel Geld fischten. Irgendwo war da ein Loch. Wir wussten aber nicht, weshalb und wo. Schließlich brach alles zusammen, obwohl mein Partner in seinen Seminaren bevorzugt

Macht und Geld fokussierte. Im Prinzip bot er dasselbe Programm an wie ich. Nur ließ er den Leuten keinen Freiraum, um sich zu entfalten. Selbst entdecken konnte man sich bei ihm nicht. Er sagte den Klienten einfach auf den Kopf zu, was bei ihnen los war – wie das die meisten Medien eben tun.

Es war perfid: Ich unterrichtete über Geld und Beziehungen und war selbst nicht fähig, das eine oder das andere zu halten! Mein Partner strebte nach Macht, und unser Unternehmen ging vom Sink- in den Sturzflug über.

Plötzlich wusste ich: Ich bin ein wandelnder Widerspruch. Ich will für die Leute da sein, bin aber im Herzen stolzer als der eingebildetste Pfau. Meine Ziele, okay, die waren positiv: Wie alle in der spirituellen Welt wollte ich im Grunde genommen einfach dienen und helfen. Aber nahezu alle, denen ich in der Esoterik begegnet bin – und ich bin vielen begegnet –, sind unwahrscheinlich stolz. Bewusst oder unbewusst. Genau wie ich damals. Das ist eine Art von Stolz, wie ich ihm nirgends sonst begegnet bin.

Das Ende der Praxis

Auf unserem Sturzflug kam zu meinem Stolz bald die Furcht hinzu. Und weil ich Angst hatte, ließ ich mich von meinem Partner auch so manipulieren. Ich hatte Angst vor noch mehr Gewalt. Bis ich endlich einen Schlussstrich zog. Die Praxis ging ein. Mein Partner war alleine nicht fähig, sie weiterzuführen.

Sechs Jahre lang hatte ich diese Praxis aufgebaut und geführt, hatte mein Leben investiert. Ferien machte ich in Indien, Abteilung «Studienreisen». Nach meinem Ausstieg aus der Praxis wurde unsere Beziehung noch schlechter. Eine Erklärung hatten wir dafür allerdings nicht. Die äußeren Umstände waren schließlich gar nicht so schlecht. Aber in mir drinnen stimmte es nicht.

Irgendwann kam ich zu dem Punkt, an dem ich mir sagte: «Das kann doch nicht sein! Wenn die ganzen Methoden wirklich so gut sind, dann müsste es mir doch gut gehen. Und wenn das alles, was ich lehre, funktionieren würde, ginge es *mir* als Erstes gut!»

Das pure Gegenteil war der Fall: Meine dritte Beziehung stand kurz vor dem Scheitern. Und meine Weltrettung ging vor die Hunde.

Daraus folgerte ich, dass es nicht sinnvoll war, nochmals von vorne zu beginnen und dabei vielleicht etwas weniger zu arbeiten, sondern dass es besser war, gleich einen Schlussstrich unter den ganzen esoterischen Lebensabschnitt zu ziehen. Von heute auf morgen entschied ich mich, alles zu «vergessen». Alles zu verbrennen. Komplett auszusteigen. Ich fühlte mich urplötzlich maßlos enttäuscht. Und aggressiv. Ich konnte und wollte nichts mehr von Esoterik hören.

So kam ich wieder auf den Boden der Tatsachen zurück: Mein Lebenspartner und ich bildeten uns zu Anlageberatern aus. Ein knallhartes Business. Endlich war ich erlöst von «Sanftheit und Licht». Entzugserscheinungen bekam ich deswegen aber nicht, im Gegenteil: Ich erlebte eine große Freiheit. Letzten Endes gibt es in der Esoterik wenig echte Heilung von Verhaltensmustern, sondern lediglich eine Art «Umkanalisierung». Man lernt, mit den Dingen umzugehen. Du lernst ein neues Denkschema und siehst: «Aha, jetzt kommt das und das. Jetzt darf ich aber nicht so reagieren, sondern unbedingt so und so.» Du wirst immer verkrampfter, aber nicht freier. Mit der Zeit bist du richtig ferngesteuert. Obwohl es am Anfang ja ganz anders aussieht: Du darfst weinen und darfst schreien. Für jemanden, der das ein Leben lang nicht tun durfte, mag das zu Beginn erleichternd wirken. Bei mir bildete jedoch erst der Ausstieg daraus die große Befreiung.

Entscheidungen in New York

Kurz nach meiner Wirtschafts-Ausbildung eröffnete ich gemeinsam mit meinem Partner eine eigene Finanzberatung mit zwei Sekretärinnen. Innerhalb von ein paar wenigen Wochen hatten wir über fünfhundert Kunden aus den größten Städten Österreichs. Eigentlich bin ich keine Geschäftsfrau. Trotzdem ging alles rasend schnell.

Zuerst ging's hoch hinaus. Dann ging's steil hinunter, denn einmal saß ich bei einer Finanzberatung einem Betrüger auf. Da verlor ich auf einen Schlag über eine Million Schilling. Damals lebte und studierte meine Tochter in New York. Zehn Monate nach meinem Ausstieg aus der Esoterik besuchten wir sie. Ich erzählte ihr alles. Dass die Finanzberatung ruiniert war und dass es in meiner Beziehung schlecht lief. Es tat mir gut, Distanz zu haben und endlich mit jemandem, der mir nahe stand, über alles sprechen zu können.

Mein «Mädchen» stand ebenfalls an einem Scheideweg, wenn auch anderer Art: Erst studierte sie Musik, dann nahm sie Tanzunterricht. Sie sagte zu mir: «Du hast mich jetzt schon so lange beim Tanzen unterstützt. Ich weiß nicht, wie ich es dir sagen soll, aber seit ich hier in New York bin, kann ich nicht mehr. Wenn ich ans Tanzen denke, wird mir schlecht. Alles ist hier so oberflächlich, ein großer Schickimicki-Zirkus. Ich kann hier nicht mehr leben. Es tut mir so Leid. Und du hast doch alles finanziert.» Sie hatte die Nase voll. Ich konnte ihre Gefühle verstehen.

«Für mich ist das kein Problem. Ich will nur wissen, was du machst.» Sie antwortete: «Mama, ich möchte gerne Religion studieren. Du hast mir so viel beigebracht von dem Ganzen. Mich interessiert das jetzt.» Ausgerechnet Religion! Ich schluckte ein paarmal und erklärte mich dann einverstanden.

Sogar in New York stritt ich mit meinem Noch-Partner. Ich war total verzweifelt. Ich sagte zu mir: «Okay, ich bin hier in New York, in diesem Hotelzimmer. Entweder springe ich jetzt aus dem Fenster. Aber das kann ich nicht tun. Schließlich bin ich zu Besuch bei meiner Tochter! Andererseits kann ich in meinem Leben auch nichts mehr verändern. Denn ich habe alle Möglichkeiten bereits ausgeschöpft. Alles endet ja doch immer nur in Zerbrüchen.» Meinem «Entweder» konnte ich lange kein «Oder» entgegensetzen. Schließlich entschied ich mich gegen den «goldenen Sprung».

Als ich dann das Fenster öffnete, tat ich das nur, um frische Luft hereinzulassen. Ich setzte mich an den Tisch. Mit einem Kugelschreiber, auf dem der Werbeslogan des Hotels gedruckt war, schrieb ich Gott einen Brief: «Gott, wenn es dich wirklich gibt, dann komm in mein Leben. Ich bin nicht fähig, mein Leben so zu führen, wie ich es mir vorstelle. Aber wenn du allmächtig bist, kannst du auch mein Leben sinnvoll gestalten.» Ich klebte den Brief zu und legte ihn unter mein Kopfkissen.

Angel of Harlem – Heulen ohne Zähneklappern

Am letzten Tag vor dem Abflug fuhren wir nach Harlem. Unser Ziel war ein Gospelbrunch: Gospel, richtiger Black Gospel mit allem Drum und Dran. «One. Two. Yeah. Jesus. Glory.» Genial und mit allen gängigen Klischees. Am Schluss sagte eine Frau – total businesslike –, wir sollten jetzt alle aufstehen, uns umarmen und sagen: «Jesus liebt dich!»

Meine Tochter und ich standen wie elektrisiert auf. Wir sahen uns an und fingen an zu schluchzen. Mit Tränen in den Augen sagten wir einander: «Jesus liebt dich, Jesus liebt dich, Jesus liebt dich ...» Wir begriffen in diesem einen Moment, dass Jesus uns liebt. Gott berührte uns total. Wir sagten: «Jesus liebt uns!» Immer wieder. Und total verheult: «Begreifst du? Jesus liebt uns!»

Ich flog dann wieder heim. Sofort suchte ich den Kontakt zu einer christlichen Gemeinde. Das war seit sechs Jahren der erste Schritt, den ich alleine und ohne meinen Freund ging. Vorher war ich mit meinem Partner rund um die Uhr zusammen. Zumindest in Österreich.

Schon bei meinem ersten Besuch in dieser Gemeinde wusste ich: Jetzt bin ich zu Hause. Mit einem einfachen Gebet übergab ich mein Leben an Jesus Christus. Wieder war ich hungrig – wie früher, als ich von Seminar zu Seminar eilte. Nur fand ich hier von Beginn an Erfüllung und Freude. Kurz darauf besuchte ich eine Bibelschule. Grundsätzlich habe ich genau das, was ich in der Esoterik suchte, bei Jesus gefunden. Seit meiner Hinwendung zu ihm bin ich im Tiefsten keine suchende Person mehr. Ich entdecke zwar immer wieder Neues im christlichen Glauben, aber trotzdem ist mein genereller Hunger gestillt. In der Esoterik war ich früher nie satt geworden.

In der Bibelschule brachte mir meine Zeit aus der Esoterik sogar noch einen gewissen Nutzen. Ich konnte die Bibel oft schneller verstehen als andere. Verschiedentlich musste ich sagen: «Ja, genau! Ja, genau!», während andere noch monatelang über gewissen Bibelstellen brüteten. Die Beziehung zu meinem Partner war indes nicht mehr zu retten.

Und wieder Seminare

Heute verstehe ich die Esoterik als Kopie von Gottes Reich und der Bibel. In der Esoterik wird viel über «das Göttliche» und «das Erlangen des Christusbewusstseins» gelehrt. Alles ist in der Esoterik göttlich. Also schrieb ich meine heilenden Kräfte auch dem Göttlichen zu. Bevor wir früher mit den Sitzungen anfingen, betete ich mit meinen Klienten sogar häufig das Vaterunser. Außerdem sagte ich ihnen, dass sie das ganz bewusst beten sollten. In meinen Seminaren las ich auch Bibelsprüche vor. Ich glaubte immer, dass es einen Gott gibt. Als ein real erfahrbares Du, das einen mit seinem Geist leitet, konnte ich ihn aber nirgends kennen lernen. Er war fern und gänzlich unpersönlich.

Während meiner Krankheit, bereits vor dem Einstieg in die Esoterik, hatte ich täglich gebetet. Ein Gebet aus der Kindheit lautete so:

«Jesu Kindlein, bleib bei mir, mach ein frommes Kind aus mir. In mein Herz darf niemand hinein als du, mein liebes Jesulein.» Das betete ich tagtäglich. Jahrelang. Aus reinem Herzen. Es war das einzige Gebet, das ich überhaupt kannte. Es gab mir den Halt, all die Chemotherapien und Operationen zu überstehen. Ich glaube, dass Jesus damals meine Motive sah und mich dadurch später vor vielen Geistern in der Esoterik bewahrte. Vielleicht auch davor, dass ich mit meiner Macht die Kunden manipulieren oder ausnutzen wollte.

Damals arbeitete ich auch mit Affirmationskarten. Aber da standen nur Bibelsprüche mit Interpretationen drauf.

Als ich dann Jesus tatsächlich fand, telefonierte ich mit vielen ehemaligen Klienten – sie wohnten teils in Wien, teils über ganz Österreich verteilt – und berichtete ihnen von meinem neuen Leben und wie positiv es sich verändert hatte. Und das musste was heißen, denn vorher hatte ich immerhin Aids- und Krebskranke geheilt! Viele fanden so ebenfalls zum Glauben an Jesus. Sie wussten: Wenn *ich* es sage, dann muss wirklich etwas dran sein. Einfach weil ich sie nie angelogen hatte. Und weil ich auf die manipulativen Sachen in der Esoterik immer verzichtet hatte.

Seminare zu halten liebte ich bereits in der Esoterik. Allein schon wegen der Gemeinschaft mit den Leuten. Im selben Boot zu sitzen bereitete mir einfach Freude. Heute gebe ich auch wieder Seminare – aber diesmal mit Jesus. Diese «Ergänzung» fehlte mir früher in der Esoterik. Da verließ ich mich auf kosmische Kräfte, die unter dem Strich aber mehr verlangten, als dass sie mir etwas gaben. Hier erkenne ich ebenfalls eine markante Änderung: Ich arbeite jetzt viel effizienter und vor allem mit der Wahrheit. In meinen Seminaren behandeln wir Inhalte, die ich aus meinem eigenen realen Leben kenne. Kürzlich organisierte ich ein Frauenfrühstücks-Treffen mit dem Thema: «Fliehe vor der Opferfalle.» Ein Thema, das mich ja ganz persönlich betraf. Aber dieser Falle bin ich inzwischen entflohen.

Heute bin ich gesund. Jesus gibt mir offensichtlich mehr als dieses halbe Jahr, das mir die Ärzte damals noch gegeben hatten! ...

Rita Dullinger (48) wohnt im österreichischen Wels und arbeitet als Restaurantleiterin in einem Gastro-Unternehmen.

Kapitel 9

Kabbalah, die jüdische Geheimlehre:

Auf der esoterischen Überholspur spricht man Hebräisch

«Mit einem einfachen Kopftuch verhüllt, ungeschminkt, kniet Madonna, die Göttin der Popwelt, andächtig vor Mutter Meera», steht in der *GlücksPost-Astro*. Und weiter: «Ihre Augen leuchten, jede Pore ihrer Haut erschauert ob einer glückseligen Vibration, als Meera ihren Kopf berührt. Die Popdiva spürt eine unbeschreibliche Energie von der heiligen indischen Frau zu sich strömen. Mit Tränen der Dankbarkeit und mit Demut richtet sich der Weltstar auf und blickt in die unendliche Weite von Meeras Augen. Gesprochen wird kein Wort. Es herrscht nur heilende Stille.»

Keine Frage, Madonna, die innerplanetarische Sexgöttin Nummer eins bis drei, sucht nach neuen Werten. Und wurde in der Esoterik fündig. Weiter heißt es über die Neo-New-Agerin: «Das größte Interesse Madonnas gilt der Kabbalah.»

In Larry Kings CNN-Talkshow berichtete Madonna im Januar 1999: «Das Wissen der Kabbalah wird uns erleuchten.» Im Juli 1998 hatte sie ihren Andy Bird im kabbalistischen Rahmen geheiratet.[1] (Was gesetzlich aber nicht anerkannt wurde ...)

Die Kabbalah, auch Kabbala («Überlieferung»), ist eines der wichtigsten Gebiete der abendländischen Esoterik. Die Numerologie beispielsweise ist eine stark vereinfachte Form dieser Geheimlehre. Besonders erwähnenswert ist, dass sie, ähnlich wie das Christentum, aus dem Judentum stammt. Die Kabbalah gilt als New-Age-Religion der aktuellen Stunde.

1969 gründete der heute einundsiebzigjährige Rabbi Phillip Berg in New York das Kabbalah Learning Center (KBL). Prominente Zugpferdchen wie Elizabeth Taylor, Barbra Streisand, Sandra Bern-

111

hard oder eben Madonna verhalfen dem Center, das auch Kurse in Numerologie und Gesichtsdeutung anbietet, zu großer Popularität.[2]

Jüdische Wissenschaftler werfen Berg indes vor, esoterischen Humbug zu lehren. Die Zohar, der kabbalistische Kerntext, könne nur von wenigen Menschen verstanden und begriffen werden. Das KBL sei blasphemisch. Die Annäherung an die Kabbalah setze außerordentliche Reife und ein langjähriges Studium jüdischer Texte voraus. Dafür vorgesehen seien gelehrte Männer ab vierzig Jahren. Nur wenige brächten die nötige intellektuelle und psychische Disziplin auf.[3]

Clemens Thoma (Prof. Dr. phil.; Inhaber des Instituts für jüdisch-christliche Forschung, JCF, Luzern) sieht die Kabbalah nicht einzig den Rabbinern vorbehalten: «Die Erlebnisse hängen von der Aufnahmefähigkeit des Einzelnen ab. Es gibt Menschen, die dafür eine Ader haben. Sie sind leicht ansprechbar auf Erleuchtungen, auf Offenbarungsaussagen. Was Offenbarung ist, darüber könnte man sich hundert Jahre streiten.» Auch in der Natur gebe es Offenbarungen des Schöpfergottes. «Wer eine Ader, ein Feeling dafür hat, wird dieses Erleben viel schneller erreichen.» Und von wegen «nur den Rabbinern zugänglich», meint der Autor des Buches *Das Messias Projekt*: «Der Mensch hat viele irrationale Seiten. Diese sind bei allen Volksgruppen vorhanden. Bei einfachen Bauern wie bei Filmschauspielern. Tendenziell tritt dieses Phänomen bei Künstlern eher auf. Nach meinen Beobachtungen beruhen gerade die Ergebnisse aus der Bildkunst auf der Erleuchtung. Oder nehmen wir das Schauspiel, die wahre Literatur – sie sind oft Ergebnis einer Erleuchtung. Ich bezeichne die Erleuchtung als viel häufiger vorkommend, als dies gemeinhin getan wird.»

«Der Streit um die wahre Auslegung ist so alt wie die Kabbalah selbst», schmunzelt Professor Thoma: «Wenn ein Mensch sagt, er habe die Wahrheit, das Gebet, die Göttlichkeit der Natur verstanden, gerät er leicht in die Situation, dass er eine Irrlehre oder eine verzerrte Wahrheit ausdrückt. Der Streit zwischen den Kabbalisten ist eine der empfindlichsten Streitereien, die ich kenne. Dann heißt es: ‹Der ist ein falscher Prophet. Und jener hat die Thora nicht richtig verstanden.› Und so weiter.» Diese «Fingerzeigmentalität» habe es schon zu vorchristlicher Zeit gegeben. «Da verließen ganze Priestergruppen den Tempel und gingen in die Wüste nach Qumran, weil sie das Gebet anders verstanden als die traditionellen Lehrer. Die Kabbalisten und Mystiker verstehen sich untereinander nicht besonders gut. Jeder lebt in einer Welt für sich und hat seine eigene, ganzheitliche Auffassung. Der andere ist nicht einverstanden, weil er eine andere ganzheitliche Erleuchtung hatte.»[4]

Sicher sei jedenfalls, dass sich auch säkulare Künstler als von Gott inspiriert betrachten oder zumindest um die Inspiration wissen. «Das ist ein neues Phänomen. Das akzeptieren die Frommen verschiedener Religionen nicht. Weil sie sagen, das sei bloß PR, Public Relations. Aber viele hören diesen Künstlern zu. Zum Beispiel Madonna, weil sie Auftritte und Veröffentlichungen hinlegt, die zeichenhaft sind. In diesem Sinne sollte man nicht die Kabbalah der Weltleute wegschieben, sondern sollte auf sie auch hören.» Die Offenbarung Gottes an die Menschen zur Verbesserung der Welt sei sehr vielfältig. «Vielfältiger, als die Religionen das zugeben. Man kann sich auch mystisch äußern, wenn man keiner Religion verpflichtet ist. Gott offenbart sich den Menschen, auch wenn sie außerhalb der Religionsgemeinschaften leben.»

Die Kabbalah

Die Geheimlehre Kabbalah ist hauptsächlich an zwei Orten entstanden: einerseits in den Tempeln bestimmter Priesterkreise und andererseits in Kreisen der Bibeldeuter. Sie ist das Ergebnis verschiedener Überlegungen über die jüdische Liturgie und über biblische Worte. «Die Entstehung der Kabbalah kann man mit dem sechsten Buch [Kapitel] Jesaja vergleichen. Es redet davon, dass der Prophet in den Tempel geht und dort Himmel und Erde zusammen sieht. Der Thron Gottes reicht hinunter bis auf die Erde.» Dieses Bild wurde zum Grundsatz der Gebetsmentalität der Juden: «Wenn wir im Tempel beten, steigt Gott auf die Erde herunter und erhört uns. Die Engel steigen mit ihm herunter und nehmen an unserem Gebet teil.» Dieses Zusammenkommen von Gott und den Menschen ist ein wichtiger Teil der Kabbalah.

Die zweite Seite dieser Lehre ist die der Bibeldeutung. Kurz nach Abfassung der hebräischen Bibel entstanden verschiedene Auffassungen über ihr Verständnis. Streit, Feindschaften und Trennungen innerhalb des jüdischen Volkes waren die Folge. Die Kabbalah wollte die geheimen Hintergründe des Sinnes biblischer Worte transparent machen. Sie versuchte, den inneren Gehalt der Texte zu eruieren. So entstand die große Weite der kabbalistischen Literatur, die zum größten Teil Bibeldeutung ist.

Die dritte Form der Kabbalah ist ihre experimentelle Seite. «Der Mensch, der sich ins Gebet hineinversenkt oder demütig und gläubig der Bibel nach studiert, dieser Mensch gerät in Ekstase. Er erfährt Dinge, die er sonst nicht erfahren würde. Der Geist Gottes erfüllt ihn, und er kann so reden und handeln, dass er von anderen Menschen ausgezeichnet wird. Kurz: Die Kabbalah ist eine Angelegenheit des Gebets, der Bibeldeutung und der menschlichen Beziehung zu Gott.»[5]

Zu Beginn des 13. Jahrhunderts kam die Kabbalah via Südfrankreich nach Spanien, wo sie auch in Europa zur vollen Blüte reifte. 1180 entstand das grundlegende Buch «Sepher Bahir» (helles/klares Buch). Darin wird auch die Idee der Seelenwanderung und Reinkarnation aufgenommen. Das Buch Sohar (*Sefer ha Sohar*, *«Buch des Glanzes»*, auch Zohar) wurde zum größten Teil von Moses Ben Schem Tov de Leon aus Guadalajara geschrieben und zwischen 1275 und 1290 in Spanien veröffentlicht. Eines der wichtigsten Themen darin ist die Lehre der Unmöglichkeit, Gott erkennen zu können. Durch rechte Gebetshaltung könne der Mensch aber mittels der Sephiroth («Sphären»; zum Beispiel durch den «Baum des Lebens») Kontakt zu Gott aufnehmen.

Ebenfalls prägend für das kabbalistische Denken ist die «Hechalot» («Aufstieg», Himmelfahrtsmystik), versichert Professor Thoma. «Darin wird die dreifache Heiligkeit Gottes genau gedeutet. Da wird geschildert, wie der himmlische Hofstaat auf die Erde herunterkommt, wenn Israel betet.» Später wurde das Schrifttum immer breiter. «Das jüdische Volk hat an der Küste Südfrankreichs viel Mystisches hinterlassen neben dem Hauptwerk Zohar, das spanischen Ursprungs ist. Die Zohar ist für viele zum wichtigsten Buch der Offenbarung geworden. Diese Bewegung ging dann weiter bis ins 20. Jahrhundert mit vielen mystischen Schriften, auch aus Osteuropa, Russland und Polen. Die Kabbalah lebt nicht nur in Israel. Man darf nicht vergessen, dass es zwischen christlichen und jüdischen Mystikern zu allen Zeiten einen Austausch gegeben hat. Auch zu Zeiten, in denen ein schlimmer Antisemitismus herrschte. Beide Gruppen erkannten sich mitten in den antisemitischen Querelen gegenseitig an. Weil es in der Kabbalah um andere Fragen geht. Nämlich darum, worauf Gott die Erde aufgebaut und wo er sie angeknüpft hat und was er am Ende aller Tage will.»

Im Buch der Schöpfung («Sepher Jezira») wird geschildert, dass die Welt aus der Verbindung der zehn Sephiroth und der 22 Buchstaben des hebräischen Alphabets entstand. Jeder Buchstabe ist heilig und verfügt über religiöse, moralische und magische Qualitäten. Im Hebräischen kennt man keine Zahlen, dafür wird jedem Buchstaben ein Zahlenwert zugeordnet. (Clemens Thoma rechnet mir vor, dass der Name von Adolf Hitler beispielsweise den Zahlenwert «666» ergibt. Wobei dieser bei weitem nicht der einzige Name ist, der auf diese Summe kommt.)

Neben dieser Form der Zeichen- und Zahlenmystik gab es schon früh eine praktische, magische Form der Kabbalah. Darin findet man Anweisungen zum Herstellen von Talismanen und Amuletten oder zum Beschwören von Engeln, Dämonen und Geistern. Einer der bekanntesten Texte beinhaltet eine Methode, wie man aus den Versen des zweiten Buches Mose (14,19–21) die Namen von 72 Geistern bildet und diese dann beschwören kann.

Die Kabbalah beeinflusste die westliche Magie und Geisteswissenschaft nachhaltig. Angefangen bei den Renaissance-Magiern, über die Alchemie, die Bewegung der Rosenkreuzer bis hin zur Freimaurerei, spielt(e) die Kabbalah immer eine große Rolle.[6]

«Die Kabbalah ist ganz esoterisch», bilanziert Clemens Thoma. «Sie lebt von der Esoterik. Sie produziert Dinge, die der bloßen Vernunftanalyse entgehen. Aber sie hat Anhaltspunkte in der Bibel und in der vernünftigen Überlegung. Sie ist eine Kombination aller Elemente, die dem Menschen begegnen.»

Oft wurden die Berechnungen mit den hebräischen Schriftzeichen nicht ernst genommen. Aber sie sind bis in unsere Zeit hinein ein wichtiger Bestandteil der Lehren und Überlegungen vieler Esoteriker. Auch die Tagebücher des Magiers Aleister Crowley sind voll mit kabbalistischen Überlegungen.[7]

Ein wichtiger Bestandteil der Kabbalah ist der Baum des Lebens (bestehend aus den zehn Sephiroth und den 22 Buchstaben des hebräischen Alphabets). Die Gradsysteme vieler Freimaurer- und Rosenkreuzer-Orden sind danach gestaltet. Jede Sephira stellt eine eigene Welt dar. Sie gehört einem Planeten an. Alles, was mit diesem zusammenhängt (Gottes- und Engelnamen, Götter, Farben, Gerüche, Pflanzen oder religiöse Ideen und Vorstellungen), wird der jeweiligen Sephira zugeteilt. Will ein Magier in geistigen Kontakt mit dem Mond treten, so kann er durch dieses System alles, was in den Bereich des Mondes gehört, bündeln und für sein Ritual einsetzen.[8]

[Für die einzelnen Begriffe sind verschiedene Schreibweisen möglich; Sepher, Sefer; Sephirot, Sefirot; Kabbalah, Kabbala; Sohar, Zohar ...]

Erleuchtung für Jedermann

Dem Buddhismus zufolge erlangen nur wenige Menschen Erleuchtung. Je nach Auffassung sogar nur einer pro Generation. Anders sieht dies laut Clemens Thoma im kabbalistischen Erleben aus: «Für mich ist klar, dass jeder Mensch aus seiner Religiosität und Situation heraus irgendwie erleuchtet ist. Die Wahrheit über überirdische ‹Dinge› wie Gott ist so vielfältig, dass jeder Mensch eine eigene Erleuchtung haben kann. Man sollte den Streit ruhen lassen. Leute, die in irgendeiner Weise Gott schauen oder die Wundmale Jesu tragen, sollte man nicht einfach wegschieben oder bekämpfen, sondern annehmen als einen Funken der großen Wahrheit, die von Gott her kommt. Jede Wahrheit muss als subjektiv angesehen werden. Jeder Mensch drückt das anders aus. Man sollte da viel toleranter werden und mehr Akzeptanz an den Tag legen.»

Keineswegs sei das Streben nach Erleuchtung neu: «Die Erleuchtung ist das, was ursprünglich in der Bibeldeutung erkannt wurde. Quasi eine Entzückung über die Offenbarung. Es gibt schon Erleuchtung und ekstatische Phänomene vor der Zeit des Neuen Testaments.» Sie müsse nicht einmal aus der Meditation heraus entstehen. «Wir wissen von einem Rabbi, der plötzlich rote Wangen bekam, worauf er vom Esel, auf dem er geritten war, herunterstieg und zum Himmel emporschaute, weil er nach dem Zitieren von Bibelversen plötzlich eine Erleuchtung hatte über den Sinn der Verse und die Tatsache, dass Gott ihm das gezeigt hat. Das Phänomen der Erleuchtung ist nicht neu, es war schon bekannt zur Zeit des Talmuds. Und zwar viel häufiger, als wir denken.»

Neue Welt

Laut Clemens Thoma liegt der tiefste Sinn der Kabbalah in der Wiederherstellung und Neugestaltung der Welt. «Das heißt, der Kabbalist will mit seiner Offenbarung einen Beitrag leisten zur Wiederherstellung der sündigen oder verwirrten Welt. Das ist sein innerstes Ziel. Hierbei sind sich die christlichen wie die indischen Mystiker einig. Wir haben eine Botschaft zur Erneuerung der Welt. Unsere Erleuchtung ist kein Blitzlicht, sondern ein Weg, ein Hinweis zur Erneuerung der Welt.» Thoma spricht von einer Wegnahme von Kriegen, Sünden und Verderbnissen der Menschen. «Das ist Kabbalah. In diesem Sinn ist sie interreligiös und keine merkwürdige Geschichte, die man sich am Abend erzählt. Sie ist eine Ausdrucksweise zur Änderung der Menschheit, zur Herstellung der Einheit und des Friedens. In allen Religionen.»

Darunter sei auch eine Rückkehr zu Gott zu verstehen. «Die Christen würden wahrscheinlich sagen: ‹Schon beim ersten Menschenpaar kam ein Bruch in die Welt. In die Herzen der Menschen wie auch in ihre Beziehungen. Die Menschheit muss wieder gottgefällig werden. Sie muss wieder so werden, wie Gott sie wollte. Der Mensch hat sie mit seinem freien Willen missbräuchlich zerstört, und wir müssen sie wieder herstellen. Und zwar so, wie sie im ursprünglichen Plan Gottes war.›» Ein Kabbalist, ein Mystiker, ist nach kabbalistischem Verständnis ein Mitarbeiter Gottes, «der den kaputten Weltenzustand mit Gott zusammen eben wieder korrigiert und zusammenleimt und das Negative zurückdämmt.» Hier ist sich die Kabbalah mit der christlichen Mystik ganz einig. «Sie [die Kabbalah] entstand in einem christlichen Kontext und hat vieles daraus übernommen. Die Welt muss zurück in den Schoß Gottes und dort wieder eingegliedert werden.»

Während im Christentum von einer Erlösung durch Jesus Christus gesprochen wird, geht man in der Esoterik von einer Selbsterlösung aus. Nach kabbalistischer Auffassung existiert indes ein Mittelweg. Gott und die Menschheit geben je ihren Teil: «Günstigerweise spricht man in der Kabbalah nicht von Selbsterlösung, sondern von *Miterlösung*. Das ist ein Begriff, der im Christentum leicht missverstanden werden kann. Aber in der Mystik ist es ganz klar, dass der Mensch mit seiner Erleuchtung und den Gebeten aus der Erleuchtung heraus die Welt miterlöst. Der Mensch ist Mitarbeiter Gottes. Hier besteht eine Vereinigung. Eine ideenhafte und eine wirkliche.» Ein Mensch, der lediglich von einer besseren Welt plaudere, sei aber kein wahrer Mystiker. «Er muss etwas tun. Das Leichteste, was er tun kann: Er betet für die anderen Menschen. Es geht hier um Lebensideale, die die ganze Schöpfung betreffen; den ganzen Ablauf der Geschichte.»

Laut der Bibel ist der Mensch seit dem Sündenfall von Gott getrennt. Der einzige Weg zur Gemeinschaft mit Gott führt über Jesus Christus. Das Alte Testament gilt als Wegweiser auf sein Erscheinen, das Neue Testament berichtet über sein Leben, Sterben und Auferstehen. Dieweil das Kommen Jesu, des Messias, nach dem Verständnis der jüdischen Thora noch aussteht. In der Kabbalah wird gemäß Clemens Thoma viel vom Messias gesprochen. «Es wird aber auch gesagt: Wenn die jüdische Gemeinschaft kabbalistisch ist, wird Israel zur Miterlöserin der Welt – zusammen mit Gott. Gegenüber dem Messias sind zwei Tendenzen erkennbar: Die einen wollen ihn verbannen. Die anderen sagen, dass er das vollendet, was wir trotz aller eigenen Anstrengungen nicht fertig bringen.»

Und dann gebe es noch die Pilger. Einer war sogar mit dem Buch von Clemens Thoma unterwegs: «Ein Christ reiste mit einem Handwägelchen via Balkan und Türkei von Baden-Württemberg nach Israel. Darauf schleppte er eine Bundeslade ‹Marke Eigenbau› mit. Deutlich sichtbar montierte er vorne auf dem Wagen mein Buch *Das Messias-Projekt*. Er wollte die messianische Aufgabe, die er an der Bekehrung Israels und der Welt hatte, mit dieser Geste verstärken. Er meinte, er könne die Enderlösung in Israel bereits verkünden. Man muss dabei immer beachten, dass das Land Israel selbst der Hauptort aller kabbalistischen Tendenzen ist. Es geht nie darum, dass in Deutschland oder in der Schweiz ein Messias aufsteht. Nein, das Zusammenkommen aller Erlösungs- und Befreiungstendenzen ist im Land Israel, in Jerusalem, schon drin. Dort, wo Gott selbst im Tempel eine Wohnung hatte.»

Zahlenmystik

Ist die Kabbalah, mit all ihren Schriftzeichen und in vereinfachter Form als Numerologie bekannt, möglicherweise eine Hightech-Religion? Lachend winkt Clemens Thoma ab. «Die Zahlenmystik ist eine sehr alte Form, die Bibel auszulegen. Jeder Bibelbuchstabe hat einen Zahlenwert. Wenn man von zwei Worten, die zusammengehören, bestimmte Werte erhält, dann kann man eine Erleuchtung haben. Und man kann sehen, dass das für heute gemeint ist. Ein berühmtes

Beispiel ist die Zahl 666 in der Johannes-Apokalypse. Diese Zahl kann man auf Kaiser Nero deuten. Aber man kann sie auch – ich habe das selbst ausprobiert, wir haben es vorhin gesehen – mit Adolf Hitler verbinden. Die Zahlenmystik ist allerdings nicht nur eine technische Angelegenheit, sondern ein Mittel, um einen verborgenen Sinn in der Bibel für die heutige Zeit transparent zu machen. Die Zahlenmystik ist ein Versuch, mit neuer Methodik den Sinn der Bibel für heute zu erschließen.»[9]

Kapitel 10

Katharina Schnorf-Schanz:

«Engel, Hexen, Lichtwesen – wo endet meine spirituelle Suche?»

Nach dem Abschluss ihres Psychologie-Studiums bildete sich Katharina Schnorf-Schanz zur Psychotherapeutin weiter. «Schon während der Studienzeit spürte ich, dass mir etwas fehlt. Ich stand mitten im Zwiespalt zwischen sich einstellendem Erfolg und fehlender innerer Befriedigung. Darum baute ich mein Repertoire aus.» Schon während des Studiums hatte sie Autogenes Training, Hypnose und Yoga kennen gelernt. Bald nahm die Wahl-Appenzellerin unter der Rubrik «Ausbildung» auch Freud'sche Psychoanalyse, Casriel-Therapie (Schrei-Therapie), Focusing (Weiterentwicklung der Gesprächs-Psychotherapie) und Biosynthese in die Eckdaten ihres Lebenslaufs hinein. Mit den beiden Letzteren erfolgten die ersten Schritte in Richtung Esoterik.

«Weil ich keine Erfüllung in den mir angeeigneten Praktiken fand, setzte ich meine Suche aber bald fort.» Katharina begann mit «sanften» Methoden wie Fußreflexzonen-Massage, Bachblüten-Therapie und östlicher Meditation und fand, dass damit in ihrem Leben ein Stück Frieden einkehrte. «Darum wandte ich das Gelernte bald in meiner Praxis an den Klienten an. Und das mit sichtlichem Erfolg.» Katharina spürte jeweils an einer bestimmten Stelle ihres eigenen Körpers einen Schmerz und wusste so intuitiv, wo der Klient behandelt werden musste. Der Eindruck, der Sinnfrage auf die Spur gekommen zu sein, schien sie zu befreien. Weitere Praktiken kamen hinzu, und jedes Mal brachten diese ihr eine zusätzliche seelische Erleichterung.

Alles für das Karma

Unter dem Strich reichte es ihr aber nie. Ein nicht zu benennender Faktor verhinderte den Griff zum so nahe scheinenden Glück. «Eine Methode nach der andern bezog ich in meine Arbeit ein: Auro-Soma, Duftessenzen, Edelstein-Therapie und so weiter. Durch die Anwendung von Auro-Soma-Ölen gelang es mir sogar, Kontakt mit Geisteswesen aufzunehmen und auch Probleme aus ‹früheren Leben› aufzuarbeiten.»

Katharina eignete sich den Umgang mit verschiedenen Karten an. «Gewöhnliche Wahrsagekarten, aber auch Tarot-Karten aller Art, Dakini-Karten, welche auf indischen Gottheiten basieren, sowie Engel-Karten. Schließlich ging es mir um Licht und Liebe: zwei Schlagworte in der Esoterik.»

Die Angebote in ihrer Praxis wurden zusehends vielfältiger. «Alles, was ich an mir selbst ausprobiert hatte, seien es nun Bachblüten, Homöopathie, Meditation oder (zur Entscheidungshilfe) I-Ging, wendete ich nach kurzer Zeit auch bei meinen Kunden an.» Parallel dazu suchte sie auch in reformierten und katholischen Gottesdiensten, im Islam, im Judentum und bei verschiedenen Gurus nach Antworten und war von der Idee einer Einheitsreligion sehr angetan.

Sie war überzeugt, der Wahrheit auf der Spur zu sein. «Das hat mich beflügelt.» Die Kehrseite der Medaille war: Katharina musste sehr viel Leistung und Energie investieren und für die Weiterbildung viel Geld aufwenden. Das Gedankengut der Reinkarnation machte diese Anstrengung zwingend nötig. «Ich muss ein guter Mensch werden, damit ich in ein besseres Leben inkarniert werde. Schließlich suchte ich die Endstufe dieses über zahlreiche Leben dauernden Laufes zu erreichen: die Erleuchtung.»

Ganz anders entwickelte sich parallel dazu ihr Leben in der realen Welt. «Lange nicht alles war so licht- und liebevoll, wie ich es mir ausmalte.» Im Gegenteil: «Es gab einige aggressionsgeladene Situationen. Vor allem mit den Nachbarn und meinem Ex-Mann.» Allerdings: «Ging etwas schief, schaute ich nach, was mir vor Hunderten oder Tausenden von Jahren widerfahren war. Damit war nicht mehr *ich* im Hier und Jetzt, sondern ein Ereignis von früher für mein aktuelles Problem verantwortlich.» Ihre Seele «erinnerte» sich noch an Ereignisse von damals; Ereignisse, die bereinigt werden mussten. «Die Rückführungen erlebte ich als bilderreichen Wach-Traum. So sah ich Situationen, die angeblich einmal passiert waren.» Sie erlebte die Ereignisse körperlich richtiggehend mit und konnte Schmerz, aber auch Zärtlichkeit fühlen. «Man kann selbst entscheiden, wann man in das aktuelle Leben zurückwill. Diese Rückführungen erlebte ich als etwas Befreiendes.» Unangenehme Erlebnisse, Probleme und Fehler konnten so als importierte Lasten aus einem früheren Leben abgetan werden. Alle paar Wochen stauten sich die unterschiedlichsten Probleme an, dann «zappte» Katharina eben rasch ein paar Leben zurück, um zu schauen, wer oder was diesmal am eigenen Versagen schuld war ...

Alles im Griff?

So ging die Suche weiter. Die Grundprinzipien hatte Katharina inzwischen begriffen. «Je mehr Lehren ich kannte, desto leichter gelang es mir, eine neue Lehre aufzugreifen und sie in mein Programm zu integrieren.»

Schottland war eine zusätzliche Station auf ihrer spirituellen Suche. «Ich wurde mit der esoterischen Lebensgemeinschaft ‹Findhorn› vertraut und besuchte dort Kurse.» Lichtwesen gehörten zu den zentralen Themen. Auf konkrete, sichtbare Begegnungen kann Katharina aber nicht zurückblicken.

«Endpunkt meiner zahlreichen Praktiken war die CRST-Methode, das Causal Release System Training. Es greift stark in die Geisterwelt hinein: Engel und Geisteswesen können herbeigezogen werden.» Zum ersten Mal im Leben kam bei Katharina das Gefühl auf, *wirklich* etwas zu können. «Endlich hatte ich ein Instrument gefunden, dank dem ich den Personen, die meine Praxis aufsuchten, Hilfe anbieten konnte. Und etwas können hieß auch: Jemand sein.» Unbewusst spielte das Thema Macht eine befriedigende Rolle. «Jetzt hatte ich das Leben in der Hand! Jetzt konnte ich den Leuten richtig helfen.»

Attraktive und auffällige Kleidung, kombiniert mit indianischen Übungen, machten den gewünschten Eindruck: Katharina wurde zum Vorbild anderer Frauen. Rituale – unter anderem in der Kirche kennen gelernt – gehörten nun zu ihrer Freizeitbeschäftigung. Sie interessierte sich für Hexen und deren Praktiken und sah in ihnen und in sich selbst die wahren Heilerinnen. So führte sie ihr Weg auch zu einem südamerikanischen Schamanen, bei dem sie eine weitere «Einführung» erhielt. Die Klienten suchten Katharinas Rat gerne, nicht zuletzt dank ihres Einfühlungsvermögens. «Aber letztlich waren die Leute mir nahezu gleichgültig.»

Zwei Erschütterungen stellten dieses «Im-Griff-Haben» in Frage: «Der unerwartete, abrupte und für mich nicht nachvollziehbare Bruch einer Beziehung sowie ein Autounfall.»

Beziehungen hatten für Katharina nur «Übergangs-Charakter»: Man benötigte sie so lange, wie sie einem zur Weiterentwicklung dienten. «Sobald jemand ausgedient hatte, ging ich weiter.» Treue gehörte nicht zum Programm. «Egoistisch: Alles drehte sich dabei nur um mich, obwohl mir Liebe doch ein zentrales Anliegen war!» *Ihr* Karma, *ihre* Erleuchtung war wichtig, nicht die der anderen. Trotzdem zuckte das Ende dieser besagten Beziehung auf wie ein bedrohlicher Blitz am sonnigen Himmel.

Der Autounfall erschütterte sie noch mehr. Eine kurze Unaufmerksamkeit – ein toter Winkel – abgebogen – das andere Auto übersehen: Crash! «Es wühlte mich so stark auf, dass ich nach Hause ging, zitterte und weinte.» Äußerlich betrachtet war der Unfall harmlos. Gott sei Dank entstand kein Personenschaden. Schlimmer war die Erkenntnis, «dass ich es eben doch nicht im Griff habe. In Sekundenschnelle war mir klar: Was ich bisher getan habe, worauf ich lange Jahre aufgebaut habe, ist alles hohl und nichtig.»

Alles für die Katz?

Ihr ganzes Leben, ihr ganzes Geld, ihr ganzes Interesse, ihre ganze Zeit hatte sie für die unterschiedlichsten Kurse, Workshops, Bücher und Utensilien verwendet. Katharina investierte viel; eigentlich alles. «Ich wollte es wirklich wissen – und fand mich vor einem Scherbenhaufen wieder. Ich fragte mich: Was jetzt?» Sie sah die Leere, die Trost- und Sinnlosigkeit ihres Lebens klar vor sich.

«Verwirrend war für mich, dass ich mit allen esoterischen Methoden zu Beginn erfolgreich war. Darum glaubte ich, auf dem richtigen Weg zu sein. Den Leuten ging es bei mir wirklich besser.» Es war wie ein Kick, der aber bald einen neuen Push forderte. «Wie Doping im Sport. Man kann es aber auch mit Drogen vergleichen. Der Unterschied liegt im Detail. Man dringt in der Esoterik teilweise zu den gleichen Geisteswesen vor. Es kann ebenso zur Sucht werden.» Nur ist diese Art von Sucht in der Gesellschaft anerkannter. «Der einzige Vorteil, den Esoterik haben kann, besteht darin, dass der Körper unversehrt bleibt.» Meistens jedenfalls. «Es können aber auch massivste Krankheiten ausbrechen oder bestimmte Symptome durch neue ersetzt werden.»

Katharina spürte mit der Zeit, dass sie in Geisteswelten hineingeführt wurde, die ihr zu schaden begannen. «Das merkte ich speziell im Beziehungsbereich.» Einmal übernachtete eine Freundin im selben Zimmer. «Sie war noch tiefer ‹drin› als ich. Mir ging es danach wochenlang schlecht, obwohl wir nur von Licht und Liebe gesprochen hatten.» Sie spürte die Anwesenheit gefährlicher Geisteswesen. «Ähnliches fühlte meine Umgebung auch bei mir.»

Vermehrt brachen Personen den Kontakt, die Beziehung zu ihr radikal ab. «Für mich war das nicht nachvollziehbar.» Mit ihrer Einstellung, dass alles zum Guten dienen und führen musste, hieß sie die Geister deshalb weiterhin willkommen.

Katharina fiel es schwer, so weiterzuarbeiten. Einerseits zweifelte sie an den Methoden, andererseits verwendete sie diese weiterhin in der Therapie. Tagsüber arbeiten, nachts durchheulen, das war ihr Rhythmus. Sie sah nur noch eine Möglichkeit: Selbstmord. «Innerlich gelangte ich zur Sicherheit, dass ich mir das Leben nehmen wollte. Ich malte mir das Vorgehen und die Reaktionen meines Umfelds in allen Farben aus.» Daran waren auch Rachegedanken geknüpft: «Die Nachbarn werden sich wundern, wenn sie das sehen! ...» Ihr Leben hing an einem dünnen Faden: «Meine Tochter. Ich fragte mich, wer für meine Tochter sorgen würde.» Verschiedene Menschen wären dafür in Frage gekommen. «Aber ich wusste: Nur ich bin die Mutter. Ich will das Mädchen nicht im Stich lassen.»

Der nächste Wegweiser
Katharinas Situation verbesserte sich dadurch nicht. Nach außen hin arbeitete sie normal weiter. «Aber wenn ich alleine war, habe ich auch in der Praxis geweint.» So lebte sie etwa ein halbes Jahr lang. «Rückblickend sehe ich das als eine Art Aufweichphase an. Es war eine Zeit, in der mein Hochmut, mein Stolz und meine Arroganz Schiffbruch erlitten.»

Eines Tages begegnete sie einer Frau, die sie nach 35 Jahren wiedererkannte. Es war eine Freundin aus der Grundschule. «Ich selbst wusste im ersten Moment nicht, wer sie war. Sie fragte mich, was ich in den letzten 35 Jahren denn so gemacht hätte. Das brachte mich in Not!» Die Frage drang direkt in ihr Herz. Wenigstens erzählte die ehemalige Mitschülerin zuerst von sich. «Unter anderem berichtete sie, was sie in den letzten Jahren mit Gott erlebt hatte. Und dass sie glücklich war, seit sie wusste, dass sie einen Vater im Himmel hat. Das hat mich sehr berührt.» Vor allem stimmten ihre Aussagen mit ihrer Ausstrahlung überein. Bei Katharina lösten sich dadurch alte Vorurteile. Sie war in einem christlichen Umfeld aufgewachsen und hatte dort viel Gesetzlichkeit erlebt. Das hatte weh getan. «Der geistliche Boden fehlte mir dort.»

Die Frau fragte immer wieder: «Interessiert es dich überhaupt, magst du noch zuhören?» Katharina mochte. Es waren die Antworten auf jahrzehntelanges Suchen. «So wurde die Bahn frei für Jesus. Ich konnte von da an in der Bibel lesen.» Etwas, was vorher in dieser Form nicht möglich gewesen war. «Ich las zwar auch schon früher darin, verstand aber nichts.» Obwohl sie es wollte. Seit der Begegnung mit der Freundin las sie täglich in der Bibel. «Ich musste einfach. Ich war geistlich am Verhungern und am Verdursten.» Und sie spürte noch etwas: «Gott sprach durch dieses Buch in mein Herz hinein. Das konnte ich mir weder erklären noch jemals zuvor vorstellen.»

Die Freundin vermittelte Katharina die Adresse einer christlichen Gemeinde in ihrer Wohngegend. «So lernte ich Personen kennen, die mich mit offenen Armen empfingen. Leute, die mich nicht verurteilten.» Die ihr entgegengebrachte Liebe, die Annahme und das echte Interesse an ihrer Person berührten sie tief. Stundenlange Gespräche folgten. «Das Beten dieser Leute war mir am Anfang völlig fremd, und ich konnte nicht viel damit anfangen. Aber ich ertrug es, denn ich fühlte intuitiv, dass ich am richtigen Ort war.»

Fehler eingestehen

Die esoterischen Ideen waren immer noch Bestandteil ihres Denkens. Sie hatte sich so intensiv damit beschäftigt, dass sie dieses Gedankengut nicht einfach wie ein Hemd ausziehen konnte. «Eine erfahrene Christin begleitete mich. Sie lehrte mich, anhand der Bibel Gottes Gedanken zu verstehen. Entscheidend war für mich, dass ich Fehler und eigene Schuld erkannte und eingestand.» Ein Thema, das vorher ausdrücklich nicht existierte. «Ich beschäftigte mich früher mit dem ‹Course in Miracles› – einem ‹Wunder-Kurs› –, der angeblich eine

Mitteilung von Jesus sein sollte. Dieser Kurs suggeriert eindeutig, dass es keine Schuld gibt: Sie ist bloß ein menschliches Missverständnis.»

Beim Bibellesen wurde Katharina klar, dass es Schuld gibt und dass sie Schuld auf sich geladen hatte. Eine Erkenntnis, die Schritt für Schritt in ihr wuchs. «Gewisse Praktiken setzte ich auf der Stelle ab, obwohl mich niemand dazu aufforderte.» Wenn sich Leute in der Praxis die Anwendung der entsprechenden Methoden wünschten, schlug Katharina stattdessen ein Gebet vor. Sie spürte, dass die verschiedenen Lehren nicht wertneutral waren, stellte deshalb Methode um Methode ein und entfernte die entsprechenden Hilfsmittel. Dabei erlebte sie eine große Erleichterung. «Innerhalb kürzester Zeit schloss ich meine Praxis, die ich fünfzehn Jahre lang geführt hatte. Ich bereute es keinen Moment. Ich wusste: Jetzt fängt alles an zu stimmen. Volle Pulle beschritt ich den neuen Weg. Mit dem gleichen Enthusiasmus wie früher.»

«Nach zwei Monaten übergab ich Jesus mein Leben und gestand meine Verfehlungen ein. Er vergab mir – ein total befreiendes und beglückendes Erlebnis.» Ratlosigkeit und Kopfschütteln dagegen bei ihren Kollegen in der Esoterikbranche und bei gewissen Klientinnen: Sie verloren abrupt ein Idol. «Aus ihrer Sicht war ich nun irgendwo in einem religiösen System gefangen. Es war aber das pure Gegenteil. Aus der Gefangenschaft brach ich in wahre geistliche Freiheit aus.» Im Leben mit der Bibel bekam Katharina Boden unter die Füße. «Diese Basis fehlte mir vorher. Es war wie Schwimmen in einem ufer- und bodenlosen Meer gewesen.»

Sie weinte trotzdem noch häufig. «Die ersten Monate in meinem Glaubensleben waren nicht nur eitel Sonnenschein. Gott musste mir manchen Missstand in meinem Herzen aufdecken. Zudem brauchte ich Zeit, um seine Liebe ganz anzunehmen.» Gleichzeitig fühlte sie sich beflügelt und voller Liebe und Begeisterung, was man ihr auch ansah. Ihre Nachbarn bemerkten die starke Veränderung und sprachen Katharina auch darauf an. «Du warst mir schon immer sympathisch, aber jetzt bist du echt», versicherte die Frau von nebenan. Die Veränderung war so stark, dass einige Personen sie innerhalb kürzester Zeit auf der Straße nicht mehr erkannten. «Da kamen eindrückliche Rückmeldungen aus dem Dorf.» Besonders von Seiten der Frau eines Dorfhandwerkers. «Sie kam bei der

Gemeindeversammlung auf mich zu und meinte, ich hätte mich verändert. Ich sei so ruhig geworden. So entspannt. Nicht mehr so gehetzt. Das brachte mich zum Nachdenken.»

Während ihrer Zeit in der Esoterik hatte Katharina sich alles andere als gehetzt gefühlt. Durch das tägliche Meditieren hatte sie sogar subjektiv den Eindruck gewonnen, sie sei voller Frieden und Ruhe. «Mich erstaunte, dass ich nach außen hin offenbar einen ganz anderen Eindruck hinterlassen hatte. Heute weiß ich auch, warum: Weil in der Esoterik wahre Liebe und wahrer Friede nicht zu finden sind.» Die Beschäftigung damit sei reine Geistesverwirrung und Verblendung gewesen. «Erst als ich vor dem Abgrund, vor dem Tod stand, merkte ich, dass ich in dieser Sparte niemals finden würde, wonach ich die ganze Zeit so intensiv suchte.» Vorher plädierte sie immer dafür, dass alles einem guten Zweck, einem guten Ziel diente. «Ich hinterfragte nicht einmal, warum immer noch mehr und noch mehr Methoden nötig sind.» Letztlich beruhen ja alle auf «altem Wissen» aus dem Schamanismus, auf indianischen Weisheiten, auf Hinduismus, Buddhismus und Taoismus.

«Verwirrend für den heutigen Konsumenten ist, dass immer wieder neue Namen und neue Heilsbringer in Erscheinung treten, deren Hintergründe meist nicht beleuchtet und deren angebliche Sanftheit und Natürlichkeit umso lauter propagiert werden.» Die neuen Lehren sind häufig Überarbeitungen und Anpassungen schon bestehender Methoden. «Für den Konsumenten – auch für mich damals – spielt das keine Rolle. Nur wenige wollen sich durch den theoretischen Dschungel schlagen. Und wer's tut, ist trotzdem gefangen in den Gedankengängen. Man dreht sich im Kreis. An meinem Leben habe ich erfahren, dass Gott Recht hat mit dem Verbot dieser Praktiken, wie es zum Beispiel in 5. Mose 18 in den Versen 10 bis 12 zu lesen ist. Dort steht: ‹Dass nicht jemand unter dir gefunden werde, der seinen Sohn oder seine Tochter durchs Feuer gehen lässt oder Wahrsagerei, Hellseherei, geheime Künste oder Zauberei treibt oder Bannungen oder Geisterbeschwörungen oder Zeichendeuterei vornimmt oder die Toten befragt. Denn wer das tut, der ist dem Herrn ein Greuel, und um solcher Greuel willen vertreibt der Herr, dein Gott, die Völker.› Und inzwischen weiß ich, dass es nicht an mir ist, Gottes Aussagen zu analysieren. Denn Gott ist heilig, und sein Wort ist die Wahrheit.»

Liebe verzweifelt gesucht

«Während meiner langen Suche war Liebe das Schlüsselwort. Ich suchte sie verzweifelt.» Katharina fand vorwiegend Untreue. «Was zuerst nach Liebe aussah, entpuppte sich oft als sehr unpersönlich.» Sie erfuhr weder Wärme noch Geborgenheit. «Erst durch die Begegnung mit Jesus bin ich auf die wahre Liebe gestoßen. Liebe, die ich bedingungslos in Anspruch nehmen, aber auch weitergeben kann.» Wesentlich war, dass dieser Jesus eine Beziehung zu Katharina gesucht hat. «Und das tut er bei jedem. Da ist echte Geborgenheit drin.» Es ist ein Daheim-Sein, ein Angenommen-Sein. «In der Esoterik konnte ich das nicht finden, und ich habe bisher *keinen Einzigen* getroffen, der dort fündig geworden wäre.»

Gottes Liebe entspannte Katharinas Leben. «Ich war wie eine Pflanze, die an die Sonne gestellt wird und endlich das nötige Wasser erhält. Ich strahlte so sehr, dass mich die Verkäuferin im Dorfladen fragte, ob ich verliebt sei.» Gewissermaßen ein Volltreffer. Ihre Ausstrahlung war so stark, dass die Verkäuferin später immer wieder zu ihr kam, wenn sie zwischen den Regalen stand, und mehr von ihr wissen wollte. Und obwohl Katharina eineinhalb Jahre ohne Stelle war, sorgte sie sich nicht und erlebte, wie Gott sie und ihre Tochter immer mit dem Notwendigen versorgte.

Als «Spitex»-Mitarbeiterin [Spitex ist ein Haus-Pflegedienst] und als «Allrounderin» in einem Altersheim pflegte sie später alte Menschen. «Einige von ihnen reagierten sofort auf mich.» Ein alter Mann verhielt sich eindrücklich. Täglich bedachte er Katharina mit einem lückenlosen Sortiment unzähliger Flüche. «Innerlich segnete ich ihn mit der Liebe von Jesus.» Mehrere Wochen später wurde sein Herz weich. «Er schrie nach Hilfe und sagte dann – für mich völlig unerwartet – bei meinem Kommen: ‹Da kommt eine Liebe.›» Der einsame Mann, der ein Leben lang bei Wind und Wetter als Straßenarbeiter seinen Lebensunterhalt hart erarbeitet hatte, nahm diese Liebe in seinem Herzen an. «In seinen letzten Tagen drückte er meine Hand an seine Wange, ganz zart. Jesus hatte ihn durch mich berührt.»

Weitere Rückmeldungen blieben nicht aus. «Eine Frau meinte, die Atmosphäre im Altersheim habe sich geändert, seit ich dort arbeiten würde. Dabei bin ich genauso voller Fehler und unvollkommen wie jeder andere Mensch auch. Es ist die Liebe von Jesus, der in mir lebt.» Sogar ihr Ex-Mann war berührt. Mit großen Bedenken hatte er anfänglich ihre Hinwendung zu Jesus zur Kenntnis genommen. «Er sagte, das sei jetzt einfach ein neuer Spleen, der bestimmt ‹ins Kraut hinaus› führe.» Ein halbes Jahr später änderte er seine Meinung. «Nun sagte er sogar, er würde unsere Tochter und mich gerne besuchen. Bei mir sei es ihm wohl, er habe keine Angst mehr vor mir.»

Erstaunlich! Aber Katharina sagt: «In der Esoterik lebt man mit Angst, auch wenn man sich dies nicht eingesteht. Ein Außenstehender nimmt das besser wahr. Man lebt in einer Scheinwelt. Man macht sich so viel vor.» Genauso, wie man die Liebe spürt, fühlt man auch die Angst. «Mein Mann hatte Angst vor mir gehabt! Eine grässliche Tatsache!» Mittlerweile hat sich das geändert. «Seit ich auf dem Weg mit Jesus bin, machen wir auch wieder gemeinsame Unternehmungen als ganze Familie und sind in unseren Abmachungen spontan und unverkrampft.»

«Das Gute an Esoterikern ist, dass sie suchende Menschen sind. Und dass sie dran bleiben.» Nicht alle sind wohl solche Kämpfer(innen) wie Katharina. «Das in unseren Breitengraden gelebte Christentum ist vielerorts blutleer geworden.» Als Esoterikerin hatte sie früher die unterschiedlichsten Kirchen besucht. «Aber Jesus erlebte ich dort nicht. Nicht, dass jede Kirchengemeinde tot wäre. Aber viele sind in den eigenen Traditionen erstorben.» Ausstrahlen und überzeugen könne der Glaube auf diese Art nicht mehr. «Er besteht dann praktisch nur noch auf dem Papier und ist trocken.»

Anders ist das in der Kirche, die Katharina heute besucht. «Da finde ich einen lebendigen und verbindlichen Glauben.» Diesen möchte Katharina keinen Tag mehr missen. Denn: «Was ich in der Esoterik jahrelang gesucht habe, habe ich bei Jesus in einem einzigen Augenblick gefunden.»

Katharina Schnorf-Schanz (52) lebt mit ihrer 13-jährigen Tochter in Herisau, Schweiz, und arbeitet bei der Stiftung «Best Hope», einer Reha-Station für Suchtkranke.

Kapitel 11

Die esoterischen Stars des New Age:

Hass auf das Judentum und interreligiöse Zukunftsmodelle

All unsere traditionellen Weltanschauungen scheinen versagt zu haben. Der Taoismus hat China ebenso wenig von der Diktatur befreit, wie der Hinduismus den Indern eine lebenswerte Perspektive bieten konnte. Im Gegenteil: Das Kastenwesen diskriminiert die Menschen und engt sie ein.

Das deformierte Christentum bringt in unseren Breitengraden keine Erfüllung, der Islam sorgt im «Pulverfass Naher Osten» ebenfalls nicht für die so sehr herbeigesehnte Harmonie.

Kein Wunder, dass wir Neues brauchen. Die Frage ist: Was? Denn die Religionen können offensichtlich in keinem Erdteil mehr wirklichen Sinn stiften ...

Weil aber in allen Religionen hohe ethische und moralische Grundsätze vorhanden sind, suchen Befürworter einer Einheitsreligion das Heil in einer Fusion. Eine künftige «Best-of»-Religion sozusagen. Einer der gewichtigsten Aufbrüche in diese Richtung ist die New-Age-Bewegung. Obwohl ihre Anhänger meist deutlich zum Ausdruck bringen, mit Religion nichts am Hut zu haben. Immerhin, Hauptpfeiler der Bewegung ist der Hinduismus. Und Jesus, Buddha, Mohammed und Krishna gelten wenigstens noch als «wichtige Meister».

Die New-Age-Bewegung verspricht das Gute. Harmonie. Weltfrieden. Keinen Hunger mehr. Gerechtigkeit. Et cetera. Die New-Age-Bewegung ist ein weltweites Netzwerk, welches aus Tausenden voneinander unabhängigen Organisationen besteht. «Ein», wie die Esoterikerin Marilyn Ferguson in ihrer Publikation *Die sanfte Verschwörung* festhält, «führerloses, aber dennoch kraftvolles Netzwerk arbeitet, um in dieser Welt eine radikale Veränderung herbeizuführen. Seine Mitglieder haben sich von gewissen Grundkonzeptionen westlichen Denkens losgesagt und dabei möglicherweise sogar die Kontinuität der Geschichte unterbrochen». Laut Ferguson gibt es viele «Verschwörer»: «Grundsätzlich in allen Bereichen, wo Politik gemacht wird.»

Das ganze System beruht vorwiegend auf den Schriften von Helena Blavatsky und Alice Bailey. Deren Veröffentlichungen ziehen sich wie ein roter Faden durch alles, was mit Esoterik und New Age zu tun hat.

Fälschungen, Lügen und leere Behauptungen gehör(t)en zum Alltag der beiden New-Age-Kreatoren. Erwähnt sei an dieser Stelle das *Buch des Dzyan*. Es berichtet von der Entstehung der Welt und des Menschen und soll von tibetischen Mönchen, die zu den «geheimen Meistern» gehören, verfasst worden sein. Das Buch soll die Grundlage des von Frau Blavatsky geschaffenen Monumentalepos *Die Geheimlehre* sein. Heute geht man davon aus, dass das Werk eine reine Erfindung von ihr ist.[1] Mehr dazu später.

Die Entwicklung in der New-Age-Szene entspricht in allen Einzelheiten den Anweisungen Alice Baileys und Helena Blavatskys. Als Kopf der Bewegung darf «Lucis Trust», ehemals «Lucifer Publishing Company», gesehen werden. (Die «Arkan-Schule» und die «Neuen Gruppen von Weltdienern» sind aus dieser Bewegung entstanden.) Die Bücher von Alice Bailey erschienen durchwegs bei dieser Organisation.

Das New-Age-Netzwerk: «Wir sind überall!»

Weil sich die Bewegung betreffend Aufbau und Wirkung dermaßen von bürokratischen Organisationen unterscheidet, wird sie von vielen Menschen nur am Rande wahrgenommen. Die einzelnen Gruppen und Anbieter handeln zwar ähnlich, aber ohne Absprache. Das Netzwerk hat keinen Führer, der als solches zu verstehen ist, weder einen irdischen noch einen überirdischen. Die Esoterikerin Marilyn Ferguson beschreibt die New-Age-Bewegung in ihrem Standardwerk *Die sanfte Verschwörung* so: «Die sanfte Verschwörung im Zeitalter des Wassermanns ist ein Netzwerk bestehend aus Netzwerken, das auf eine gesellschaftliche Transformation abzielt. Ihr Zentrum befindet sich überall. Obwohl viele gesellschaftliche Bewegungen daran teilhaben, hängt ihre Existenz nicht von einer einzelnen Gruppierung ab.»[2]

Marilyn Ferguson gehört zu den führenden Persönlichkeiten in der New-Age-Struktur. Sie verkündet, es gebe «Verschwörer» in der amerikanischen Regierung, und zwar auf Kabinettsebene, im Stab des Weißen Hauses und im Kongress. Ihrer Publikation zufolge beinhalten verschiedene Programme des Ministeriums für Erziehung und Sozialwesen sowie des Verteidigungsministeriums unter anderem Zen, Transzendentale Meditation und eine Vielzahl anderer Psychotechniken.[3]

Ein politisches Programm der New-Ager ist erkennbar: Gefordert wird die Errichtung globaler Verwaltungszentren. Zum Beispiel eine Weltzentrale für Ernährung oder eine Weltzentrale für Wasserversorgung. Auch eine «universelle Kreditkarte» wird verlangt – und eine neue Weltreligion.[4]

«All diese Erklärungen sind Zeichen einer allmählich wachsenden Erkenntnis der Lage, in der sich unsere Gesellschaft befindet; es ist tatsächlich eine Frage von ‹teilen oder sterben›. Dieser Bewusstseins-Prozess lässt uns jedoch hoffen, dass wir den Kurs noch ändern können. Sobald sich der Mensch verpflichtet hat, Maitreya zu unterstützen, wird diese Möglichkeit zur Gewissheit werden.»[5] Maitreya ist ein vom schottischen Esoteriker Benjamin Creme entworfener «besserer» Jesus. Mehr dazu später.

«Bruder Hitler, der Wegbereiter»

Mitglieder und Sympathisanten der New-Age-Bewegung behaupten, sie stellten eine «neue Spezies» dar. Sie hätten sich vom «homo noeticus» weiterentwickelt. Diese «Evolutionsstufe» hätten sie durch Anwendung bewusstseinserweiternder Techniken wie Meditation erreicht.[6] Übereinstimmend mit der Nazi-Doktrin glauben die New-Ager, eine Höherentwicklung des arischen (!) Menschen könne nur durch Bewusstseins-Erweiterung vollzogen werden. Die Nazi- und die New-Age-Ideologie gründen in der Annahme, aus dem Nebel von Atlantis sei der arische Mensch entstanden.

Die Bewegung droht Juden, Christen und Moslems, die nicht mit «Maitreya» und der neuen Weltreligion zusammenarbeiten wollen, mit Gewalt und Vernichtung.[7] David Spangler, einer der Begründer und Leiter der esoterischen Lebensgemeinschaft «Findhorn» in

Schottland und bekannter New-Age-Autor, verkündet, wer sich weigere, den «Christus» anzunehmen, werde in Dimensionen außerhalb jedes körperlichen Daseins geschickt. Er redet offen über die Notwendigkeit der Reinheit der arischen Rasse – das war exakt Hitlers Rechtfertigung für den Holocaust!

Wie im Nationalsozialismus sprechen prägende Persönlichkeiten der New-Age-Bewegung von einem Krieg. Dieser wird sich laut Alice Bailey im Bereich der Weltreligionen abspielen: «Er wird größtenteils in der Welt der Gedanken geführt werden.» Wer sich gegen die Esoterik wendet, wird als «Fanatiker» abgestempelt. So viel zum Thema Toleranz, Akzeptanz und Glaubensfreiheit. Worte, die im New-Age-Bereich ansonsten gern gehört werden – sofern es um die eigene Sache geht, wohlverstanden.[8]

Alle Mitglieder der New-Age-Bewegung als Nazis zu verschreien, wäre jedoch falsch. Ein großer Teil der «Mitarbeiter» und Sympathisanten handelt aus den besten und edelsten Motiven heraus. Wie die zwei Frauen, die mir verschiedene Schriften über Maitreya in die Hand drückten und vom «Aufruf zum Teilen» sprachen. Die beiden Hausfrauen lächelten und sagten mir, wie wichtig es sei, mit denen zu teilen, die weniger haben als wir. Wir, die Reichen im Westen, sollten den Armen im Süden und im Osten geben. Die beiden Hausfrauen setzen sich neben- und ehrenamtlich ein – für das Gute.[9] Sie sind Teil der «Suppentopf-Gemeinde» von morgen. Und das sollen Nazis sein?

Immerhin: Alice Bailey sieht in der jahrhundertelangen Unterdrückung des jüdischen Volkes dessen «Karma»: «Die Juden zahlen den tatsächlichen und symbolischen Preis für alles, was sie in der Vergangenheit getan haben. Sie betrachten sich als das auserwählte Volk und vergessen die Tatsache, dass die Menschheit das auserwählte Volk ist und nicht ein kleiner, unwichtiger Teil einer Rasse.»[10] In ihrer Veröffentlichung *Esoteric Psychology* bilanziert Bailey, dass die jüdischen Probleme astrologischen Ursprungs sein könnten. Der Auslegung über Strahlen, Steinbock, Jungfrau und Merkur folgt ihre Analyse: «Der Einfluss des dritten Strahls ist der Grund für die Tendenz der Juden, Kräfte und Energien zu beeinflussen und ‹Fäden zu ziehen›, um ihre angestrebten Ziele zu erreichen. Dies ist auch der Grund für das ständige Auftauchen des Sündenbocks in ihrer Geschichte und für ihre Lehre von der jungfräulichen Mutter, die den Messias gebären wird.»[11]

Solche Berichte verfasste die «New-Age-Mami Nr. 2» nicht etwa «ahnungslos» im Jahre 1925, sondern 1949, als die ganze Welt über die Nazi-Verbrechen bestens informiert war.

Foster Bailey, Ehemann von Alice, ging sogar noch einen Schritt weiter, indem er die gegenwärtigen Bestrebungen betreffend einer «harmonischen, friedlichen Gemeinschaft» mit einem kurzen Rückblick in die Geschichte dokumentiert: «Ein Versuch wurde gemacht, indem man die Völker, die im Rheintal lebten, vereinigen und den Fluss als Verbindungsfaktor gebrauchen wollte. Es war ein Versuch eines Jüngers, aber er schlug fehl.» Adolf Hitler versuchte also, Europa zu vereinen, indem er den Rhein als verbindendes Element gebrauchte ...[12]

Weitere Ähnlichkeiten in der New-Age-Literatur: «Was sich heutzutage vollzieht, ist ein Konflikt der Arten. Eine neue Spezies breitet sich auf diesem Planeten aus und macht ihr Recht auf Leben geltend. Das bringt sie unausweichlich in Konflikt mit der herrschenden Spezies. Aber diese stirbt aus. Das enorm erhöhte Interesse an Psychotechniken, spirituellen Disziplinen, heiligen Traditionen und deren Erforschung ist Ausdruck einer neuen, intelligenteren Spezies, die gegen den Widerstand der herrschenden Art zur Entwicklung der planetarischen Kultur beiträgt. In der Überlebens-Evolution findet ein gewaltiger Sprung nach vorne statt; das Ergebnis ist ein umfangreicher Ausleseprozess unter den Menschen. Sie versuchen jetzt herauszufinden, zu welcher Spezies sie gehören. Darum geht es in der Meditation und den anderen spirituellen Disziplinen.»[13]

Hitlers Worte könnten lückenlos darin eingebettet werden: «Die Schöpfung ist noch nicht beendet. Die Menschen müssen noch viele weitere Stufen der Metamorphose durchschreiten. Der nachatlantische Mensch zeigt bereits Verfallserscheinungen und ist kaum imstande zu überleben. Alle schöpferischen Kräfte werden auf eine neue Art konzentriert. Die beiden Menschentypen, der alte und der neue, werden sich rasch in verschiedene Richtungen entwickeln. Einer wird von der Erdoberfläche verschwinden, der andere wird gedeihen.»[14]

Der Nationalsozialismus zeichnet(e) sich durch Hass auf Juden aus und vertritt die alte okkulte Lehre eines Blutmakels, der auf den Juden lastet. Dieses «jüdische Problem» erfordere eine «angemessene Lösung». Hass auf die Juden ist ebenfalls ein wichtiger Bestandteil der neuen okkulten Geheimlehre. Den Schriften Alice Baileys zufolge, die in der New-Age-Bewegung genauestens befolgt werden, kann der neue Messias kein Jude sein, weil die Juden dieses Privileg verwirkt haben. Sie müssen vielmehr «durch ein Feuer der Reinigung hindurchgehen, um Demut zu lernen.» Diese Aussage wurde 1949 verfasst, als die ganze Welt über das Schicksal der jüdischen Bevölkerung informiert war. Das Schicksal der Juden im Zweiten Weltkrieg wird als Ergebnis des «schlechten Karmas ihres Volkes» bezeichnet.[15]

Innerhalb der New-Age-Bewegung wird von Toleranz und Freiheit gesprochen. Auch seien wir im «Neuen Zeitalter» alle gleichwertig – aber auf verschiedenen Entwicklungsstufen.[16] Das ist elitäres Denken in Reinkultur.

Die Bewegung spricht viel über Frieden, Licht und Liebe. Und ihre Anhänger applaudieren bei Stichworten wie «planetarische Massenweihen», «Säuberungsaktionen» (!) und «Ariertum» (!).[17] In denselben Büchern, in denen von Abrüstung und Weltfrieden zu lesen ist, steht auch, dass die Bomben, sobald sie sich nicht mehr in den Händen einzelner Staaten befinden, dazu verwendet werden sollen, religiöse Gruppen in Schach zu halten. Unter religiösen Gruppen sind diejenigen gemeint, die sich nicht den Meistern der New-Age-Bewegung unterwerfen.[18]

Luzifer, Engel des Lichts

Esoterische Stars aus der New-Age-Bewegung, wie zum Beispiel Benjamin Creme, versuchen öffentlich (!), Luzifer zum Gott zu erheben. Sanat Kumara (Satan) wird «Gott» genannt.[19] In den Nachschlagewerken von Helena Blavatsky und Alice Bailey sind die Namen Sanat Kumara und Venus mit gegenseitigen Querverweisen versehen. Luzifer, Sanat Kumara und Venus sind in diesen wie in anderen okkulten Büchern ein und dieselbe Person.[20]

David Spangler, einer der wichtigsten Sprecher von Findhorn, schrieb über Luzifer: «Das wahre Licht dieses großen Wesens kann man nur erkennen, wenn die eigenen Augen mit dem Licht des Christus sehen, dem Licht der inneren Sonne. Luzifer wirkt in jedem von uns, um uns in einen Zustand der Vollkommenheit hineinzuführen. Wenn wir in ein neues Zeitalter eingehen, das Zeitalter der Vollkommenheit des Menschen, wird jeder von uns auf irgendeine Weise an den Punkt gelangen, den ich als luziferische Initiation bezeichne. Dies ist das besondere Eingangstor, das das Individuum durchschreiten muss, um völlig in die Gegenwart seines Lichtes und seiner Vollkommenheit zu gelangen. Luzifer kommt, um uns die endgültige Gabe der Vollkommenheit zu bringen. Wenn wir sie annehmen, ist er frei und wir sind frei.»[21] Spangler erklärte weiter, das Licht Findhorns sei das Licht Luzifers.[22]

Die «Jünger» Baileys werden aufgefordert, ihre spirituellen Erlebnisse in einem Tagebuch aufzuschreiben. Beispielsweise telepathische Erlebnisse oder mystische Erfahrungen wie etwa das Erblicken eines Lichtes. Viele Anhänger der New-Age-Bewegung haben Erlebnisse von überwältigender Schönheit. Wegen der Größe dieser Erfahrungen gehen sie davon aus, mit Gott in Verbindung getreten zu sein. Die Bibel dokumentiert aber, dass erstens Satan diese Möglichkeit der Verwirrung besitzt und dass er zweitens als «Engel des Lichts» auftritt.

«Der Antichrist», so schätzen Marilyn Ferguson und andere New-Age-Ikonen, «ist gar nicht so negativ, wie ihn die Bibel darstellt.» Jesus dagegen wird zu einem «Meister der Weisheit» degradiert. Zu einem unter vielen quasi. Und außer den monotheistischen werden alle Religionen gutgeheißen.[23]

Drogen statt Freiheit
Mitglieder der New-Age-Bewegung, besonders die auf höchster Ebene, wollen sogar in die Familienplanung eingreifen. Sie sind der Meinung, dass es eine Lizenz zur «Anschaffung von Kindern» geben müsse (zum Beispiel sieht das die Gruppe «Friends of the Earth» so).[24]

Zwar behaupten New-Ager, die Bewegung sei völlig undogmatisch. Ein Blick in die Realität und ein weiterer in Baileys Schrifttum («Der Schwerpunkt aller esoterischen Schulen liegt notgedrungen und zu Recht auf der Meditation») beweist das Gegenteil.[25]

Drogen sind nach Angaben von führenden Esoterikern für außersinnliche Wahrnehmungen wichtig. In ihrem New-Age-Klassiker *Die sanfte Verschwörung* meint Marilyn Ferguson: «Die historische Bedeutung von Psychedelika als Einstiegsmittel, wodurch die Menschen zu anderen transformierten Technologien gelangten, kann nicht hoch genug eingeschätzt werden. Die drogenfreien Psychotechniken bieten eine kontrollierte und stetige Bewegung in Richtung zu dieser umfassenden Wirklichkeit. In den Annalen der Verschwörung im Zeichen des Wassermanns finden sich unzählige Berichte von Übergängen dieser Art: von LSD zu Zen, über LSD, über LSD nach Indien, von Psilocybin zur Psychosynthesis.»[26]

Holistische Demontage

Der Propagandafeldzug schießt sich auf eine Demontage des Christen- und Judentums ein. Einige glauben bereits, dass das Judentum schädlich ist. Es fördere die Grausamkeit gegenüber Tieren. David Spangler will die Christenheit sogar in eine «andere Dimension» schicken. Er vergleicht die Erde mit einem großen Haus. Das Erdgeschoss stellt die physische Ebene dar. Nur ein geringer Prozentsatz der Seelen befindet sich laut Spangler ständig auf der physischen Ebene. «Sie neigen vielmehr dazu umherzureisen.» Auf die Christen bezogen: «Es wäre nicht ohne Präzedenzfall, wenn sie sich in die inneren Welten zurückzögen, in ein ‹oberes Stübchen›, das die Bedürfnisse ihres Bewusstseins widerspiegeln und sie erfüllen würde ... Die Hauptsache ist, dass sie vorläufig den Zugang zu den ätherischen Ebenen der Kraft verlieren und die Fähigkeit, die Entwicklung auf der Erde zu lenken und zu beeinflussen.»[27]

Wer sich dem Christus des neuen Zeitalters widersetzt, wird «aus der physischen Verkörperung befreit und in eine andere Dimension außerhalb jeder physischen Inkarnation gesandt». In anderen Worten: Holocaust, Säuberungsaktion. «Aus der physischen Verkörperung befreit»: Was sich der geneigte New-Ager darunter wohl vorstellt?

Eine Welt in Frieden, eine Welt ohne Hass und Hunger, das proklamiert die New-Age-Bewegung. Liebe heißt ihr Überwort. Ihr wahres Gesicht tritt nur hin und wieder an die Öffentlichkeit. Zum Beispiel in der Broschüre *Cosmic Countdown*: «Die Welt sollte vor Krankheiten auf der Hut sein, die jahrelang unterdrückt worden waren, jetzt aber plötzlich zum Durchbruch kommen und in Ländern der Dritten Welt große Bevölkerungsteile vernichten, die sich am Rande des Verhungerns befinden. Obwohl diese Völker letztlich durch die neue Wurzelrasse ersetzt werden, die in einer neuen, geläuterten Welt zutage treten wird, stellt dies jedoch im Augenblick eine Tragödie dar.»[28] Das Hohelied der Liebe, im 1. Brief an die Korinther, Kapitel 13, liest sich da leicht anders.

Zahlreiche New-Age-Anhänger beschäftigen sich mit dem Thema Abrüstung; insbesondere im atomaren Bereich. Der Gewalt nicht abgeneigt zeigt sich indes Alice Bailey in ihrer Schrift *Die geistige Hierarchie tritt in Erscheinung*. Ihrer Meinung nach sollte die Bewegung keine Hemmungen haben, solche Waffen gegen religiöse Gruppen einzusetzen, falls sie versuchten, politisch Einfluss zu nehmen.

Die Lehren, die die Welt auf den neuen Christus vorbereiten sollen, beinhalten: Evolution des Bewusstseins, Verbundenheit der Einzelseele mit allen anderen Seelen, verschiedene esoterische Praktiken (Akupunktur, Akupressur, Augendiagnose) ...

Dass elitäre New-Ager wie Benjamin Creme einen derartigen Hass auf die Bibel zeigen, ist nicht weiter verwunderlich. Die Bibel demaskiert ihn. Die Vorhersagen, die sich auf den Geist des Antichristen beziehen, treffen mit bemerkenswerter Genauigkeit auf die New-Age-Bewegung zu.

Die meisten New-Age-Anhänger verfolgen ihre Ziele wohl aufrichtig und mit den besten Absichten. Ganz im Gegensatz zu ihren Führern. Die meisten Anhänger wollen niemandem schaden, sondern helfen. Die meisten haben keinen Einblick in die eigentlichen Ziele der Bewegung. Viele werden manipuliert. Laut Constance Cumbey sind Meditation und andere Psychotechniken die bewusstseinsverändernden Instrumente dazu.

Helena Blavatsky, Maitreyas «Mami»

Helena Petrowna, auch Elena Petrovna, (1831–1891) heiratete im Alter von siebzehn Jahren einen sechzigjährigen General namens Blavatsky. Neuer Nachname, viele Reisen. Die Tochter einer russischen Adelsfamilie sammelte exotische und esoterische, aber auch okkulte Erfahrungen rund um den Globus, getrieben von der Sucht nach Anerkennung. Ihre Manie, im Mittelpunkt zu stehen, stellte sie mit der Gründung einer neuen Religion unter Beweis. Es war eine Mixtur diverser Glaubensinhalte, die ihre Religion zur Vorläuferin des heutigen New Age werden ließ. Helena Blavatskys Kreation «Theosophie» erhielt eine monotheistische Prägung der besonderen Art. Die orientalischen Religionen mutieren hier zu einer einzigen göttlichen Realität, die sich in Form verschiedener Götter manifestiert. Die Theosophie stellt sich über die anderen Religionen. In ihrem ersten Werk *Die entdeckte Isis* versucht Helena Blavatsky, die Wahrheit des Christentums zu Gunsten des Buddhismus umzukrempeln.[29] Das Herzstück des heutigen New Age ist, auch dank Blavatsky, der althergebrachte Hinduismus.

1873 begann sie in New York mit dem Spiritismus. Spezialität: automatisches Schreiben. Im New Yorker «Miracle Club» trat sie als Medium mit einem Führergeist auf. Der nannte sich John King, ein Seeräuber, der damals bei den Medien in Mode war. Sie wandelte den «Club» in die Theosophische Gesellschaft um. Der Hauptsitz der Gesellschaft wurde 1882 nach Adyar, Indien, verlegt. Mittlerweile gab Helena vor, eine «Eingeweihte» zu sein. Ihre Botschaften würden nicht mehr von Geistern, sondern direkt von der Mahatma (große Seele; Meister höherer Entwicklung) kommen. Sie veröffentlichte *Die Briefe der Mahatma*; Briefe, die vom Himmel fielen und an den merkwürdigsten Orten gefunden wurden.

Die «Society for Psychical Research», London, untersuchte 1884 die Authentizität der Phänomene. Der Beauftragte, Richard Hodgson, stellte fest, dass «die so genannten Wunder der Mahatma nur auf einfachen Tricks beruhten».

Es ergab sich, dass die mahatmischen Handschriften mit derjenigen Blavatskys übereinstimmten. Sie verteidigte sich mit dem Argument, es würde sich um «psychische Telegraphie» handeln, sprich: eine elektromagnetische Verbindung zwischen ihr und der Mahatma, die jeweils eine Art astrale Klingel läuten würde ... (usw.)

Helena begann ihre Glaubwürdigkeit zu verlieren, worauf sie Indien noch im selben Jahr verließ. Professor Kiddle aus New York bewies 1885, dass es sich bei den vom Himmel gefallenen Botschaften um nichts anderes als die Wiedergabe einer seiner Reden handelte, die in einer spiritistischen Zeitschrift veröffentlicht worden war.[30]

Immer wieder scheint die theosophische Lehre mit Erfindungen von Helena Blavatsky angereichert. Eine große Rolle spielt zum Beispiel «Fohat». Das ist die Bezeichnung für die Lebenskraft und Energie, die überall vorkommt, alle Dinge schafft und am Leben erhält. Das Wort stammt laut Blavatsky aus dem Tibetischen, ist aber keinem Tibetologen bekannt.[31]

Das endlose Warten auf Maitreya

Ganz in der Tradition Alice Baileys steht die Organisation «Share International», die auf den schottischen Esoteriker Benjamin Creme (geb. 1922) zurückzuführen ist. Diese Organisation verkündet das Erscheinen des Weltlehrers Maitreya. Gemäß Creme steht das Erscheinen des «größten Lehrers», des Maitreya Christus, kurz bevor. (Seit dieser Versprechung sind mittlerweile neunzehn Jahre vergangen, ohne eine Erscheinung im Sinne Cremes.) Ihm zufolge wandelt dieser Weltlehrer seit dem 19. Juli 1977 unter uns. «Er wird seine Identität bald bekannt geben», behauptete Creme seinerzeit. Bis höchstens Mitte 1982 wolle er diese geheim halten. Danach sollte die Menschheit die Möglichkeit haben, ihn zu erkennen. Das Hauptanliegen des Weltlehrers sei die «Errichtung rechter Beziehungen zwischen allen Menschen», der «Aufruf zum Teilen» sowie das «Errichten einer neuen Weltordnung».

Die Gemeinschaft lancierte 1982 eine weltweite Anzeigenkampagne mit dem Versprechen: «Der Christus weilt jetzt unter uns», und der Ankündigung, dass sich Maitreya der Weltöffentlichkeit bald offenbaren werde. Was bis heute nicht geschehen ist.[32]

Maitreya ist angeblich die fünfte Reinkarnation Buddhas (obwohl diese erst in Tausenden von Jahren erwartet wird). Um weltumspannend Gehör zu finden, verkündet Creme weiter, Maitreya sei Christus. Für die Moslems sei er Iman Mahdi, für die Hindus Krishna.

Seit Maitreyas Nichterscheinen stellt Cremes Meister (dessen Namen er nicht nennen will) immer neue Forderungen, die erfüllt werden müssen, damit Maitreya auf der Erde erscheinen kann; Dinge, von denen ursprünglich versprochen wurde, dass Maitreya sie selbst erledigen würde. Um die Erfüllung der Forderungen voranzutreiben, organisiert der Schotte Transmissionsgruppen, die in seinem Sinne arbeiten. Die ersten dieser Gruppen wurden 1974 gegründet. Ihre Aufgabe ist es, durch Meditation eine Brücke zwischen den im Jenseits wirkenden Meistern und der Menschheit zu bauen.

Anno 1974 verkündete Creme, Maitreya suche sich einen «Manifestationskörper». Einen, in dem er beliebig verschwinden und wieder erscheinen sowie gleichzeitig an verschiedenen Orten sein könne. Die Gestaltung eines solchen Körpers sei – auch für den Meister aller Meister – eine langwierige Angelegenheit. Mitte 1977 berichtete der Schotte, Maitreya sei im Himalaja physisch auf die Erde gestiegen, seit dem 22. Juli solle er mit seiner Arbeit begonnen haben. Er sei gekommen «wie ein Dieb in der Nacht».[33] Und tatsächlich wurde er von der Bevölkerung bis heute nicht wahrgenommen. Zudem folgten

Versprechen wie: «Sehr schnell kommt die Zeit, in der Gefängnisse überflüssig werden, weil die Menschen vom Weltraum aus kontrolliert werden können. Der Terrorismus wird verschwinden, weil es für Terroristen kein Versteck mehr geben wird».[34] Die Zeit vor dem Jahr 2001 kann damit schwerlich gemeint sein; Russland freut sich, dass die Raumstation MIR überhaupt noch durchs All klappert, und paramilitärische Einheiten radikaler politischer Parteien wie IRA, ETA oder Hisbollah verteilen immer noch keine Blumen.

In besagter Anzeigenkampagne versprach Creme, dass Maitreya «innerhalb der kommenden zwei Monate überall auf der Welt im Radio gehört und im Fernsehen gesehen werden kann». Als nichts geschah, warf Creme den Medienschaffenden vor, sie hätten sich zu wenig um Maitreyas Ankündigungen gekümmert. Die Ankunft des «Überheilandes» muss also mühsam herbeimeditiert werden, da wir Otto-Normalmenschen noch nicht reif dafür sind. Ursprünglich war es, laut Creme, Maitreya, der uns helfen sollte. Jetzt scheint es umgekehrt zu sein. Immerhin, schenkt man dem Schotten weiter Glauben, so ist die Ankunft Maitreyas für jedermann körperlich spürbar.

Am 14. Mai 1982 behauptete Creme, Maitreya lebe in der asiatischen Gemeinde in London, trage einen muslimischen Namen und trete unter Pakistanis in London als Sprecher auf. Creme forderte die Reporter auf, ihn zu suchen. In den folgenden Jahren (!) suchten die Journalisten Maitreya vergeblich. Eigentlich sollte doch ein Sprecher einer vergleichsweise kleinen ethnischen Gruppe mit ein paar Telefonaten zu finden sein! Für Creme aber war klar: Den Journalisten fehlte der Wille, Maitreya wirklich aufzuspüren. 1990 berichtete Creme über seine damalige Einladung: «Bedauerlicherweise reagierten die Medien darauf nicht.»[35] Heute ergänzt er, dass er die Medien vergeblich aufgerufen habe, nach Maitreya zu suchen.[36] Immerhin, 1997 bat eine amerikanische Fernsehanstalt Maitreya um ein Interview. Dieser meldete sich aber bis heute nicht.[37]

1988 stellte Creme seine These dann um. Im Zentrum steht nicht mehr der «Day of Declaration», der Tag, an dem Maitreya auf einen Schlag von der ganzen Welt erkannt wird, sondern das Erscheinen vor Einzelpersonen und Menschengruppen.[38]

Dies zieht sich bis heute hin. So findet sich in der monatlichen Publikation von «Share International» jeweils eine Leserbrief-Rubrik, in der die Verfasser von ihren banalen Begegnungen mit einer Person berichten («Ich bemerkte eine Frau, die von der anderen Straßenseite auf uns zuging. Sie trug einen braunen Mantel und eine kleine Tasche unter dem Arm. Ich konnte das Klacken ihrer hohen Absätze auf dem Gehsteig hören. Sie hatte dunkles Haar, und als sie näher kam, schaute sie mich mit dunklen, unergründlichen Augen direkt an. Ihr ganzes Wesen strahlte Würde aus. Während sie weiterging, schaute ich ihr zweimal nach, und als ich mich ein drittes Mal umdrehte, war sie nirgendwo mehr zu sehen»). Meist antwortet Creme mit folgenden Worten: «Benjamin Cremes Meister bestätigt, dass die ‹Frau› Maitreya war.»[39]

Seit 1991 verschiebt sich das Schwergewicht der Erwartungen erneut. Jetzt werden weltweit Wunder gesammelt. Lichtkreuze, weinende Madonnen und Marienfiguren, angeblich energetisch aufgeladene Quellen und seit neustem auch Kornkreise, die alle auf das Erscheinen Maitreyas hinweisen sollen. Bereits in seiner Botschaft vom November 1977 erfuhr Creme von Maitreya: «Wer nach Zeichen sucht, der wird sie finden.» Diesen Grundsatz befolgt Creme im Jahr 2000 wie selten zuvor. Der Waggon eines Zuges entgleiste in der englischen Grafschaft Hampshire, sprang aber wieder auf die Geleise zurück. «Benjamin Cremes Meister bestätigt, dass der Zug von Meister Jesus gerettet wurde.»[40] Ein 76-jähriger Mann war zwölf Jahre blind. Jetzt sieht er wieder. BBC London berichtete darüber. Und was schrieb «Share International»? «Benjamin Cremes Meister bestätigt ...»[41]

Creme meint mittlerweile, die Welt müsse sich zuerst im Sinne Maitreyas verändern, damit dieser auftreten könne. Damit stellt sich aber die Frage, warum dieser dann überhaupt noch erscheinen muss.

Cremes Berichten zufolge greift Maitreya seit den 80er Jahren immer wieder in den Lauf der Geschichte ein und arbeitet auf Ziele wie gerechte Verteilung der Ressourcen, Weltfrieden und den Stopp von Seuchen und Krankheiten hin. In Tat und Wahrheit wird der Unterschied zwischen Arm und Reich aber immer größer. Zu den Vorschriften und Empfehlungen, die Creme seinen «Jüngern» diktiert, gehört ein Verbot von Aspirin. Es gilt als «Gift». Als Medikamente sollen nur homöopathische Mittel verwendet werden.[42]

Creme ist weltweit der Einzige, der Mitteilungen von Maitreya erhält. Alles, die Veden, die Bibel, der Koran, die Aphorismensammlung Tao Te King oder die Avesta seien verfälscht, will dieser ihm mitgeteilt haben. Was Jesus, Buddha, Lao Tse oder Mohammed wirklich lehrten, weiß nur einer: Creme.

Abgewertet werden auch die anderen esoterischen Kanäle, sogar die Theosophische Gesellschaft, auf deren Gedankengut Creme ja aufbaut. Helena Blavatsky war die «Vorläuferin», Alice Bailey die «Zwischenphase». Erstaunlich, dass Creme trotz diverser Fehlprognosen in der Esoterikszene zahlreiche positive Rückmeldungen verbuchen kann. Als einziger öffentlicher Vertreter Maitreyas befindet sich Creme in einem enorm wichtigen heilsgeschichtlichen Amt, das er bei einem Auftreten Maitreyas augenblicklich verlieren würde. Eine Verzögerung des Erscheinens des «Weltlehrers» kommt Creme also nicht ganz ungelegen. Verwunderlich wäre es indes nicht, wenn er demnächst verkünden würde, dass sich Maitreya aufgrund der Unreife der Menschheit zurückgezogen hätte.[43] Bis es so weit ist, treffen sich Cremes Jünger zu Tausenden innerhalb seiner Transmissionsgruppen zum meditativen «Brückenschlag». Wöchentlich mehrere Stunden. Ob Creme seine Leute nicht besser zu einem gesellschaftlichen Engagement im Sinne Maitreyas aufrufen würde?

Immerhin: Die Share International Foundation «ist eine gemeinnützige Organisation und bei den Vereinten Nationen als Nicht-Regierungsorganisation (NGO) anerkannt».[44] Fehlt nur noch die Auszeichnung Cremes als «universaler Besserwisser» der vergangenen drei Jahrzehnte.

Die Aussagen über Maitreyas Kommen, besser gesagt: über sein Nicht-Kommen, nehmen mittlerweile Ausmaße von Uriellas Thesen an (à la «Fax vom Heiland: Weltuntergang erneut verschoben»).

Maitreya: ein Geist, ein Dämon in Form eines Lichtwesens? Oder doch eher ein Hirn- bzw. Portemonnaie-Gespinst Benjamin Cremes? Tatsache ist: Die Weltbevölkerung – «das globale Dorf» – hält Ausschau nach einer übernatürlichen Identifikationsfigur.

Der leere Speisezettel der «Jasmuheen»

Seit sie nur von Licht lebe, habe sie mehr Energie, sagt Jasmuheen («Duft der Ewigkeit»). Die Lehre von Ellen Greve, alias Jasmuheen, löst Kopfschütteln, aber auch Entsetzen aus. Sie verkündet, sie müsse seit 1993 weder essen noch trinken. Der «göttliche Eine in ihrem Innern» versorge sie mit der Lebensenergie «Prana». Und nicht nur sie.

Sondern jeden, der es wolle. Mit ihrem «21-Tage-Prozess» könne der Mensch «frei werden vom Zwang, essen zu müssen». Dabei gehe es um die Umstellung von fester Nahrung auf «Prana», das von der Licht-Predigerin auch mit «Qi» verglichen wird. In den ersten sieben Tagen darf weder gegessen noch getrunken werden, in den folgenden Tagen dürfen lediglich verdünnte Fruchtsäfte konsumiert werden. Anhänger streiten sich sogar, ob in den ersten sieben Tagen Speichel geschluckt werden darf, da auf diese Weise ein paar Tropfen in den Magen gelangen.

Laut eigenen Aussagen lebt die 44-jährige Australierin seit 1993 von «kosmischem Licht», das der Körper in die Lebensenergie Prana, in göttliche Energie, umwandeln und dadurch die Transformation zum höheren Wesen vollziehen soll. Wir müssten uns nur bewusst werden, dass uns der «göttliche Eine in unserem Innern» ernähren könne. Künftig solle die Menschheit «frei» von Nahrungsmitteln leben können.[45]

Mindestens drei Personen starben während der Hungerkur. Obwohl sich bei der «Lichtnahrung» alles um die «Freiheit der Wahl» dreht: nämlich zu essen – oder eben nicht zu essen. Zu den Todesfällen meint Jasmuheen, der Tod eines Menschen sei ohnehin vorbestimmt. Angesichts der Chance, den Welthunger zu überwinden, müsse man solche Vorfälle in Kauf nehmen. Weiter kommentiert die Esoterikerin: «Vielleicht waren sie noch nicht bereit für die Umstellung und hatten nicht die richtige Motivation.»

Jasmuheen sagt, die positiven Auswirkungen seien viel zu zahlreich, um sie überhaupt aufzuführen. Wer von der Sucht und dem Zwang, essen zu müssen, frei geworden sei, dem offenbare sich reine Freude, beständige Gesundheit, Lebenssinn, Leidenschaft, eine phantastische Beziehungswelt, Fülle auf allen Ebenen ... So tritt häufig «gleichzeitig ein verstärktes Hellsehen, Hellhören und Hellfühlen auf».[46] Nach dem 21-Tage-Prozess könne der geneigte Lichtesser zwischen fein- und grobstofflicher Ernährungsweise hin und her «zappen». Einmal um des Geschmackes willen («Orgasmus im Mund»), zum andern, um an einer Tafelrunde den sozialen Ansprüchen zu genügen.

Wenn die Chakren und Meridiane einmal geläutert seien, labe sich der Mensch so sehr an Prana, dass jegliche weitere Form der Ernährung überflüssig werde.

Man brauche bloß daran zu glauben, dass wir von der Nahrung, die wir zu uns nehmen, unabhängig sind. Das wäre das neue Bewusstsein. Wie idiotisch von uns Westlern, zu glauben, dass wir ohne «Schnipo» (Schnitzel mit Pommes Frites) sterben würden!

Ähnlich den Ideen von Helena Blavatsky will Ellen Greve ihre Wunderbotschaft ebenfalls von Meistern aus der astralen Ebene diktiert wissen.[47]

Stirbt jemand dabei? – Sicher!

Ob jemand bei dem Prozess sterben könne, fragt die attraktive Australierin mit norwegischen Wurzeln in einem ihrer vielen Bücher gleich selbst. «Das ist», lässt sie uns mit der Frage nicht allein, «als würde man fragen, ob es passieren kann, dass jemand stirbt, wenn er an einem 100-km-Marathon teilnimmt. Wenn jemand unvorbereitet ist – sicher».

«Früher nahm ich an, der Mensch müsste essen zum Überleben.» Von dieser «völlig falschen Annahme» ist die Lichtesserin mittlerweile geheilt. Überhaupt habe das Essen, global betrachtet, nur negative Auswirkungen. Deshalb sei es unlogisch, damit weiterzumachen, nur weil man es sich angewöhnt hat.

Ihr Training hat Jasmuheen dagegen erweitert: Es umfasst Hantel-Training, Tanzen, Aerobic, Tanz der Derwische und Meditation. Zeit habe sie genug, denn ihr Lebensstil, den sie «Luscious Lifestyle» nennt, ermögliche es ihr, mit vier oder weniger Stunden Schlaf auszukommen. Apropos Schlaf: Bei der Ernährung mit Licht brauche man nur noch die Hälfte davon oder auch gar keinen mehr.

Mit jemandem konfrontiert zu werden, der darauf besteht, dass ihr Weg unmöglich sei, findet die Lichtesserin eigenartig. Und eine gute Übung dazu. Klar ist ihr auch, «dass weltweit eine massive Erziehung zum Umdenken nötig ist.» Dass die Menschheit so sehr an der Vorstellung, «essen zu müssen», festhält, sei aber nicht weiter verwunderlich, schließlich «glaubten wir während vieler Leben lang, wir bräuchten Nahrung, um zu überleben».[48]

Außerdem, so Jasmuheen, «juckt es mich nicht, was Menschen über unsere Arbeit sagen». Dafür juckt es sie, was darüber geschrieben wird. Immerhin lässt sie sich in ihrem Buch *Licht Botschafter* auf insgesamt mehr als zehn Seiten über die bösen, bösen Medien und die hinterwäldlerischen «Ungläubigen» aus.

Die «Gläubigen» andererseits (Jasmuheens Bücher verkaufen sich hunderttausendfach) bezeichnet die Australierin als «Kriegerinnen und Krieger, deren aktuelles Augenmerk auf positivem persönlichem und planetarem Fortschritt liegt». Zur Vorbereitung auf die 21-Tage-Rosskur empfiehlt Jasmuheen Meditation, Umschalten auf vegetarische, später veganische Ernährung, Akupunktur und weitere alternative Therapien sowie die Erstellung eines elektromagnetischen Kraftfeldes um den Körper. Nicht zu vergessen das «Übergabegebet», in dem wir dem «göttlichen Einen in unserem Innern [...] erlauben», uns künftig zu ernähren. Inklusive den Bitten um Mineralien und Vitamine.[49]

Sogar esoterische Zeitschriften wie *Spuren* und *Esotera* berichten in kritischen Tönen über die Mutter zweier Töchter. Ebenso wie die *Sonntags-Zeitung* und der *Guardian*. Gestützt auf australische Quellen, berichteten die Blätter etwa über Jasmuheens gut gefüllten Kühlschrank («Das ist nur für meinen Mann»), ihre Bestellung eines vegetarischen Menüs (erst stritt sie dies ab) oder ihren Käsekräcker und ihren Flüssigkeitsbedarf. Aber eben: Nach dem 21-Tage-Prozess kann man jederzeit zwischen der pranischen und der herkömmlichen Nahrung hin und her wechseln. Jederzeit. Jeden Tag. Mehrfach. Von Mahlzeit zu Mahlzeit sozusagen!!!

Jasmuheen sieht im Prana die Nahrungsquelle für das dritte Jahrtausend. Fragt sich nur, warum Tausende und Abertausende von Kindern in der Dritten Welt verhungern, wenn der Mensch gar nicht zu essen braucht. Angesichts dessen wirkt Jasmuheens Lehre arrogant bis zynisch. Warum verkündet sie ihre «freimachende» Lehre nicht im Sudan? Weil die Leute dort ihre Kurse nicht bezahlen können? Oder weil diese Menschen in der atlantisch-arischen (diese Worte sind auch Jasmuheen nicht unbekannt) transformierten Edelrasse keinen Platz haben?

Immerhin sieht sie ihren Weg nicht nur als Einweihung und Transformation für «spirituelle Krieger», sondern auch als Rezept gegen den Welthunger. Und auch für den Westen sieht die «ewig-duftende» Australierin nur Vorteile. Man habe mehr Geld, zum Beispiel für Kleider, mehr Zeit, mehr Platz. Schließlich brauche dieser Lebensstil keine Küche mehr ...[50]

Nach der dreiwöchigen Fastenkur soll der Körper umprogrammiert sein und seine physische Energie aus dem «kosmischen Licht» beziehen. Der Organismus soll von da an nicht mehr nach physiologischen, sondern nach spirituellen Gesetzen funktionieren. «Ein gesundes Leben ohne Nahrung setzt die Fähigkeit voraus, diese göttliche Kraft anzuzapfen, um sich auf diese alternative Weise ernähren zu können.» Dazu müsse lediglich das «Christusbewusstsein» in unserem Herzen freigesetzt werden.[51] Wenn jemand nicht von der herkömmlichen Nahrung loskomme, hänge das damit zusammen, dass er noch zu wenig meditiert hat. Oder zu wenig diszipliniert war. Oder für diesen Fortschritt noch gar nicht bereit ist ... Wer also nicht auf Nahrung verzichten kann, ist noch nicht bereit für die höhere Entwicklungsstufe. Und das trotz täglich mehrstündiger Meditation und der Lösung von Energieblockaden in diversen esoterischen Disziplinen. Also noch mehr Kurse und noch mehr Therapien – aber das mit dem leeren Speisezettel klappt dann vielleicht noch immer nicht. Bis dem geneigten Lichtesser irgendwann klar wird, dass er eine niedere Spezies darstellt, die noch nicht bereit ist für das neue Zeitalter. Das ist souveräne und gezielte Förderung von Minderwertigkeitskomplexen.

Wer diesen Weg einschlägt, muss «ein hohes Maß an physischer, emotionaler, mentaler und spiritueller Fitness aufrechterhalten», meint Jasmuheen. Jesus, Buddha, Mohammed, Krishna und wie sie alle heißen seien übrigens alle auch «Licht-Botschafter» gewesen. Hört, hört!

Zehntausend sudanesische Hunger-Missionare?

Bis ihr Weg Schule machen könne, seien noch zahlreiche wissenschaftliche Tests nötig, meint Jasmuheen. Und genau dazu fordert sie die Wissenschaft auf. Immerhin will die Lichtmeisterin bei sich genetische Veränderungen festgestellt haben. Sie verfüge über zwölf DNA-Stränge statt der üblichen zwei, die jeder normale Mensch hat. Eine Gruppe von Skeptikern bot ihr umgehend dreißigtausend australische Dollar, falls sie ihr sensationelles Erbgut wissenschaftlich (also eigentlich ganz in ihrem Sinne) untersuchen lasse. Bislang mochte sie das aber nicht tun.[52] Immerhin hofft sie aber, «dass der Weltöffentlichkeit irgendwann genügend glaubwürdige Forschungsergebnisse vorliegen ...»

Auch andere lukrative Angebote, die erst recht zur weltweiten Aufklärung geführt hätten, schlug die blonde Australierin aus: Die neuseeländische Vereinigung der Rationalisten und Humanisten bot ihr umgerechnet 95 000 Mark, wenn sie einen Monat lang unter Aufsicht hungert und anschließend einen Kilometer läuft. Was bisher ebenfalls nicht geschehen ist.[53]

Als Schwindlerin entlarvt wurde Jasmuheen im australischen Fernsehprogramm «Sixty Minutes». Bloß eine einzige Woche lang hätte sie unter Beaufsichtigung und ohne Nahrung in einem Hotel in Brisbane leben müssen. Etwas, was sie ansonsten – laut eigener Darstellung – jahrelang zu tun pflegt. Nach vier Tagen sahen sich die begleitenden Mediziner gezwungen, den «Duft der Ewigkeit» (so Jasmuheens Namens-Bedeutung) vor dem Gang in ebendiese Ewigkeit zu retten, sprich: den Versuch aus gesundheitlichen Gründen abzubrechen. Surreales Sprechen, geweitete Pupillen und ein rasender Puls zwangen zum Abbruch. Die Gescheiterte meinte: «Die Stadtluft war zu dreckig. Deswegen konnte ich durch die Luft nur ungenügend Nahrung zu mir nehmen.» Nach drei Tagen wechselte die TV-Crew mitsamt der Licht essenden Jasmuheen an einen Ort sechzig Kilometer außerhalb der Stadt. Endlich gab's frische Luft. Aber auch diese «Götterspeise» vermochte die New-Agerin nicht mehr zu retten. Tags darauf entschieden die Ärzte sich zum definitiven Stopp. (Quelle: http://www.gospelcom.net/apologeticsindex/ b12.html, exposed as a fraud.)

Dafür förderten Jasmuheens eigene körperinterne Nachforschungen weitere medizinische Fortschritte zu Tage: Nach der Umstellung auf Prana lasse sich auch die Empfängnisbereitschaft regeln, behauptet sie.

Die Lichtwesen und «aufsteigenden Meister», mit denen die Australierin ständig kommunizieren will, offenbaren ihr solche, aber auch noch ganz andere Neuigkeiten: «Uns ist es gleich, welchen Namen ihr eurem Gott gebt, solange ihr ihn nur ruft», will Jasmuheen mehrfach vernommen haben.[54]

Auch Mediziner lassen sich vernehmen, und zwar zu der von ihr verschriebenen Diät: Die Reserven in Organen und Muskeln würden auf diese Weise angezapft, es komme zu einer Ansäuerung, der Körper verliere Wasser. Ein Leberschaden könne eine von vielen Folgen sein. Das Immunsystem werde geschwächt, es herrsche Infektionsgefahr. Sinke der Blutzuckerspiegel, könne der Lichtesser ins Koma fallen.[55]

Die Bibel kennt einen vollen Speisezettel: «Du sollst essen!» war einer der ersten Befehle Gottes. «Du sollst *nicht* essen!» lautet Jasmuheens Lehre. Für die meisten ihrer Anhänger ein Krampf, ein Doppelleben zwischen Hungern und groß angelegten nächtlichen Überfällen auf den Kühlschrank.

Schade nur, dass Jasmuheen ihren Duft der Ewigkeit noch nicht in die Dritte Welt gebracht hat. Ob es daran liegt, dass dort die Kurskosten in dreistelliger Höhe nicht beglichen werden können (geschweige denn die Kosten für den dreiwöchigen Kurs à dreitausend Mark, Prana inklusive)? Nun denn, gerechte Ressourcenverteilung, auch wenn es dabei nur um das allgemein zugängliche Element Luft geht (durch das die Lichtnahrung Prana ja aufgenommen wird), hat offenbar ihren Preis. Jasmuheen meint, sie müsse zuerst genügend Lichtarbeiter haben, um ihre Mission in die ganze Welt zu tragen. Was aber wäre glaubwürdiger, als wenn sie Zehntausende von fünfzehnjährigen sudanesischen Teenies, einst dem Hungertod nahe und jetzt beinahe übersättigte Lichtesser, mit der «freimachenden»[56] Jasmuheen'schen Botschaft in die zurückgebliebene, Wurst und Brot essende Zivilisation senden würde? Einen besseren Beweis könnte sie kaum liefern! Aber wer weiß, vielleicht gehört das Verhungern nach Ansicht der Australierin ja auch zum Karma dieser herzigen Kinder und Teenager? Gemäß Blavatsky & Co. werden diese sowieso irgendwann durch eine planetarische Überrasse ersetzt: «... im Moment mag das zwar als Tragödie erscheinen, aber ...»

Sri Sri Ravi Shankar – eins mit der UNO

«Wenn wir uns entspannen und den Geist sehr fein und friedvoll werden lassen, ist er eine Quelle der Begeisterung, der Ursprung der Schöpferkraft, ein Quell der Harmonie, der Liebe und der Freude», verspricht die in über neunzig Ländern tätige «Art of Living Foundation» (AOLF), deren geistiger Führer der Guru Sri Sri Ravi Shankar ist – nicht zu verwechseln mit dem berühmten Sitar-Spieler Ravi Shankar.[57]

Das deutsche Bad Antogast, ein Sitz der Foundation (sie heißt in Deutschland «Gesellschaft für inneres Wachstum e. V.»), ist mittlerweile zum Pilgerort geworden. Die Besucher kommen aus ganz Europa: «Auch aus ehemaligen Ostblockländern wie Polen und Russland und so weit her wie Australien zieht es die Menschen nach

Bad Antogast, um hier mehr über ‹die Kunst des Lebens – die heilende Kraft des Atems› zu erfahren.»[58] Neben den Workshops kommt aber auch die körperliche «Ertüchtigung» nicht zu kurz. Man könne sich auch «persönlich einbringen»: «Bei der fortlaufenden Wiederherstellung und Verschönerung des Hauses, in der Küche oder bei den jeweils anfallenden Arbeiten».[59] Die Foundation erwarb 1995 einen alten, sanierungsbedürftigen Hotelkomplex. Shankars Haupt-Ashram liegt aber im südindischen Bangalore.

Kernteile des Programms sind das «Sudarshan Kriya» (sanskrit für «Reinigende Handlung») und eine Reihe von Atemübungen, die eine sofortige «Energetisierung» des Körpers zur Folge haben sollen und zudem angeblich eine emotionale Stabilisierung und Zentrierung bewirken. Atem, heile!

Shankar gründete die Foundation 1982. Heute genießt sie bei den Vereinten Nationen als Nicht-Regierungs-Organisation (engl. NGO) einen Konsultativ-Berater-Status, auf derselben Ebene wie beispielsweise die Umweltschutzorganisation «Greenpeace»[60]. Die «AOLF» arbeitet auch mit dem UN-Kinderhilfswerk UNICEF und der Weltgesundheitsorganisation WHO zusammen. Bei Letzterer leitet die Foundation ein Projekt mit MS-Kranken.[61]

Ziel der Gesellschaft ist es, «die Entwicklung des einzelnen Menschen zu innerer Freiheit und Selbstbestimmung zu fördern und die Belebung menschlicher Werte in der Gesellschaft zu unterstützen». Shankar ist der Auffassung, dass Frieden von innen heraus kommen muss, und fragt rhetorisch: «Die internationale Friedenstruppe hat keinen Frieden in sich selber. Wie soll sie da den Frieden bewahren können?» Die Lösung ist einfach: «Menschen, die dienen wollen, sollten nach innen gehen und meditieren. Und Menschen, die nur meditieren wollen, sollten aus der Meditation herausgehen und dienen. Diese Dinge sollten im Gleichgewicht sein. Dann wird dieses Sektierertum, der Fundamentalismus, die Engstirnigkeit verschwinden. Eine Welt, ein Gott, ein Volk, eine Liebe.»[62]

Ravi Shankar zeichnet zudem für das Jugendprojekt «Youth for Peace» verantwortlich. Hierbei treffen sich Teenager aus den Krisengebieten der Welt. So kommen etwa Jugendliche aus Nord- und Südkorea miteinander in Kontakt oder Israelis mit Irakis und Amerikaner mit Kubanern.[63]

Sri Sri Ravi Shankar kam 1956 in Bangalore zur Welt und begann im Alter von acht Jahren mit dem Studium der Bhagavadgita. Heute kombiniert er das vedische Wissen über Yoga und Meditation mit seinen Atemübungen.[64] «Die ganze Welt ist von der Spiritualität abhängig. Der Atem hilft, dies besser zu verstehen.» Auf meine Frage, wohin wir gehen werden, wenn einmal «alles fertig ist», antwortet Shankar mit einem Lächeln: «Alles brauchen wir noch nicht zu wissen. Sonst ist es nicht mehr spannend.» Ob Jesus, Buddha oder Krishna, alle seien große Meister geworden, aber hinter ihnen allen stehe die universelle Urkraft.[65]

Sri Sri Ravi Shankar sprach vor den Vereinten Nationen anlässlich deren fünfzigster Geburtstagsfeier. Ein Zitat aus seiner Rede: «Ein Geist, frei von Stress, und ein Körper, frei von Krankheit, sind das Geburtsrecht eines jeden Menschenwesens. Nur wahres spirituelles Wissen kann uns helfen, unseren Geist in den Griff zu bekommen und uns in den gegenwärtigen Augenblick zurückzubringen. Atemtechniken, Meditation und Yoga können als machtvolle Werkzeuge zur Lösung von Spannungen und negativen Gefühlen benutzt werden und uns so in die Lage versetzen, vollständiger im gegenwärtigen Augenblick zu leben.»[66]

Bei seinen öffentlichen Auftritten gibt Shankar meist recht banale Weisheiten von sich. Er zitiert zuerst den einen oder anderen «Meister», um dann Fragen aus dem Publikum zu beantworten. Im Stile von: «Wie geht es meiner 1993 verstorbenen Mutter?» Shankar antwortet darauf: «Gut. Es geht ihr gut.» (Als was sie wohl inkarniert sein mag?) Eine andere Fragestellerin sagt, sie meditiere viel. Trotzdem stelle sich bei ihr einfach keine Erfüllung ein. «Was also soll ich tun?» Auch hier ist der Mann aus Bangalore keineswegs verlegen: «Noch mehr meditieren!»

Dämonen für den Frieden

Ein Zitat des Dalai Lama lässt aufhorchen: Der Dämon «Shugden» stehe bei vielen Buddhisten hoch im Kurs. Besonders die jungen Buddhisten im Westen würden sich mit all ihren familiären und sonstigen Schwierigkeiten an ihn wenden. «Sie suchen Schutz, und sie glauben in Shugden einen mächtigen Beschützer zu finden.» Die Gefahr bestehe, dass der Buddhismus zur Geisterverehrung degradiert werde. Im Weiteren gibt der Dalai Lama zu, dass der Buddhismus stark durch die Dämonenwelt bestimmt wird.[67]

Die in unserem Buch porträtierten Personen versichern allesamt, dass sich hinter den Lichtwesen Dämonen verbergen. Viele Leute an der Basis der New-Age-Bewegung bezeugen diesen Sachverhalt ebenfalls, und der Dalai Lama nennt diesen Umstand sogar explizit beim Namen. Im Endeffekt stehen sich zwei Königreiche gegenüber: Gott auf der einen, Satan auf der anderen Seite. In der Esoterik wird derzeit versucht, ausgerechnet im Namen des Letzteren Liebe, Erfüllung, weltweiten Frieden und eine neue Religion auszurufen ...

Hier wird von einem Weltfrieden gesprochen, der auf einem Reich aufgebaut ist, das selbst nur durch brutalste Gewalt zusammengehalten wird.

Kapitel 12

Fritz Rinnhofer:

«Mit Astrologie und Schamanismus auf der Suche nach dem Sinn»

Wie bei vielen Menschen, die sich mit der Esoterik befassen, war mein Einstieg keine Angelegenheit, die von heute auf morgen vonstatten ging. Es war eine grundlegende Suche nach irgendetwas, mit dem ich die unbefriedigten Bedürfnisse in meinem Innern hätte stillen können. Wenn man das im Nachhinein analysiert – wo man ja immer viel gescheiter ist als zuvor –, waren es Mangelerscheinungen, die größtenteils auf meine Kindheit zurückgingen.

Meine Eltern ließen sich scheiden, als ich noch sehr klein war. Darum erhielt mein Vertrauen in die Menschheit wohl einen grundlegenden Knacks. Das Positive an der Sache aber war, dass ich ein tiefes Bewusstsein für die Natur entwickelte. Oft und gerne bewegte ich mich draußen im Freien.

Die Art unseres gesellschaftlichen Lebens erschien mir dagegen schon während meiner Jugend sehr verlogen. Werte wie Sicherheit oder Wohlstand, politische Phrasen, die keiner Wahrheitsprüfung standhielten, Korruption, Vetternwirtschaft in der Arbeitswelt, das Festhalten am goldenen Kalb des Materialismus und Kapitalismus, all diese Dinge empfand ich eher als Provokation und keinesfalls als erstrebenswert.

Als Anarchist war ich ständig auf der Suche nach dem, was hinter den Dingen steckt. Die genannten «Ideale» konnten doch nicht alles sein! Ich wollte einen *richtigen* Lebensinhalt. Auf meiner Sinnsuche wurde ich vor allem durch die Hippie-Bewegung beeinflusst. «Flower Power», das gefiel mir. Dem damaligen Umfeld entsprechend, entstand bei mir das Bedürfnis nach Bewusstseins-Erweiterung, nach Liebe und Spiritualität. Love, Peace and Happiness, so lauteten damals (nach Woodstock) die Schlagworte unter uns Jugendlichen. Sex, Drugs and Rock'n'Roll waren da einfach die normalen Begleiterscheinungen.

Der Einstieg in die Esoterik geschah bei mir durch die Einnahme von Drogen. Diese haben es an sich, dass sie den menschlichen Geist verändern; je nach individueller Veranlagung und je nach Droge in einer anderen Art und Weise. Ich «sprach gut darauf an». Die hinduistische und die buddhistische Lehre rückten in den Brennpunkt meines Interesses. Mich faszinierte die Philosophie der Wiedergeburt, wo alles einen Zusammenhang zu haben scheint, und die Möglichkeit, sein nächstes Leben durch das Erarbeiten eines guten Karmas selbst beeinflussen zu können. Das machte es für mich auch wesentlich einfacher, die Dinge so zu nehmen, wie sie nun einmal waren.

Zu einem interessanten Bestandteil meines Lebens wurde das tibetanische Totenbuch. Darin soll Aufschluss über die verschiedenen Stationen auf dem Weg vom Leben bis zum Tod gegeben werden. Ursprünglich war das *Bardo Thödol* für Sterbende geschrieben worden. Mittlerweile dient es den Lebenden zu «weiterer Bewusstwerdung». Dieses Totenbuch ist schwer zu verstehen. Jedenfalls schwieriger als die Bibel. Nach langem Forschen erkannte ich seine Zusammenhänge aber so weit, dass ich diese sogar weitervermitteln konnte.

Des Weiteren beschäftigte ich mich mit Astrologie, I-Ging und Schamanismus. Ich setzte mich intensiv mit dem Leben, dem Tod und der Existenz nach dem Sterben auseinander.

Wegen andauernder Konflikte mit der Direktion stieg ich aus dem Gymnasium aus. Oder besser: Ich wurde ausgestiegen. Später zog ich aus demselben Grund auch von zu Hause weg und arbeitete in einem Stahlwerk, größtenteils Frühschicht. So blieb mir relativ viel Zeit für die Natur und meine neuen Hobbys.

«Look at the stars ...»

Die Astrologie bedeutete für mich die Faszination, als Individuum selbst an den Hintergründen und Zusammenhängen der gesamten Menschheit bis hin zum einzelnen Menschen teilhaben zu können, also ein Teil des großen Ganzen zu sein. Astrologie bedeutete die Möglichkeit, sowohl «günstige» als auch «ungünstige» Zeitpunkte zu erkennen und die verschiedenen Energiefeld-Aspekte (die Stellungen der Sterne in den Tierkreiszeichen) zu nutzen, um diverse Situationen und Stimmungen zu deuten und entsprechend zu handeln. Das wurde nun meine Welt.

In der Astrologie gibt es gewaltige Unterschiede. Da ist einerseits die klassische Astrologie, die sich noch sehr stark an die Astronomie und deren Statistiken anlehnt. Und auf der anderen Seite steht die mediale Astrologie, in der bei der Interpretation sehr viel Freiraum und Intuition möglich ist, natürlich stark auf der Basis von subjektiven Gefühlen, Gedanken und Eingebungen. Was dann zwangsläufig oft von der klassischen Astrologie als solcher wegführt. Ich arbeitete hauptsächlich mit der klassischen Form. Während der Zeit, in der ich mich intensiv mit der Astrologie beschäftigte, wurden mir in Träumen viele Dinge gezeigt, die dann in ähnlicher Art und Weise auch tatsächlich eingetreten sind.

Eines Nachts wurde mir die Sache fürs Erste zu unheimlich: Ich träumte von einer Koordinatenscheibe. Sie bestand aus weiteren Scheiben. Mit diesem Instrument in der Hand konnte sich in meinem Traum jeder das Horoskop selbst erstellen. Das Ganze beruhte auf einem mathematischen Prinzip, mit den zwölf Tierkreisen und den jeweils entsprechenden zwölf Häusern. Kombiniert mit den neun Planeten des Sonnensystems, ließ sich das alles in mein Koordinatensystem einbinden. Je nach Drehen der Scheiben konnte man auf den Schnittpunkten die verschiedenen Charaktere und Einflüsse kombinierend auf eine Aussage fixieren.

Es war ein «Gerät», das in sich einfach und zugleich komplex war. Ich sah – und weiß es heute noch –, dass es so funktionieren würde. Es war eine regelrechte Offenbarung. Sozusagen ein Diktat aus dem Jenseits. So, als hätte Adam im Paradies von einem schlüsselfertigen Jumbo-Jet geträumt. In allen Einzelteilen. In dieser Zeit boomte die Astrologie wie nie zuvor. Über Nacht wäre ich damit möglicherweise zum Millionär geworden.

Ich hätte den Plan aus diesem Traum problemlos zu Papier bringen können. Er war nach dem Erwachen noch da, schwebte vor meinem inneren Auge und drängte sich geradezu auf. Obwohl ich damals – wenn es um solche Dinge ging – ein «Machertyp» war und die Vision wohl nicht im Reich der Träume hätte bleiben sollen, kam es doch nicht zu ihrer Verwirklichung. Etwas hinderte mich, stoppte mich richtiggehend.

Die «Idee» wäre eigentlich revolutionär. Sie wurde bis heute nicht umgesetzt …

Schafgarben statt Worthülsen

Das I-Ging ist ein fünftausend Jahre altes chinesisches Orakelbuch. Es besteht aus vielen Zeichen und Hexagrammen, die in jahrhundertelangen Überlegungen zustande gekommen sind. Im Werfen von Schafgarbenstängeln oder Münzen sollen unterbewusste Handlungen zum Ausdruck kommen, wozu es in dem dazugehörenden Buch Erklärungen gibt. Bei einem Wurf erhält man ein Zeichen, das aus sechs übereinander liegenden Strichen besteht, wobei der obere und der untere Strich sich noch wandeln können. Insgesamt gibt es acht Grundzeichen. Die genaue Interpretation lässt sich dann im Orakelbuch nachlesen, inklusive Hinweis, wie man sich in Zukunft am besten verhalten soll. Um sein Zeichen zu erhalten, sind vorher einige Teilungsrituale mit den Schafgarbenstängeln notwendig.

Die Wahrscheinlichkeit, am Ende ein bestimmtes Zeichen zu haben, liegt bei $1:10^{64}$. Das ist eine Zahl mit 64 Nullen! Dagegen mutiert die Möglichkeit eines Lottogewinnes zu einer sicheren Sache.

Irgendwann wurde mir allerdings auch dieser Bereich unheimlich. Plötzlich wusste ich oft vorher schon, welches Zeichen herauskommen würde. Zweimal sagte ich es auch anderen Leuten voraus. Es stimmte beide Male haargenau. Das war für mich wirklich ein totales Schockerlebnis und der Grund, mit I-Ging eine sehr lange Pause zu machen. Für mich war es ein Zeichen, dass ich mich schon sehr tief in die esoterische Struktur eingebunden hatte.

Die Götter der Natur

Meine intensivste Zeit erlebte ich im Schamanismus der Nordamerikaner. Er unterscheidet sich stark von den Voodoo-Kulten oder dem südamerikanischen Schamanismus. «Meiner» wollte praktisch erlebt werden. Irgendwann wurde diese Beschäftigung so zeitaufwändig, dass ich «nebenher» nicht mehr regelmäßig arbeiten gehen konnte. Etwas, was ich vorher aber immer getan hatte.

Während man in anderen Disziplinen der Esoterik sehr viel sitzen und studieren kann, ist es im Schamanismus notwendig, den Kontakt zur Natur zu suchen und sie verstehen zu lernen. Durch mein Naturinteresse in der Jugendzeit brachte ich dazu gute Voraussetzungen mit. Man muss sich Zeit nehmen, muss tagelang im Wald sitzen, ohne zu essen oder zu trinken. Die Devise lautet: Nur schauen und horchen, was so daherkommt. Dazu gibt es Riten, bei denen die «Abläufe» ziemlich genau festgelegt sind. Nimmt man das energetische Weltbild zur Grundlage, bewegt sich jeder Mensch darin – ob er will oder nicht, ob er davon weiß oder nicht. Und im Schamanismus geht es darum, genau diese Energien kennen und lenken zu lernen.

Diesen Weg kann man nur praktisch gehen, nicht theoretisch. Die Grundregeln dieses eher sozial-ökologisch ausgerichteten Schamanismus waren: «Alles, was da ist, kommt von der Mutter Erde und muss entsprechend gewürdigt werden.» Oder: «Tue nichts, was dir, deinen Mitmenschen oder späteren Generationen schaden könnte.» Das beinhaltet (im Gegensatz zu unserer westlichen Welt, gegen deren Strukturen ich ja ankämpfte) den Leitsatz: «Nimm nie mehr, als du gebrauchen und zurückgeben kannst.» Was wiederum hieß: Es mussten bewusste Entscheidungen getroffen werden. In diesem Bereich könnte der Rest des Westens wohl noch eine Menge lernen.

In dieser Lehre blühte ich auf. Machtstreben war bei mir aber nie vorhanden. Ich wollte einfach nur Zusammenhänge verstehen.

Der Unterschied zum indianischen Schamanismus und dem, der heute in der Esoterik verbreitet wird, besteht darin, dass die Indianer ihn *gelebt* haben. In der heutigen Vermarktung kommen oft nur einzelne Teile dieses Gedankengutes zum Tragen, indem Menschen nahe gelegt wird, bestimmte Energien zu nutzen. Hier sind Parallelen zu den anderen esoterischen Praktiken vorhanden.

Wenn man sich mit diesen Dingen beschäftigt, ist es normal, dass man sich ein anderes Auftreten aneignet. Die Leute merkten bald, dass ich eine andere Sichtweise hatte. Und dass ich auf Fragen anders antwortete. Je mehr ich mich beispielsweise mit Astrologie beschäftigte, umso mehr habe ich gezeichnet und interpretiert. Karten habe ich selten gelegt, dafür zeichnete ich viele Horoskope. Die intensive Beschäftigung mit den Sternen brachte es mit sich, dass ich immer mehr wusste und entsprechend Auskunft geben konnte.

Durch mein Wissen – und weil es bei mir immer etwas Gutes zum Rauchen gegeben hat! – zog ich andere Leute an. Zahlreiche Kontakte und Gespräche ergaben sich. Eher unbewusst entwickelte ich mich zu einer Art Guru. Das wurde mir erst klar, als ich das Bedürfnis hatte, von dem Ort, an dem ich damals wohnte, wegzuziehen. Irgendwann wurde es mir zu anstrengend. Das Problem war für mich vor allem die jüngere Generation. Die Jungen sahen, dass da irgendetwas lief. Sie wollten auch an unserem spirituellen Erleben teilhaben. Aber sie waren nicht bereit, sich Zeit zu nehmen. Sie wollten mit dem Brecheisen in die spirituellen Dimensionen vorstoßen, und das ist schlichtweg ein Ding der Unmöglichkeit.

Ich saß ja selbst über vielen Büchern, um mir das Wissen anzueignen. Zudem musste ich viele Erfahrungen sammeln. Aber diese Generation wollte einfach immer die Abkürzung nehmen. Einige von ihnen sind dann ausgerastet. Wenn man ungepanschtes Haschisch raucht und dazu noch einen labilen Charakter hat, wird man von allen Seiten geistig beeinflusst und bekommt unzählige Informationen. Viele konnten diese nicht auf einen Nenner bringen und waren mit der Zeit völlig verwirrt. Sie waren geistig nicht stabil genug für diese spirituellen Angelegenheiten.

Ich denke, ich faszinierte und verunsicherte gleichzeitig viele Menschen. Manchen war ich wohl auch unheimlich. Irgendwie begleitete mich etwas, das sie spüren konnten. Etwas, das ihnen das Gefühl gab, ich sei ihnen durch etwas Undefinierbares überlegen.

Am Webstuhl des Lebens
Gemeinsam mit einem Freund betrieb ich im Waldviertel eine Weberei. Die nötigen Handfertigkeiten brachten wir uns selbst bei. Wir lebten in einer alternativen WG. Er mit seiner Familie, ich anfangs mit meiner Freundin. Das Zusammenleben unserer mehr oder weniger extravaganten, dominanten Persönlichkeiten war alles andere als einfach. So mietete ich mit meiner Freundin bald einen eigenen kleinen Bauernhof. Wir haben einen gemeinsamen Sohn, der heute achtzehn Jahre alt ist. Die Beziehung ging später leider auseinander – diese Existenz in der «Einschicht», das Leben abseits der Gesellschaft, war nie das Ziel meiner Freundin gewesen. Sie war keine Aussteigerin, und außerdem war ich nicht gerade ein einfacher Typ.

Mit sehr viel «Lehrgeld» und drei Webstühlen betrieben wir unser Geschäft. Meine spirituellen Erlebnisse führten ständig zu einer Verschiebung von geistigen und gesellschaftlichen Grenzen. Grenzen, die über das genormte Leben in der Konsumgesellschaft mit seinem täglichen Rhythmus «Arbeiten, Essen, Schlafen» weit hinausgingen.

Das «Normale» war nicht mehr zufrieden stellend. Im sozialen Bereich sonderte ich mich immer mehr von den traditionellen Gesellschaftsformen ab. Man lernt eben schnell, anders zu sein.

Meine Fragen waren noch immer dieselben. Ich wollte wissen, was hinter allem steckt und warum etwas so ist, wie es ist und wie es sich darstellt. Es war für mich nicht mehr möglich, oberflächlich zu sein. Ich glaubte über den Dingen zu stehen und überall gleich die Zusammenhänge zu sehen. Als Hippie unterschied ich mich schon rein äußerlich von den anderen. Und mental zeichnete sich ein noch größerer Unterschied ab.

Parallel dazu erlebte ich die Esoterik als ein großräumiges Netzwerk von Denkströmungen und Philosophien, in dem von allen Religionen, allen spirituellen Ebenen und allen Völkern Teile enthalten sind. Der Schamanismus blieb allerdings mein Lieblingskind. Ich besuchte viele Seminare, in denen es unter anderem auch um die Chakren ging und um die Frage, wie man sie findet und auspendelt und wie man sie mit Kristallen gleichrichtet. Außerdem waren wir häufig in der Natur und bauten Steinkreise und Schwitzhütten.

Immer wieder passierten in meinem Leben außergewöhnliche Dinge. So konnte ich zum Beispiel bei einigen Menschen im Voraus sehen, welche ihrer Chakren blockiert waren und in welchen Chakren die Energie verkehrt floss. Oder ich erriet ihre Gedanken auf Anhieb und wusste, womit sie sich beschäftigten und wo sie mit ihrer Vergangenheit Probleme hatten. Mit vielen entwickelten sich dabei tiefe Gespräche. Hinterher sagten sie, dass sie über diese Angelegenheiten bisher noch mit niemandem gesprochen hätten. Für mich aber wurde das normal.

Außerdem konnte ich bei vielen Menschen die Aura sehen, wenn ich das bewusst wollte. Ich habe viele Dinge gesehen, die für das normale Auge nicht sichtbar sind. Ich hatte auch oft Visionen. Zum Beispiel bei Schwitzhütten-Seminaren. Da saßen wir ein paar Stunden in so einer Schwitzhütte auf der Erde. Dabei wurden vor unseren Augen ganz konkrete Bilder erzeugt.

Einmal saß ich in einem Steinkreis auf einem Berg. Da hat es ringsum geschüttet, es hat «Katzen und Hunde geregnet». Ich aber wurde nicht von einem einzigen Tröpfchen benetzt. Der Kreis hatte dreieinhalb Meter Durchmesser, und in diesem Kreis hat es schlicht und einfach nicht geregnet.

Machtspiele

In Seminaren musste ich aber auch erkennen, was sich ereignet, wenn es um Macht geht: Es kam zu Machtspielen und Machtdemonstrationen. Da ich selbst keine Macht haben wollte, rannte ich ihr auch nicht hinterher. Trotzdem hatte ich schon eine ganze Menge Macht bekommen. Ich wollte damit aber niemandem schaden. Ich wollte nur Positives ausrichten, wollte helfen und dienen. Aber «unbewusst» spielte ich meine Macht gleichwohl aus.

Bei der Chakren-Arbeit lief viel mit sexueller Energie. Es war eine ganz neue Dimension des sexuellen Erlebens, und ich wunderte mich selbst am meisten über meine Power. Jetzt, im Nachhinein, sehe ich diese Zeit als Aufarbeitung vieler Unsicherheiten aus meiner Kindheit und auch als meine Gelegenheit, mir Selbstbestätigung und Anerkennung zu holen. Das Eigenartige in dieser Zeit war, dass eine Frau, die ich wollte, in der Regel nicht Nein sagen konnte.

Mein Lehrer war ein stattlicher Häuptling und Medizinmann der Navajo-Indianer. Vor ihm hatte ich vorerst Achtung und Respekt. Er war einer dieser ehemaligen Vietnamkämpfer, und er hatte ein starkes Charisma. Dann aber begann das Bild zu bröckeln: Er machte einige Bemerkungen über die schönen Beine einer Seminar-Teilnehmerin und grinste lüstern. Ich war sehr gut mit ihr befreundet. Da empfand ich, dass seine Motivation zu selbstsüchtig und eigennützig war. Ich stellte sie folglich in Frage. Und auf der spirituellen Ebene zeigte es sich auf einmal, dass ich nicht mehr Schüler war, sondern Ebenbürtiger. Das führte zu einer geistigen Konfrontation: Mein Lehrer sprang auf, ich erhob mich ebenfalls. Wir sahen beide gegenseitig unser Inneres. Ich bei ihm und er bei mir. Auf einmal wurde er klein vor mir. Er schrumpfte zu einem Zwerg zusammen. Seine ganze Energie war weg.

Ein zweites Ereignis wirkte in diese Situation hinein: Er stellte einmal ganz abrupt die Aussage in den Raum, Jesus sei ein falscher Prophet gewesen. Er behauptete das ohne jeden Zusammenhang. Das provozierte mich. Und es war der Zeitpunkt, von dem an ich meinen Lehrer kritisch betrachtete.

Nach der Konfrontation mit mir hatte der Medizinmann keine Macht mehr. Er war erledigt. Sang- und klanglos zog er sich zurück. Sein Stellvertreter und Schüler, ein guter Freund von mir, übernahm die Gruppe.

Ich hörte dann, dass der Meister den ganzen Tag vor dem Fernseher saß, philippinischen Gewürznelkenchick («Glimmstengel» mit Gewürznelken) rauchte, Unmengen von Cola soff und überhaupt keine Energie mehr hatte. Vorher hatte er noch die «totale Power» gehabt.

Meine Energie erlitt bei dieser Konfrontation keinen Schaden. Und der Schamanismus gehörte weiterhin zu meinen wichtigsten Lebensinhalten.

Bei einem Seminar verbrachten wir drei Tage in einem Kellergewölbe. Es war so hell, dass man Zeitung lesen konnte. Ohne Kerzen, ohne elektrisches Licht. Die pure Energie leuchtete im Raum. Für uns war das normal.

Durch mein Naturverständnis war ich den meisten anderen voraus. Ich war mit der Natur aufgewachsen, sie war in jeder Beziehung meine Freundin. Eine gigantische Voraussetzung. Daraus ergab es sich, dass ich mich in einigen Seminaren zum Co-Leiter entwickelte. Meine Vision war damals, durch Österreich und ganz Europa zu ziehen, um Schwitzhütten aufzubauen, Seminare zu geben und die Botschaft zu verbreiten: «Unsere Strukturen werden aufplatzen, und die Liebe wird herausströmen. Wir werden uns wieder besinnen auf natürliche Werte und soziale Gerechtigkeit; auf das, was der heutigen Gesellschaft fehlt.» Das waren Dinge, von denen schon die Hopi-Indianer auf ihrer Mission durch die Welt berichtet hatten, als sie der Zivilisation in Aussicht stellten, dass «unser Ende auch euer Untergang sein wird». Sie bezogen sich auf das Gleichgewicht, das in der Natur herrschen muss, damit sie weiter bestehen kann.

Noch eine Kraftquelle

Ein Freund von mir hatte gerade eine zweijährige Urschrei-Therapie hinter sich gebracht. Diese Therapie nach Arthur Janov beruht auf der Theorie, dass sich sämtliche menschlichen Neurosen auf dem Grundstein des ersten Baby-Schreis aufbauen. Das Kind will aus seinem warmen Nest eigentlich gar nicht heraus und wird doch «zwangsgepflückt». Fazit: Will man sein Leben aufarbeiten, seine Neurosen loswerden, heißt es zurückgehen zum ersten (Ur-)Schrei.

Mein Freund und ich verabredeten einen Austausch. Ich sollte einmal einen «Urschrei-Kurs» belegen, während er in ein Schamanen-Seminar reinschauen wollte. So fuhr ich zu diesem Kurs nach

Deutschland. Das Thema: «Rebirthing». Das Angebot: ein Urschrei-Therapie-Workshop. Vom Therapeutischen her hatte ich wirklich schon Besseres erlebt, als uns da angeboten wurde.

Doch plötzlich berichtete der Kursleiter – ein ansonsten indisch beeinflusster Mensch, der sich «Nadam» nannte: «Meine Kraftquelle ist Jesus.» Das Drumherum dieses Kurses war mir eigentlich ziemlich wurscht. Aber dieser Name «Jesus» hat in mir auf einmal etwas bewirkt. Dabei war die Kirche für mich immer ein rotes Tuch gewesen. Ihre Geschichte hatte ich nie mit dem, was sie zu sein vorgab, auf einen Nenner bringen können. Ich musste immer an Hexenverbrennungen und die Ausrottung von Völkern denken. Und jetzt dieses Wort: «Jesus». Aus heiterem Himmel. Es war, als ob eine Saite, die nie vorher geklungen hatte, in mir angeschlagen worden wäre.

Als ich dort wegfuhr, hatte sich bei mir etwas verändert. Ich war in dieser Zeit gerade dabei, für meine damalige Freundin ein Horoskop-Buch zu zeichnen. Das Büchlein sollte von ihrer Geburt, den verschiedenen Stationen ihres Lebens und ihrer Zukunft handeln, damit sie auf die verschiedenen künftigen Einflüsse gut vorbereitet wäre. Aber das interessierte mich alles auf einmal nicht mehr. Innerhalb von zwei oder drei Tagen hatte sich in mir eine Wandlung vollzogen.

Gott begann, in mein Leben einzugreifen. Für mich weckte der besagte Urschrei-Therapeut den Anschein, als wäre er gläubig. Er spielte regelmäßig spektakuläre Auftritte vor. Zum Beispiel «zelebrierte» er eine Art Sprechen in uns unbekannten Sprachen.

Das Komische dabei war: Einige Menschen bekehrten sich bei diesen Seminaren zum christlichen Glauben. Nicht durch den Therapeuten, denke ich. Nein, Gott selbst hat sie berührt. Ausgerechnet diesen Rahmen also, der mit ihm so gar nichts zu tun hat und der eher noch in die ganz andere Richtung wegdriftet, hatte Gott sich ausgesucht, um Leute zu sich zu ziehen. Nur sind die Leute anschließend nicht mehr zu diesem Therapeuten zurückgekehrt, sondern suchten sich irgendwann christliche Gemeinden.

Dieser eigenartige Lehrer Nadam wurde später einmal von einem Pastor aus Linz besucht. Bei diesem Treffen stellte sich heraus, dass der Therapeut besessen war. Er war kein Christ. Zwar war er knapp davor, aber er scheiterte immer an irgendetwas. Knapp daneben ist eben auch vorbei. Für mich war es umso faszinierender, wie Gott diesen Rahmen trotzdem benutzt hat, um Menschen zu gewinnen. Später kam der Therapeut von seiner Jesus-Welle wieder ab, weil die Leute ja nicht mehr zu ihm kamen. Sie wurden gläubig und brauchten ihn nicht mehr.

Dasselbe geschah mit mir: Wie von selbst interessierte und faszinierte mich die gesamte Esoterik im Handumdrehen nicht mehr. Irgendetwas geschah in mir, ich hatte aber keine Ahnung, was es war. Ich habe diesen Jesus nicht mehr «rausbekommen». Ich wollte es auch nicht. Es hat wohlgetan. All die Widerstände, die ich gegen die Kirche hatte, waren ihm gegenüber nicht da. Die Kirche war eines, Jesus war etwas anderes.

Im Lauf der Jahre hatte ich mehrere Geliebte gehabt, bei denen ich immer wieder gerne gesehen war. Auch diese Beziehungen brach ich ab. In meinem Leben keimte der Wunsch nach Ordnung auf. Denn mehr und mehr erkannte ich, dass ich in einem totalen Chaos lebte.

Aus einem inneren Impuls heraus begann ich zu beten. Ich betete für eine Frau. Eine fürs Leben. In der Zwischenzeit ließ sich meine heutige Frau scheiden. Sie und ihr damaliger Mann waren Bekannte aus meiner Hippie-Zeit. Obwohl ich lange nichts mehr von ihr gehört hatte, spürte ich instinktiv: Der Lisbeth geht's schlecht. Deshalb fuhr ich hin. Sie war in einer Situation, in der sie Trost und Aufmerksamkeit brauchte. Dinge, die ich ihr anbieten konnte. Ich hatte dabei nicht den geringsten Gedanken, sie als Frau zu begehren.

Wir waren gerne zusammen, und durch unsere Gespräche und auch Gemeinsamkeiten entstand in mir eine große Wärme und Zuneigung für sie, ein Bedürfnis, sie zu beschützen und für sie da zu sein. Daraus wurde dann Liebe – und Christian, unser Sohn. Er ist heute dreizehn Jahre alt. Dabei schob Gott sich immer mehr in unser Leben hinein.

Bei meiner Frau brachen mit der Zeit die unverarbeiteten Wunden aus der früheren Beziehung auf. Es kam sogar so weit, dass ich nur noch weg wollte. Aber ich konnte nicht. Ich hatte den Eindruck, dass sie die Frau war, die Gott mir als Antwort auf meine Gebete geben wollte. Außerdem war Christian ja bereits da.

In derselben Zeit begann ich in der Bibel zu lesen. Die negativen Gefühle wurden irgendwie aufgefangen und verändert. Aus innerer Überzeugung heraus hatte ich mich zu Jesus bekehrt. Ebenso wie früher schon die Kräfte in der Esoterik konnte ich nun auch ihn *real* spüren. In den Gesprächen mit Lisbeth fielen mir hin und wieder sogar Sätze aus der Bibel ein, die ich wissentlich noch gar nie gelesen hatte. Sie waren einfach da. In meinem alten Leben hatte es auch viele solcher Phänomene gegeben. Aber nachdenklich wurde ich nun trotzdem. Früher gehörten solche Dinge teilweise zu meinen ganz eigenen Verdiensten. Hier aber musste ich eingestehen, dass Gott für diese Eingriffe verantwortlich war.

Panne mit 120 Stundenkilometern

Ich kam aus der Esoterik heraus und war baff über die Güte Gottes und die Art, wie er mich durch mein Leben getragen hatte. Schon oft war mir der Tod ganz nahe gewesen: Neben mir sind Menschen erschossen worden, als Kind hing ich bei einem Verkehrsunfall im Auto über einer Brücke, und in meiner Drogenzeit, als ich mit 96-prozentigem Heroin experimentierte (an dieser Menge wären normalerweise zwei bis drei Menschen gestorben), kam ich mit dem Schrecken davon. Erst bei meinem Rückblick erkannte ich die Bewahrung Gottes. Ich bin hier, ich bin gesund, und ich habe keinen Dachschaden. Alles in allem: ein Wunder.

Die Bibel wurde mir immer lieber. Gott brachte mir alles «rüber» und schenkte mir ein Verständnis der biblischen Texte. Zum Beispiel: «Ich bin der Weg, die Wahrheit und das Leben, niemand kommt zum Vater denn durch mich.» Dieser Satz leuchtete mir sofort ein. Und auch den Zusammenhang zwischen Altem und Neuem Testament begriff ich rasch, zum Beispiel die Prophezeiungen, die schon siebenhundert Jahre vor Jesu Geburt auf ihn hinwiesen.

Ich dachte mir: Das ist es! Vorher war ich immer auf der Suche nach Sinn und Wahrheit gewesen. Ich war immer unterwegs, und meine Motivation war nicht schlecht gewesen. Dann hat Gott mich gefunden. Wie es in der Bibel steht: «Wer [in Wahrheit] sucht, der wird finden.» So erstaunte es mich überhaupt nicht, dass ich plötzlich bei Gott angekommen war. Bei einem Gott, der an mir persönlich interessiert ist und der mich meint. Bei einem Gott, dem man nicht während der Meditation ein Scheibchen seiner Anwesenheit abringen muss, sondern bei einem Gott, der immer voll präsent ist. Mit meinem Verstand konnte ich das ohne Weiteres annehmen. «Okay, das ist die Wahrheit. Das ist die Antwort auf mein ganzes Suchen. Das akzeptiere ich jetzt.»

Unser Leben war in dieser Phase immer noch ein Chaos, trotz meines Dranges nach Ordnung. Es war ironischerweise sogar eine meiner schlimmsten Zeiten. Wir ließen uns dann beide taufen. Ich wusste einfach, dass ein neuer Lebensabschnitt begonnen hatte. Unser Chaos bestand aber weiterhin.

Im Kopf hatte ich Jesus angenommen. Als «den Weg, die Wahrheit und das Leben». Aber Dinge, die bei mir nur im Kopf sind, können mich auf Dauer nie halten. Gott wusste: Der braucht noch was, damit er dranbleibt.

Ich arbeitete siebzig Stunden in der Woche als Tankanlagenmonteur. Lisbeth und ich wollten den Weg gemeinsam gehen, also musste ich Verantwortung übernehmen. Noch sahen wir keine Möglichkeit zum Heiraten. Ich fragte: «Herr, wie soll das weitergehen? Ich sehe kein Licht. Ich sehe nicht, wie ich so ein Leben noch länger aushalten kann.»

Auf der Rückfahrt von Eibelswald auf der Südautobahn Richtung Schwarzau gab Gott mir die Antwort. Bei Tempo 120 platzte ein Reifen des Firmenautos. Die Rohre auf dem Dach scherten aus und sorgten für zusätzliche Instabilität. Es war unmöglich, das Auto unter Kontrolle zu bringen. Resultat: Zwei Monate Krankenhaus, acht weitere Monate krankgeschrieben, medizinisch gesehen eine kaputte Hand.

Folgendes war passiert: Nachdem der Reifen geplatzt war, versuchte ich das Auto verzweifelt wieder unter Kontrolle zu bekommen. Bis dahin hatte ich schon einige hunderttausend Kilometer heruntergespult, hatte unzählige Gefahrensituationen erlebt und noch nie einen Unfall gehabt. (Es blieb bis jetzt auch mein einziger. Heute bin ich bei zirka 1,2 Millionen Kilometern angelangt.) Ich glaubte, ich könne Auto fahren. Jetzt saß ich in einem Wagen, in dem ich schon über die Distanz von fünfhundert Metern ohne Bremskraftverstärker und ohne Servolenkung um die Kontrolle kämpfte. Von einer Seite der Autobahn auf die andere. Von der Böschung und dem klaffenden Abgrund hinüber zur Leitplanke und wieder zurück. Ich entschied mich zu guter Letzt doch noch für die Leitplanken. Mein Beifahrer «rettete» sich durch einen Sprung aus der offenen Tür, der Lieferwagen war noch mit 80 Kilometern pro Stunde unterwegs. Ich war allein im Auto und wusste, ich konnte rein gar nichts mehr tun.

Ich habe hier keine Kontrolle mehr.
Hier ist meine Fahrkunst am Ende.
Ich gebe auf.

Ich kann mich noch sehr gut erinnern: Ich habe einfach aufgehört zu kämpfen. Ich dachte: Das war's jetzt. Auf einmal spürte ich Jesus. Nicht irgendetwas. Jesus war bei mir im Auto. Mit einem Schlag wusste ich: Er hat mein Leben in seiner Hand. In diesem schlingernden Auto erlebte ich ein Glücksgefühl, das ich niemals beschreiben könnte. Ein Gefühl der Liebe, des Friedens, der Geborgenheit. Einen Moment der Gemeinschaft mit dem lebendigen Gott. Es gab nichts mehr um mich herum. Nur noch Jesus. Und dieses Gefühl des vollkommenen Glücks. Keine Lisbeth, keine Kinder, kein Gestern, kein Morgen. Nur noch Jesus. Ich war wie im Himmel. Ich schaute die Herrlichkeit Gottes.

Dann kam der Crash. Der Wagen überschlug sich. Meine Hand schleifte auf der Straße, weil das Auto seitlich rutschte. Mit meinem steirischen Schädel rammte ich die Windschutzscheibe, aber ich war keine Sekunde bewusstlos. Ich flog im Auto herum, wusste nicht, wo oben und unten war – aber irgendwann war es dann ruhig. Ich fand irgendwo den Vorderausgang (da, wo keine Scheibe mehr war), kam irgendwie auf die Beine und klopfte sie ab mit einem Arm, an dem rund um den Ellbogenknochen das Fleisch fehlte. Dabei freute ich mich, dass beide Beine noch heil waren.

Die Leute schauten mich an, als ob ich gerade vom Mars gekommen wäre. Meine Kopfhaut hing mir mitsamt den Haaren bis über die Augen. Im Kopf steckten Scherben von der Scheibe. Mein Arm dürfte auch etwas eigenartig ausgesehen haben. Mein Körper war zerschnitten und von Öl und Kühlflüssigkeit verbrannt. Und ich stehe da und freue mich. Als die Leute nicht aufhörten zu gaffen, suchte ich meinen Kollegen. Er lag reglos auf der Straße. Mit einer Hand, die gar nicht mehr funktionieren konnte, einer gebrochenen Schulter und einer Kopfhaut, die mir immer mehr die Sicht nahm, schleppte ich ihn auf die Seite, und dann musste ich mich hinsetzen. Jetzt wurde mir auch klar, warum die Leute so starrten: Nicht weil ich so furchtbar anzusehen war, sondern weil es ein *Wunder* war, dass aus diesem Auto *überhaupt* noch jemand ausgestiegen war. Und das auf seinen eigenen zwei Beinen. Halleluja.

Das war die Antwort, weil Gott einfach wusste, dass ich ihn erleben musste. Seit jenem Augenblick ist Jesus für mich kein Diskussionspunkt mehr. Er ist Realität. Obwohl ich vielleicht immer noch kein vorbildlicher Christ bin und immer noch eigene Wege gehen will, viele Fehler an mir habe und vieles falsch mache, ist die Liebe Gottes doch unbeschreiblich. Unvorstellbar. Ich kann einfach nur dankbar sein über diese Gnade, die er mir zukommen lässt. Dass ich – so, wie ich bin – ein Gotteskind sein darf.

Mittlerweile hatte ich viele Gespräche mit Menschen, die sich mit Esoterik oder sonst etwas aus dieser Ecke beschäftigen. Gott hat mich wohl nicht zuletzt deshalb so lange in der Esoterik gelassen. Für einen Esoteriker gibt es nämlich nichts Schlimmeres, als sich mit einem Christen zu unterhalten, der keine Ahnung von dem ganzen Bereich hat und immer nur sagt, dass das, was man macht, rundum falsch ist. Wenn Jesus mit Menschen zusammen war, hat er ihnen immer ins Herz geschaut. Er wusste immer, was mit diesen Menschen los war. Er wusste, wer sie waren und was sie bewegte.

Genauso ist es mit einem Esoteriker. Man muss ihm ins Herz schauen. Ansonsten spricht man an ihm vorbei. Für mich gab es nichts Schlimmeres als jemanden, der mir erklärte, was an der Esoterik alles gefährlich und schlecht ist, und zugleich keinen blassen Schimmer von der ganzen Thematik hatte. Das ist für mich eine inakzeptable Form der Besserwisserei. Ich musste von meinem Gegenüber Liebe spüren, musste spüren, dass ich ihm ein Anliegen bin. Hier fallen mir die Jesus-People ein, bei denen ich immer gerne gesessen hatte, als ich fünfzehn oder sechzehn Jahre alt war.

Es mag sein, dass vieles hier arrogant oder zynisch klingt. Aber das ist nicht meine Absicht. Es war einfach mein Leben. Dass ich überhaupt noch hier bin und ein Kind Gottes sein darf, das habe ich den vielen Wundern zu verdanken, die in meinem Leben passiert sind.

Es gibt nur zwei Arten von Geistern

Die größte Lüge des Teufels ist die, dass er den Menschen glaubhaft zu machen versucht, es gäbe ihn gar nicht. Wenn er das erreicht hat, braucht er gar nicht mehr viel Energie zu investieren, um zu suggerieren, dass es Gott auch nicht gibt. Dann entsteht ein riesiger Mischmasch, in dem alle Freiheiten gegeben sind, aber keine Regeln mehr.

Obschon ich zugeben muss: Als ich in diesem «freien Land» drin war, war das «Drin-Sein» für mich nicht so schlimm, sondern sogar sehr schön.

In der Bibel ist von verschiedenen Zeiten die Rede. Wenn ich mir heute die Welt anschaue, gerade auch in Bezug auf Esoterik, kann ich mir gut vorstellen, dass wir jetzt in einer Zeit leben, in der sich viele Offenbarungen erfüllen. Oder dass wir uns gar am Anfang der so genannten Endzeit befinden, vielleicht auch schon mittendrin. Das würde bedeuten, dass auch der Antichrist sein Reich baut. Das lässt sich schwarz auf weiß in der Bibel nachlesen. Der Geist, der sich hinter der Esoterik versteckt, deckt sich exakt mit dem Geist, der in der Bibel so warnend beschrieben wird. Das beste Mittel, die Leute von Gott wegzuziehen, ist bestimmt die Esoterik. Auf den Punkt gebracht ist es doch so: Es gibt nur zwei Arten von Geistern auf dieser Welt. Der eine Geist kommt von Gott. Er bekennt klipp und klar, dass Jesus der Sohn Gottes ist. Der andere Geist kommt vom Widersacher. Der will nicht, dass man zu Gott kommt. Er führt in die Irre, und letztlich will er nur eines: zerstören.

Je mehr man sich mit der Esoterik beschäftigt, desto tiefer verstrickt man sich darin. Ab einem bestimmten Punkt fängt es an, satanisch zu werden. Zuerst ist das Interesse da. Verständlich, wie ich meine. Nicht jeder Mensch gibt sich mit Oberflächlichkeit zufrieden. Also beginnt er zu suchen. Das Angebot ist sehr groß. Man beschäftigt sich damit. Mit wachsendem Verständnis verfängt man sich immer mehr in diesen Strukturen und wird selbst ein Teil davon. In dieser Phase kommt der Macht-Faktor dazu. Es beginnt plötzlich gefährlich zu werden. Am Anfang weiß man nicht, auf was für Kräfte man sich da einlässt. Es kann sehr leicht passieren, dass man unbewusst zum Medium wird. Ohne bewusste Entscheidung kann man aber nicht bis zum Ende gehen.

Heute kann ich Gott nur danken. Denn ich ging mit Leichtfertigkeit und Naivität die extremsten Wege. Andere – Bekannte und Kollegen von mir – wurden durch ähnliche Praktiken verrückt und landeten in Nervenheilanstalten. Ich denke, dass ich während meiner Zeit vor allem deshalb beschützt wurde, weil es mir nie um Macht gegangen war.

Interessant ist, dass ich, seit ich Christ geworden bin, gewisse Dinge wie zum Beispiel die Aura eines Menschen nicht mehr sehen kann. Ich habe sehr vieles einfach vergessen, seit Jesus in meinem Herzen wohnt.

Götter, Liebe, Lichter

Sowohl in der Bibel als auch in der Esoterik wird viel über Gott gesagt. Wobei in der Esoterik ein Mischmasch mit allen anderen spirituellen Disziplinen und Religionen angerührt wird. Kein Esoteriker wird daher eingestehen, dass Jesus der einzige Sohn von Gott ist und dass es keinen anderen Weg zu Gott gibt als den über Jesus Christus.

Weisheiten findet der Esoteriker in allen Religionen. Auch in der Bibel. Für Weisheiten ist die Tür des Esoterikers immer offen. Jesus ist sowohl im Islam als auch im Buddhismus ein anerkannter Prophet. Seine Lebensweise und sein Dienst sind deshalb auch für esoterisches Gedankengut ganz gut zu gebrauchen. Also findet man Jesus ebenso wie andere Götter und andere spirituelle Größen ohne weiteres in der Esoterik. Der große Unterschied zum Christentum ist, dass Jesus als alleiniger Weg und Sohn Gottes geleugnet wird. Jesus ist dem Esoteriker bekannt als «Jesuslicht» oder als «Christusliebe», aber nicht als Retter oder Erlöser.

Kein Mensch der Welt kennt die Bibel so genau wie der Teufel. Er gibt sich die größte Mühe, jede Person zu verführen. So wie er Jesus dreimal versucht hat – auch mit Bibelworten übrigens. Jesus ließ sich aber nicht auf Machtspiele ein, sondern antwortete seinerseits mit Bibelworten: «So steht es geschrieben ...» Beim dritten Mal hat sich der Teufel schleichen müssen. Daran sehe ich, wie wichtig es ist, das Wort Gottes zu kennen.

Es heißt, dass Gott die Gesetze nicht mehr in Stein meißelt, sondern dass er sie in unsere Herzen schreibt. Für mich ist es heute nicht mehr möglich, eine große «Kompromissbereitschaft» zu leben. Gott brachte Ordnung in mein Herz und immer mehr auch in mein Leben – was nicht heißt, dass ich jetzt ohne Fehler wäre. Es ist mir aber nicht mehr möglich, Dinge, die Gott nicht will, als gut darzustellen. In der Esoterik fand ich für alles eine Erklärung. Alles hatte Ursache und Wirkung. Das ist der Teufelskreis in dem Ganzen. Man kann sich endlos im Kreis drehen, ohne jemals eine wirkliche Antwort zu bekommen. Man saugt sich im Gegenteil voll wie ein Schwamm, bis man schließlich absäuft. Bis man in der Klapsmühle landet oder echt dämonische Erlebnisse hat.

Nachdem ich einmal all meine Erlebnisse aneinandergereiht hatte, hörte ich am Ende meiner Schamanen-Zeit eine Stimme. Sie sagte: «Bis hierher habe ich dich geführt. Wenn du weitergehen willst, dann will ich *dich*.» Auf einmal kapierte ich, dass es hier um meine Seele ging. Das Weitergehen hätte bedeutet, dass ich vielleicht zu einem Magier geworden wäre. Enorme Mächte hätten mir zur Verfügung gestanden. Und das, ohne dass ich dafür einen einzigen Schilling hätte bezahlen müssen. Meine Seele hätte gereicht!!! Hätte Gott mich nicht rausgeholt aus dem Ganzen, dann ... (Nein, ich will es gar nicht wissen!)

Wichtig ist klarzustellen: Es gibt diese Dinge. Man darf nicht den Fehler machen, zu glauben, diese Sphären gäbe es nicht. Es gibt Gott. Es gibt seine Kraft. Und den Teufel gibt es auch. Er ist der Fürst dieser Welt. Und für den Teufel ist nichts einfacher, als Wunder zu tun. Ich habe in der Esoterik mehr Wunder gesehen als in den letzten zehn Jahren in der christlichen Gemeinde. Für den Teufel ist es der geringste Aufwand, Außergewöhnliches zu tun. Die Leute wollten schon immer Wunder sehen. Jesus entgegnete: «Wenn ihr nicht Zeichen und Wunder seht, so glaubt ihr nicht.» Jetzt sehen sie genug Wunder. Nur kommen sie oft nicht von Gott.

Jesus spricht von Buße. Und er sagt: «Liebe Gott und deinen Nächsten.» Nicht: «Renne von einem Wunder zum anderen.» Oder übertragen auf die christliche Szene: «von einer Erweckungsveranstaltung zur nächsten». Gott hält sich meiner Meinung nach mit Wundern, wie wir sie aus der Esoterik kennen, zurück, weil die Menschheit selbstsüchtig ist. Was nicht bedeutet, dass Gott irgendetwas unmöglich wäre.

Heute muss ich mir nichts mehr vormachen. Ich bin dankbar, dass Gott da ist und ich von Tag zu Tag mit seiner Kraft rechnen kann. Dass er mich liebt, so wie ich bin. Dass ich keine Sekunde mehr nach etwas suchen muss. Dass ich existierten darf, trotz der Schwächen und Fehler, die ich habe. Dass ich durch ihn die Dinge so sehen kann, wie sie wirklich sind. Und dass er mir hilft im Umgang mit Menschen und mit meiner Familie.

Lisbeth und ich sind jetzt elf Jahre verheiratet und haben noch einen Sohn bekommen: Benjamin, der durch eine Narkose bei der Kaiserschnitt-Operation behindert ist. Wir erleben an ihm und mit ihm die Größe Gottes. Vieles in seiner Entwicklung ist ein Wunder. Er macht Dinge, von denen man meint, dass er sie eigentlich gar nicht machen könne, weil statt einiger Informationen in seinem Gehirn nur «Hohlräume» sind.

Benjamin ist ein Werkzeug Gottes, für uns und für andere – eine Last, die uns zum Segen geworden ist.

Fritz Rinnhofer (43) lebt mit seiner Familie in Würnitz, Österreich, und arbeitet als Tankanlagenmonteur.

Kapitel 13

Madeleine Wehrli-Schnydrig:

«Selbstmord? Kein Problem, ich komme schließlich wieder!»

Ein Schrei – und alle Augenpaare um das Neugeborene herum leuchten glücklich. Es lebt! Das ist einer der wohl schönsten Augenblicke, die man im Krankenhaus erleben kann.

Ein Säugling ist noch so klein, wirkt so zerbrechlich, und hat doch schon alles, was er zum Leben braucht. Alles ist angelegt in seinen Erbanlagen, in seinen Genen. Er ist eingetreten in diese Welt und wird sich entwickeln. Mit Geschenken wird ihm und den Seinen die Freude an dem neuen Leben gezeigt.

Mit der Geburt, auch wenn man in diesem Augenblick nicht daran denkt, vollziehen sich auch rechtliche Dinge. Das Kind bekommt die Staatsangehörigkeit und erhält, nach einzuhaltender Frist, die Möglichkeit zu erben. Es bekommt dann, zum Teil auch erst Jahre später, alle Rechte und Pflichten eines Staatsbürgers. All das beginnt mit der Geburt.

Beruf und Berufung

Schon als kleines Mädchen träumte ich davon, Krankenschwester zu werden. Ich wollte mich um das Wohl anderer kümmern. Mein Wunsch ging in Erfüllung. Ich bekam die entsprechende Lehrstelle.

Grundsätzlich gefiel mir der Beruf sehr gut. Die Beziehung zu anderen Menschen, das In-Kontakt-Treten mit einem Gegenüber, war für mich von Anfang an sehr spannend. Jeder Tag, jede Situation war anders. Ich wollte die Menschen spüren, wollte auf sie eingehen können und ihnen eine Hilfe sein. In den drei Ausbildungsjahren kamen bei mir aber auch viele Fragen auf. Es gab einige entscheidende Dinge, die mir nicht passten. Ich fand es schade, dass die gesamte Apparatemedizin den Menschen in den Hintergrund drängt. In der Pflegetheorie sah zwar alles hübsch aus. Wenn man das dann aber in die Realität umsetzen wollte, kam das Seelische viel zu kurz. Alles war zu einseitig, der Blick blieb immer nur auf die Symptome gerichtet – wo blieb da der Mensch in seiner Ganzheit? Ein Dorn im Auge war mir auch die ganze Chemie mit all ihren Nebenwirkungen. So kam immer mehr die Frage in mir auf, ob den Menschen nicht noch anders geholfen werden könnte. Mich dürstete nach dem «versteckten Wissen», weil wir uns ja sowieso in Sachen Wissenschaft immer nur «im heutigen Stande des Irrtums» befinden.

Schulmedizin kontra Paramedizin

So besuchte ich 1980, nach meinem Diplomabschluss zur Krankenschwester, meinen ersten Naturheilkurs: Fußreflexzonen-Massage. Das war damals frisch auf dem «Markt», man wusste noch wenig darüber. Wissenschaftlich belegt ist diese Methode nicht. Sie beruht auf der Annahme, dass die einzelnen Organe durch Massagepunkte auf der Fußsohle vertreten sind. Wenn ich diese Punkte massiere, kommen Energieströme in Fluss. So kann ich Blockaden lösen und die Organe vitalisieren. Dabei ist auch die Intuition sehr gefragt.

Ich war begeistert! Ein neuer Weg schien sich mir da aufzutun. Danach wollte ich nicht mehr nur die Füße, sondern gleich den ganzen Körper massieren. Durch die intensive Berührung konnte ich Menschen auf einer ganz anderen Ebene begegnen und näher kommen. Eine neue Gefühlswelt tat sich mir auf. Bald kamen ergänzende Kurse wie «Polarity» und «Touch for Health» dazu. Mich hatte es gepackt; das alles war ja so faszinierend! Diesen Weg wollte ich weiter beschreiten.

Damals dachte ich noch nicht an den konkreten Einsatz esoterischer Praktiken. Ich wollte mich einfach informieren, was es fernab von Chemie und Apparate-Technik sonst noch gibt, wollte mir zuerst einmal einen Überblick verschaffen. Inzwischen hatte ich seit dem Diplom schon eineinhalb Jahre an meinem Ausbildungsort ausgeharrt. Jetzt konnte die Reise losgehen. Die Welt lag mir praktisch zu Füßen. Überall gibt es Kliniken, und ich konnte mir aussuchen, wohin ich gehen wollte. Ich wählte – ein Eldorado für Alternativmedizin – den Kanton Appenzell Ausserrhoden und kam so 1981 nach Herisau, um im dortigen Krankenhaus zu arbeiten. Da wollte ich weitere Puzzleteile für ein Angebot suchen, dank dem ich den Menschen helfen könnte. Ich belegte Kurse wie Kinesiologie, EDU-Kinestetik, Phyto-Therapie, Bachblüten-Therapie, Kneippen, Schröpfen, Wickel, Lymphdrainage und andere.

Sinne entfalten, Leben genießen

Durch diese Kurse bekam ich ein anderes Verhältnis zu meinem Körper. Ich wollte meine Sinne zur Entfaltung bringen. So wurden Erotik und Sexualität in meinem Sein ganz zentral. Mit der partnerschaftlichen Treue nahm ich es nicht so genau. Es gab für mich nur eine theoretische Treue, die mit dem Körper nichts zu tun hatte. Ich war eine Frauenrechtlerin und wollte ganz bestimmt nie heiraten.

Mit meinem Freund Richi vereinbarte ich, dass wir beide ein sehr eigenständiges Leben führen durften. Beide sollten mit der nötigen Rücksichtnahme den eigenen Weg gehen können. So galten jeder Flirt und jedes Ausschweifen für mich als ein Mosaiksteinchen auf dem Weg meiner Entwicklung.

Inzwischen hatte ich mir ganz eigene Ansichten zurechtgelegt und versuchte, danach zu leben. Ich wollte das Leben in vollen Zügen genießen! Trotzdem dachte ich: «Wenn ich mich zu stark in etwas verstricke und keinen anderen Ausweg mehr sehe, gibt es ja immer noch den Suizid.» Damit würde ich mir bestimmt nichts verbauen. Schließlich komme ich, laut Reinkarnationslehre, wieder auf diese Welt zurück und kann dann im nächsten Leben etwas besser oder doch zumindest anders machen.

Um meinen Körper gesund und vital zu erhalten, begann ich viel Sport zu treiben: Rad fahren, Joggen, Skitouren, Wandern, Klettern. Dabei suchte ich Grenzerfahrungen: Darf ich diese steile Felswand traversieren, diesen schmalen Grat überqueren, diesen Riesenschritt über die tiefe Kluft tun, mit dem Fallschirm aus dem Flugzeug springen? Ich übernachtete bei Sturm im Iglu, ließ mich in einer Lawine vergraben und aus einer Gletscherspalte retten.

Dem Essen ließ ich neue Aufmerksamkeit zukommen. Das Zeitalter der Kornmühle und der Saftpresse hatte begonnen. Ich versuchte mich möglichst gesund und vegetarisch zu ernähren. Dazu las ich die passende Literatur und besuchte einen Alternativ-Kochkurs.

Mit Vorliebe kleidete ich mich in Seide, um für die All-Energie sensibler zu sein. Eine Farb- und Typen-Beratung musste her, und dann besuchte ich auch gleich noch einen Nähkurs.

Gerne wollte ich auch meine kreativen Seiten fördern, um von innen heraus gestalterisch zu wirken. Kurse dieser Art waren jetzt zwingend angesagt.

Um Mutter Erde etwas näher zu kommen, entschied ich mich, in meinem Beruf für ein halbes Jahr zu pausieren, um eine Bäuerinnenschule zu besuchen.

Schöne neue Welt

Mein Denken veränderte sich mehr und mehr. Was so unscheinbar und sanft begonnen hatte, entwickelte nun eine kraftvolle Eigendynamik. Ein Sog hatte mich erfasst. Über die Alternativmedizin war ich unmerklich in die Esoterik hineingerutscht. Nun interessierten mich auch andere Philosophien und Religionen. Zurück im Beruf, merkte ich, dass sich auch meine ethische Haltung verändert hatte. Für die Patienten, die leiden mussten, hätte ich beispielsweise die Hilfe der Sterbeorganisation «Exit» durchaus begrüßt. Warum sollten sie so leiden? Die Patienten hätten reinkarniert doch die Chance, ihr nächstes Leben anders anzugehen!

Und mein eigener Tod? Der Suizid stand mir immer wieder vor Augen. Die Frage, woher ich komme und wohin ich gehe, dröhnte jedoch in meinem Schädel und in meinem Herzen. Ich verschlang New-Age-Bücher, besuchte Vorträge über das beginnende Wassermann-Zeitalter, ließ mir und meinem Freund ein persönliches Horoskop erstellen – und war doch immer weiter auf der Suche.

Die «Energietheorie» wurde für mich glaubwürdig: Alles auf der Welt und im All bewegt sich. Alles hat potentielle Energie. Alles hat ein Energiefeld, eine Aura um sich. Alles beeinflusst sich gegenseitig. Ich, Mensch als Mikrokosmos, bin im Universum, dem Makrokosmos, eingebettet. Zwischen dem Menschen und dem Universum gibt es Entsprechungen. Die All-Energie fließt auf meinen Meridianen. Nun war es mein Ziel, in dieser kosmischen Ebenbildlichkeit mein wahres Selbst zu entfalten. Dazu musste ich mit der All-Energie in Einklang sein. Dauernd war ich damit beschäftigt, diese Energie aufzutanken oder Blockaden im Energiefluss zu lösen. Um den Menschen zu helfen, musste ich doch erst einmal mein *eigenes* «Ich» entdecken und eine höhere Bewusstseinsstufe erreichen. Ich war auf dem Egotrip! Rein beruflich gesehen wurde Krankheit für mich zu einer Störung im Energiefluss.

In den Krankenhäusern war die Zeit schon damals knapp bemessen. Deshalb konnte ich mein zusätzliches Wissen nur sehr selten anwenden. Ich probierte es mehr an mir selbst und meinen Kolleginnen aus. Ihnen erzählte ich auch immer wieder von meinen neuen Entdeckungen. Ich fühlte mich gut dabei, den anderen stets eine Nasenlänge voraus zu sein. Teils verstanden sie zwar nichts davon, teils faszinierte es sie aber ebenfalls. Den Interessierten gab ich bereitwillig mein Wissen und Können weiter.

Gehen im Stehen

Nun reifte der Entschluss in mir, mich berufsbegleitend zur Naturheilpraktikerin ausbilden zu lassen. Ich wollte wissen, wie das Selbstheilungssystem im Körper aktiviert wird, wie man die Seele beeinflussen und wie der Geist befreit werden kann. Als B-Mitglied trat ich dem Naturärzteverband bei und konnte so dessen Weiterbildungen besuchen. (A-Mitglieder haben eine eigene Praxis, B-Mitglieder sind «Fans».) Ich liebäugelte mit der Anthroposophie und wollte mich in der Lukasklinik in Arlesheim ausbilden lassen. Da der Andrang dort riesig war, kam ich auf die Warteliste. In dieser Zeit des Wartens nahm ich das Angebot an, als Schulassistentin in St. Gallen in der Kaderschule zu arbeiten. Da ging es mir ganz gut: Ich hatte jetzt regelmäßige Arbeitszeiten! Dadurch war es einfacher, Kurse zu besuchen.

Meine Suche nach dem Sinn des Lebens ging allerdings unvermindert weiter. Ich fastete, baute fernöstliche Musikinstrumente, um mich dem intuitiven Spiel hinzugeben, übte mich im Oberton-Singen und meditierte mit verschiedenen Techniken – alles nur, um zu mehr Selbsterkenntnis zu gelangen und meine geistige Entwicklung voranzutreiben.

Trotz meiner Bemühungen fühlte ich mich aber immer mehr wie in Ketten. Ich fand einfach keine Ruhe und spürte, dass irgendetwas fehlte. Wo war bloß die Blockade in der Leitung?

Um diese Blockaden zu lösen, ging ich eineinhalb Jahre zur Supervision nach Frankreich. Dort versuchte ich, meine Probleme darzulegen. Leider wusste ich nicht einmal genau, wie ich sie formulieren sollte. Sie waren ungreifbar, undefinierbar! Also waren Kurse angesagt, zum Beispiel Argumentationstraining, TZI (= Themenzen-trierte Interaktion), TA (=Transaktionsanalyse) und andere. Ich ar-beitete mit Farben und mit der Atmung und wandte positives Den-ken an. Meine innere Leere aber war wie ein Sog. Sie verlangte nach mehr und nach noch mehr. Kurs reihte sich an Kurs: Tai Chi, Pendeln, Radiästhesie, Physiognomik, Geistheilen.

Ich wollte mich in einer Spirale höher schrauben, versank dabei aber immer mehr im Sumpf okkult-esoterischen Lebens. Ich war ein-fach nicht frei. Weil ich mir immer Überblick und Durchblick hatte verschaffen wollen, unter dem Strich aber immer noch an Ort und Stelle trat und weder Ruhe noch Freiheit noch Frieden hatte finden können, rückte das Helfen-Wollen vorerst in den Hintergrund. Be-vor ich andern helfen konnte, musste ich doch erst selbst auf einen grünen Zweig kommen! Alles drehte sich deswegen nur noch um *mich*: um meine Entwicklung, um meine Harmonie, um meine Zu-friedenheit. Intensiv suchte ich und arbeitete ich, mal verbissen, mal alles loslassend. Insgesamt dauerte das jetzt schon zehn Jahre lang so. Während der Kursbesuche tauchten nach wie vor positive Gefühle auf, sie flauten aber nach den Lektionen regelmäßig wieder ab. Sie flogen davon wie ein aufgescheuchter Vogel und entschwan-den aus meinem Horizont, je länger je mehr. Die Erfüllung stellte sich nicht ein.

Ein erschütternder Telefonanruf

In mein hungriges, suchendes Leben hinein klingelte eines Tages das Telefon. Der Anruf aus dem Wallis sollte mein Leben verändern. Meine Schwester Mariette erzählte mir begeistert, sie habe ihr Leben Jesus Christus übergeben; sie habe nun ein reines Herz, und der Hei-lige Geist wohne darin ...

Etwas Übernatürliches schien geschehen zu sein. Okay. Trotz-dem: Ich hatte Angst um meine geliebte Schwester und dachte, da sei bestimmt eine Sekte im Spiel. Schließlich kannte ich keine Freikir-chen und hatte auch noch nie etwas von «Bekehrung» gehört. Ich riet Mariette eindringlich, nichts zu unterschreiben und niemandem Geld zu geben. Immer wieder diskutierten wir stundenlang am Tele-fon oder auch von Angesicht zu Angesicht bis tief in die Nacht über ihren neuen Lebensstil. Ich wollte ihr wieder klare Gedanken ver-schaffen. Sie hingegen zeigte mir ein neues Weltbild auf, quasi eines aus Gottes Sicht. Mein Interesse war geweckt. Zusammen mit meinem Freund Richi begann ich die Bibel zu lesen. Ich verglich meine «Version» der Bibel mit verschiedenen anderen Übersetzungen, um zu sehen, ob meine vielleicht manipuliert wäre. Das war nicht der Fall.

Da ich die Bibel bisher praktisch nicht kannte, wusste ich auch fast nichts von Gott und seinem Willen für die Menschen. Ich hatte auch keinen Maßstab, an dem ich sehen konnte, was gut oder böse ist. Und nun tat sich nochmals eine neue Welt vor mir auf, diesmal anscheinend eine Welt aus dem Reich des Lichts. Dieser gewaltige, hohe, erhabene, heilige, ewige Gott, den ich da kennen lernte, sollte mich lieben? Wollte mit mir Gemeinschaft? Sehnte sich gar danach, in mir zu wohnen? Das war unfassbar, unbegreiflich.

Während der nächsten eineinhalb Jahre war ich hin- und hergerissen zwischen dem kosmischen Heilsangebot und dem Heilsangebot von Jesus Christus. War ich nun ein göttliches Wesen, ein Teil der All-Energie, und konnte mich selbst erlösen durch Bewusstseins-Transformation, indem ich mich selbst erkenne und durch zunehmende geistige Erkenntnis zu meinem wahren Selbst vorstoße? Oder war ich von Gott zu seinem «Ebenbild» geschaffen, nun aber gefallen und sündig, und konnte die Erlösung allein durch Umkehr und Glaube an den stellvertretenden Tod von Jesus Christus am Kreuz erfahren? Falls diese zweite Theorie *die* Wahrheit war, leuchtete es mir ein, dass Gottes Widersacher alles daransetzte, mich mit mir selbst beschäftigen zu lassen und mich von Gottes Willen fern zu halten. So kann man tatsächlich die gemäß der Bibel und den Aussagen der Christen *wichtigste Entscheidung* im Leben verpassen!

Durch das Lesen der Bibel wurden meine Lebensfragen zunehmend beantwortet, und ich wurde von vielen Zielverfehlungen, sprich Sünden, eingeholt. Gott gefiel mein freies Sexualleben nicht, und er meinte es dabei nur gut mit mir: Es entstehen dadurch nämlich viele Verletzungen und Prägungen. Gott findet Hellsehen, Zeichen-Deutung, Pendeln, Geisterbeschwörungen und all das nicht gut, weil er weiß, dass ich dadurch unter dämonische Einflüsse gerate. Es tut ihm weh, wenn ich mir von Götzen Hilfe holen will – ja, er verbietet ausdrücklich die Inanspruchnahme von kosmischen Kräften überhaupt, weil wir dadurch nur Lügen hören, gefangen und versklavt werden und in der Folge das ewige Leben mit Gott verlieren.

Mir leuchtete allmählich ein, dass ich höchstwahrscheinlich im falschen Schiff saß und unter dem falschen Kapitän fuhr.

Ich hatte mein Leben auf New Age ausgerichtet, hatte viel, viel Zeit und eine Menge Geld darin investiert. Mit meinem Freund Richi – wir lebten inzwischen bereits sechs Jahre zusammen – zog ich gerade in eine geräumige 5-Zimmer-Wohnung um und hatte dort ein Zimmer als Praxisraum eingerichtet, so dass ich nun endlich Menschen empfangen konnte, um sie zu therapieren.

Jetzt hätte es so richtig losgehen können. Und nun dieser Kampf! Sollte ich mein Leben wirklich nochmals neu beginnen? Ich witterte zwar Sinn, Freude und Lebensenergie in einer anderen Form – einer echten und bleibenden Form. Es kam mir aber so vor, als wenn ich mich zuerst durch einen langen, dunklen, engen Tunnel durchzwängen müsste, von dem ich ahnte, dass es auf der anderen Seite hell war und ich dort Licht finden würde. Im Endeffekt, das wurde mir klar, musste ich mich für oder gegen Gott entscheiden, und zwar willentlich!

Übernatürliche Wiedergeburt

Endlich kam der Durchbruch. Ich kapitulierte, denn ich wurde gewahr, dass ich es aus eigener Anstrengung nicht schaffte. «Gott der Bibel, Jesus Christus, ich brauche dich!» – das war mein Hilferuf. Ich entschloss mich, meine Aufmerksamkeit nicht länger auf den Kosmos, sondern auf Gott selbst auszurichten. Am 30. April 1989, einen Monat nach dem Umzug in die neue Wohnung, übergab ich Gott das Ruder meines Lebens. Richi tat diesen Schritt gleichzeitig mit mir. Ich bat Jesus Christus um Verzeihung, weil ich bis dahin das Leben ohne ihn hatte meistern wollen und ihm mit vielem bestimmt wehgetan hatte. Ich dankte ihm für seine Erlösung am Kreuz auf Golgatha und wollte von ihm dieses Geschenk annehmen: «Ja, wasche mich rein, Jesus. Von jetzt an sollst du Herr sein in meinem Leben.» Es war ein willentlicher Entschluss, ein Glaubensschritt und die Übergabe der Herrschaft über mein Leben.

Endlich, endlich breitete sich die lang ersehnte Ruhe in mir aus. Bald kehrte in meinem Herzen Frieden ein. Ich verspürte eine riesige Freude und große Erleichterung. Die Ketten waren von mir abgefallen. Ich wusste, jetzt war ich ein Kind Gottes, und nichts konnte mich mehr aus den liebenden Händen meines neuen Herrn reißen.

Ich wollte mit Jesus Christus ganze Sache machen. Deshalb bat ich ihn danach, mir viel Kraft zu geben, um mein Gebet auch in die Tat umzusetzen. Ein Satz von Mariette hämmerte nämlich immer noch in meinem Kopf: «Ein halber Christ ist ein ganzer Mist.» Nein, ich wollte keine halben Sachen! Nach dem Gebet warf ich alles aus meinem Haushalt fort, was auch nur im Entferntesten mit Esoterik zu tun hatte oder mich noch ans alte Leben fesselte. Abfallsack um Abfallsack wurde gefüllt. Nun war die Operation beendet. Das todbringende Krebsgeschwür war aus meinem Leben entfernt.

Eine befreite Madeleine

In der nächsten Zeit veränderte mich Gott mit viel, viel Geduld. Es ging Schritt für Schritt. Er heilte meine Gefühle und meine Seele, feilte an meinem Charakter und richtete meine Gedanken neu aus. Er hat mich nie überfordert. Hätte ich aber auf meinem Weg nicht eine wirkliche Kehrtwendung vollzogen, wäre ich wahrscheinlich «rückfällig» geworden. Ich musste beispielsweise am Anfang gewisse Dinge meiden, bei denen es um Körperkontakt geht; Dinge wie Tanzen oder Massage. Gott veränderte mich in meiner Sexualität. Innerlich spürte ich, dass es für mich nur noch meinen Freund Richi geben sollte, den ich rund ein Jahr später dann auch heiratete. In der Monogamie wurde ich – was ich vorher nie geglaubt hätte – glücklicher als je zuvor.

Früher war ich immer auf Achse, wollte ja nichts verpassen. Jetzt muss ich keinen Veranstaltungen mehr hinterherlaufen, keiner Selbsterlösung mehr nachjagen, keine tollen Taten mehr vollbringen, um ein gutes Karma zu erlangen. Ich darf einfach *sein*. Ich darf mich nach dem dreieinigen Gott ausstrecken und wissen, dass er mich an den richtigen Ort, in die richtigen Umstände und zu den richtigen Menschen führt – und dass alles zu meinem Besten geschieht.

Ich muss keine Angst mehr haben, dass mir jemand auf geistiger Ebene etwas Schlechtes zufügt, denn ich stehe unter Gottes Schutz. Jesus ist der Herr aller Herren. Ich bin nicht mehr Sklavin der Unterwelt und ihrer Dämonen. Sie haben kein Anrecht mehr auf mich. Auch die Selbstmordgedanken sind weg. Ich bin frei. Losgekauft durch das Blut, das Jesus am Kreuz vergießen musste!

Heute erkenne ich die Lügen der Esoterik – auch wenn sie in so verheißungsvoll klingenden Worten wie Lichtenergie, Heilkraft,

Ganzwerden im Kosmos, Christusbewusstsein, Medium Gottes, Erleuchtung oder geistliche Erkenntnis serviert werden und sogar Bibelverse anführen. Sobald behauptet wird, man sei Teil der All-Energie, und sobald daraus dann die Energie-Philosophie entwickelt wird, läuft das der Erschaffung des Menschen durch Gott und dem Ziel, das er mit den Menschen hat, völlig entgegen. Früher kannte ich den Unterschied der Mächte in der unsichtbaren Welt nicht. Heute bin ich so froh, dass ich aus dem Reich der Finsternis in das Reich des Lichts habe wechseln dürfen.

«High Energy» – eine neue Dimension

Sicher gibt es auch in meinem heutigen Leben immer wieder Probleme und Hindernisse. Dem muss ich aber nicht mehr mit zwanghaftem Verhalten oder vorgeschriebenen Verhaltensmustern begegnen. Nein, ich habe Hilfe von Gott. In solchen Momenten kann ich manchmal seinen Beistand regelrecht spüren. Ich bekomme eine Ruhe, die bleibt. Eine Ruhe, die Frieden bedeutet und mir die Gewissheit gibt, dass ich auf das richtige Ziel zusteuere. Wenn ich heute sterben würde, wäre ich mit Jesus zusammen – daran glaube ich.

Gott schenkte mir auch eine größere Liebe zu den Menschen, weil ich jetzt weiß, dass Gott jeden Menschen unaussprechlich gern hat und alle zu sich ziehen will.

Ich versuche nun täglich mit Gott zusammenzuarbeiten. Deshalb sehe ich meinen Pflegeberuf inzwischen wieder aus einer neuen Perspektive. Die Beziehung zu den Menschen ist mir wichtiger denn je. Ich denke, die meisten Menschen spüren, «wes Geistes Kind» ich bin. Die liebende Annahme des Gegenübers bewirkt manchmal viel mehr als alle Worte. Immer wieder erfahre ich, dass die Liebe zu den Menschen und die Freude, die mir geschenkt wird, im Alltag zu erkennen sind.

Mit den Patienten-Kontakten gehe ich heute viel bewusster um. Denn ich denke, dass ich für meine Haltung und auch für jedes Wort am Krankenbett Verantwortung trage.

Früher fand ich, dass man einen Patienten ab einem gewissen «Krankheitsniveau» hätte sterben lassen sollen. Heute denke ich: Allein Gott ist Herr und entscheidet über Leben und Tod. Manchmal kommt es einem Menschen zugute, wenn er noch Zeit hat, um über sein Leben nachzudenken und um Sachen in Ordnung zu bringen und mit Gott ins Reine zu kommen. Da erlebte ich schon wunderbare Veränderungen von Menschen in entscheidenden Krankheitsphasen.

In Sachen Paramedizin unterscheide ich jetzt zwischen den wirklichen Naturheilverfahren, den natürlichen Heilmitteln und jener Alternativmedizin, die auf okkulten, esoterischen oder magischen Verfahren oder Hintergründen beruht.

Früher wollte ich Naturheilerin werden und den Menschen durch übernatürliche Kräfte helfen. Heute möchte ich mit Gott zusammenarbeiten. Jeder Tag am Arbeitsplatz ist eine neue Herausforderung, und ich bin immer so gespannt, was Gott als Nächstes vorhat. Er greift noch immer übernatürlich ein! Mein Wunsch ist es, dass dieses Erleben auch in unseren Breitengraden wieder zunimmt und dass Gott mich gebraucht, damit seine Kraft und Herrlichkeit sichtbar werden kann an kranken, gefangenen, elenden und kaputten Menschen.

Madeleine Wehrli-Schnydrig (42), aufgewachsen im Wallis, Schweiz, lebt mit ihrem Mann in Herisau und arbeitet Teilzeit als Krankenschwester.

Kapitel 14

Kraftorte und Wünschelruten:

Ängste und Hoffnungen zwischen Strahlungen und Störfeldern

Da spaziere ich nun also über den berühmten Hügel oberhalb von Urnäsch – über den Ort der Kraft, der puren Kraft. Allerdings spüre ich nichts von den 75 000 Bovis-Einheiten. Dabei gebe ich mir alle Mühe. Immerhin: Die Frühlingssonne prickelt warm auf meiner Haut, und die frische Luft füllt meine Lungen. Was «Bovis-Einheiten» sind? Nun, eine Bovis-Einheit ist laut Blanche Merz «eine Maßeinheit der biophysikalischen Messmethode mit Hilfe des radiästhetischen Pendels». Ganz einfach. Und wenn nicht, spielt das auch keine Rolle. Denn Frau Merz gibt selbst zu, dass weder feste «Analysemethoden noch Messinstrumente» zur Verfügung stehen, um «diese feinstofflichen Energien zu erfassen». Erst das starke persönliche Erlebnis gebe die Gewissheit, es mit einem Ort der Kraft zu tun zu haben. Das Spüren bleibe all jenen vorenthalten, die bereit sind, es anzunehmen. Vorurteile könnten da hinderlich wirken.[1]

Vielleicht sind mir gerade darum die hier vermuteten 75 000 Bovis-Einheiten durch die Lappen gegangen. Obwohl die Grundskala doch lediglich von 0 bis 10 000 Einheiten reicht.[2] Dieser Ort müsste also glühen. Aber nichts geschieht. Immerhin steht in meinem esoterischen Reiseführer etwas von «schlafenden explosiven Kräften», die zum Teil «unauffälliger Art» sind, selbst den Anwohnern unbekannt (vermutlich sind sie sich dieser Kräfte einfach noch nicht bewusst). Trotzdem stehen noch auf der gleichen Seite Gedanken über den «Dauereffekt» des gleichen Ortes, weil der gegenüberliegende Berg die gesamte Umgebung permanent mit 60 000 Bovis-Einheiten auflade.[3]

Die Bücher von Frau Merz verkaufen sich wie warme Semmeln. Die Suche nach Kraftorten boomt. Für die Geobiologin hat das einen einfachen Grund: «Wir werden uns allgemein bewusster, dass wir Energien brauchen. Solche, die nichts kosten. Wir suchen nach Kraftquellen. Je weniger uns die Medizin Auskunft geben kann über Energien, die uns beeinflussen, desto mehr suchen wir die Antworten in der Natur selbst.»

Wie aber können Orte eine Seele haben? (Frau Merz' neustes Werk heißt *Die Seele des Ortes*.) Antwort: «Das frage ich mich selbst. Wenn in einem Raum Krach und Lärm herrschen, nehmen wir ihn anders wahr als einen Ort, wo Ruhe und Musik sind. Die Stimmung an einem Ort kann sich aber auch ändern. Sie hat in jedem Fall einen Einfluss auf uns. Wir sind verbunden mit den Vibrationen des Ortes. Mit der ganzen Möblierung. Die Leute, die früher darin lebten, haben sie mit ihren Gedanken imprägniert. Das ist aber alles nicht mit der Hand fassbar. Der momentane Zustand des Ortes ist seine Seele.»

Die Ermittlung eines solchen Ortes müsse jeder selbst erfühlen. Aber nicht jeder Ort könne eine Kraftquelle sein. «Man spürt selbst, wo man Kraft erhält und wo man müde wird. Wir wissen nicht, was es ist.» Es handle sich eben um geistige Energien. «Um Energien aus dem Boden und um kosmische Energien. Diese sind leicht schwingend. Die innere Stimme zeigt es uns. Wir müssen lernen, auf sie zu hören.» Mit dem Jahr 2000 seien neue magnetische Strahlen zum Spektrum hinzugekommen. «Um einen Kraftort zu finden, muss man berufen werden. Es ist das Göttliche in mir, das mir persönlich diese Orte zeigt.»

Grundsätzlich halte die Energie an, solange der Mensch es will. «Aber an einem negativen Ort geht sie verloren. Wenn man sich am Morgen fünf Minuten auflädt, kann sie den ganzen Tag anhalten. Man kann sich auch mental aufladen. Aber nicht durch Meditation. Das ist *zu* mental.»

Klar ist für Blanche Merz, dass Wasseradern einen negativen Einfluss haben. «Sie sind schlecht für uns Menschen.»[4]

Zurück zu Mutter Erde

Margaritha Staudenmann (zehn Jahre in der Esoterik; heute Verhaltenstherapeutin; davor Gemeindehelferin und Laienpfarrerin) hat sich eine ganze Weile aus beruflichen Gründen mit «Kraftorten» beschäftigt. Sie sagt, es sei kein Zufall, dass unter der Vielzahl von Kraftorten eine ganze Menge Kirchen aufgeführt sind. «Eine Kirche beeindruckt den Menschen sehr stark. Sie hat etwas Mystisches. Die

Glocken läuten, wenn jemand gestorben ist oder wenn eine Hochzeit stattfindet. Eine Kirche hat schöne Fenster und alte, unbequeme Holzbänke. Sie ist kühl. Damit die Menschen sich gegenseitig Wärme geben.» Die Kirche stehe auf einem heiligen Platz. Man finde Trost und Auferbauung darin. Kraft eben: «Da die Verkündigung kraftlos geworden ist und nicht mehr durch den Geist Gottes geschieht, gilt nun der Ort selbst als ‹Kraftort›. Wo der Geist Gottes nicht mehr anwesend ist, spürt man auch keine Kraft mehr.» Deshalb müssten neue Dinge erfunden werden. Nach neuem Verständnis könne sich der Mensch diese Kraft durch spirituelles Erleben selbst holen. «Dazu werden mitunter die Kirchen gebraucht. Oder die Anhöhen. Man muss zurückkehren zur Mutter Erde ‹Gaya›. Man spricht dann von Erdenergie und Erdmeditation. Keltische Bräuche leben wieder auf. Das Motto lautet: ‹Zurück zu den Wurzeln.› Zur weiblichen Erde. Zur göttlichen Erde. Deshalb werden Pflanzen verehrt.» Ursprünglich von den Kraftorten ausgegangen, rückten bald Bachblüten und Homöopathie ins Zentrum des Interesses vieler Suchenden. «Dieses Geflecht kommt mir vor wie das Kapillarsystem, das zu der Hauptschlagader ‹Schamanismus› führt. Dieses Denken nimmt zu, und vor allem sensible Leute lassen sich darauf ein, weil ihnen eingetrichtert wird, dass dieses System sie zur Göttlichkeit zurückführt und wir das dritte Auge öffnen müssen, um zu ekstatischen Erlebnissen zu gelangen.»

Jeder Mensch könne sich in seinem Zimmer einen «Altar» einrichten und so zu seinem eigenen Ort der Kraft finden. Mit Kerzen, Blumen, Früchten, Souvenirs, Kruzifixen und so weiter. «Mit unterschiedlichen Ritualen kann er erleben, dass er sich nicht mehr allein im Raum befindet.» So ergibt sich die plötzliche Anwesenheit von Geisteswesen, in Räumen wie auch in der Natur. «Je nachdem, wie weit sich Gott zurückgezogen hat, kann sich der Fürst dieser Welt – in der Gestalt eines Lichtengels – durch Lichtstrahlen manifestieren.» Oder durch mystische Erscheinungen – als Maria oder als Engel. Oder durch Klopfen. Oder durch Schauer, die einem über den Rücken laufen, so dass einem unheimlich wird.[5]

Das Geschäft mit der Angst
«Ich arbeite – im Gegensatz zu anderen – nicht mit Angst», lässt mich ein Händler wissen, der Chakra-Öl, Steine, Karten und Räucherwerk

verkauft. «Viele bessern sich ihr Geschäft auf der Basis der Angstmacherei auf.»

Keine fünf Minuten später stehe ich vor einem professionellen «Angstschürer». Sein Stand ist ausgeschildert mit ermutigenden Slogans von großem Kaliber: «Erdstrahlen verursachen Krebs» oder «Kein Krebs ohne Wasseradern.» Klar, dass es auch «Sie» – nämlich mich! – treffen kann. Aber keine Angst. Die Hilfe naht. Ich stehe schließlich vor dem richtigen Mann. Vor einem, der gerne hilft. Doch zuerst tut Aufklärung Not: «Störfelder greifen Ihr Immunsystem an. Sie zerstören und schädigen es», prognostiziert er. Sie können aber auch Krankheiten hervorrufen: «Vor allem Krebs. Bei Kindern auch noch Konzentrationsschwächen.» Und – wichtige Durchsage für alle Forscher und Mediziner – neun von zehn Krebsfällen werden durch Wasseradern und Erdstrahlen verursacht. «Darum ist es wichtig, dass die Masse aufgeklärt wird. Aber die Wissenschaftler nehmen sich jetzt dessen an.»

Die Masse ist aber immer noch in Gefahr. Deshalb gibt es ein DIN-A4-Blatt (gratis!), auf dem steht: «Wie schützen Sie sich vor Störzonen, die Ihr Immunsystem schwächen und folglich Ihren gesamten Körper schädigen können?» Ja, wie denn? Der nächste Satz befreit: «Am besten durch Ausweichen. Es genügt in den meisten Fällen, wenn Sie Ihr Bett beziehungsweise Ihren Sessel umstellen.» Uff. Doch schon kommt die nächste Frage: «Wie finden Sie Störzonen?» Ja, wie denn bloß? Die Antwort erlöst definitiv: «Durch Ihren Berater. [Es folgt die Adresse.]» Und dieser Berater ist offenbar ein findiger Mann. In diversen Häusern fand er jedenfalls schon Auswirkungen von Wasseradern und Erdstrahlen bis in den zehnten Stock hinauf.[6]

Und sie bewegt sich doch ...

Die Angst vor den Strahlen aus der Tiefe wird gewinnbringend geschürt. Es gibt viele versierte Radiästheten und Rutengänger, die fast jede Abnormalität und Krankheit bei Mensch und Tier auf die Erdstrahlen zurückführen. Sogar für gestörte zwischenmenschliche Beziehungen oder Unglücksfälle werden die «Kräfte aus dem Erdinneren» verantwortlich gemacht. Erhärtete wissenschaftliche Hinweise gibt es dafür aber bisher nicht.

Die Liste der Leiden, die auf Erdstrahlen und Wasseradern zurückzuführen seien, ist lang. Dazu gehören unter anderem: Asthma, Augenleiden, Epilepsie, Frühgeburten, Herzleiden, Nierenleiden, Rheuma, Rückenschmerzen und Zuckerkrankheit.[7]

Der Begriff «Strahlung», wie er in der Physik definiert wird, ist als zutreffende Bezeichnung fraglich. Physikalisch messbar sind nämlich diverse Strahlungen. Hier lehnen sich viele Radiästheten an. Wenn es diese Strahlen gibt, existieren zwangsläufig auch die Erdstrahlen. Merkwürdigerweise sind sich die Radiästheten in der Definition dieser Strahlen überhaupt nicht einig und greifen sich untereinander sogar heftig an.[8]

Der Begriff «Strahlung», basierend auf der physikalischen Definition, ist aber fehl am Platz. Erdstrahlen werden als «bestimmte Energieformen oder deren Änderungen» definiert oder als «minimale Energie» bezeichnet, die nicht von jedem Menschen wahrgenommen werden kann.

Gefährlicher hören sich dagegen die jüngeren Wortschöpfungen an, wie zum Beispiel: «Störzonen», «Reizstreifen» oder «Kreuzungspunkte im globalen Gitternetz». Daneben soll es zusätzlich verschiedene Netzsysteme mit parallelen «Reizstreifen» geben, die sich über die gesamte Oberfläche unseres Planeten erstrecken.

Nehmen wir zum Beispiel «das erste Netz». Es wurde von einem gewissen Dr. Hartmann in den 50er Jahren entdeckt. Es verläuft den Himmelsrichtungen entsprechend und wurde mit Wünschelruten folgendermaßen ausgemessen: Die Nord-Süd-Linien haben einen Abstand von zwei Metern zueinander, die Ost-West-Linien einen solchen von zweieinhalb Metern. Alle zehn Meter sollen energiereichere Streifen gefunden worden sein, die angeblich besonders krankheitserregend sind.

Das zweite Netz entdeckte Dr. med. Manfred Curry. Seine Störzonen laufen in einem Abstand von drei bis fünf Metern von Nordost nach Südwest und von Südost nach Nordwest. In nördlichen wie südlichen Ländern liegen sie noch näher beieinander. Die Streifen erreichen angeblich eine Breite von sechzig bis achtzig Zentimetern. «Wasseradern» sind gemäß Radiästhesie unterirdische Wasservorkommen. Kleine Rinnsale oder winzige Bäche. Sie sollen eine Bodenstrahlung abgeben. Wie diese zustande kommt, ist wiederum unklar. Klar ist aber, dass diese Strahlung für den Menschen schädlich sein soll.[9] Offen bleibt hierbei die Frage, ob sich demzufolge auf dieser

Welt überhaupt noch ein Platz finden lässt, an dem dich die gefährlichen Erdstrahlen nicht in Bedrängnis bringen ...

Der Spiegel berichtete Anfang 1987 über ein holländisches Erdstrahlen-Forschungsprojekt. Amsterdamer Wissenschaftler hatten in verschiedenen Gebieten Hollands nach angeblich besonders starken «Erdstrahlen» gefahndet. Trotz vierjähriger Bemühungen war die Suche nach unterirdischen Störquellen ergebnislos geblieben. Selbst mit modernen wissenschaftlichen Instrumenten sind keine Erdstrahlen aufgespürt worden. Die Forscher kommentierten: «Es gibt keine Erdstrahlen.»[10]

Zwar existieren gemäß der Physik tatsächlich diverse Strahlungen. So hat zum Beispiel jedes Gestein eine gewisse natürliche Radioaktivität, und es gibt Wirkungen von Mikrowellenstrahlung und Luftionisation; diese sind aber mit technischen Geräten messbar, logisch erklärbar und haben mit denjenigen aus der Radiästhesie nichts gemeinsam. In der Radiästhesie wird der Mensch selbst zum «Messinstrument». Radiästheten behaupten, der Mensch habe ein Gespür für Erdstrahlen. Dieses sei aber subjektiv und deshalb unterschiedlich und nicht bei jedem gleich stark. Dieses Gespür wird aber als objektiver Nachweis benutzt. Bei hundert technischen Messgeräten der gleichen Bauart zeigen diese im gleichen Versuch stets dieselbe Messgröße an; bei Rutengängern ist das aber nicht der Fall.[11]

Obgleich die Frage, inwieweit es diese Erdstrahlen überhaupt gibt, bis heute unbeantwortet bleibt, nehmen zahlreiche Zeitgenossen sie sehr wichtig und stellen dementsprechend Schränke, Betten und Lebensgewohnheiten um.

Wer die Meinung vertritt, «Erdstrahlen» seien für den schlechten Schlaf, das schlechte Gewissen oder eine gescheiterte Beziehung verantwortlich, muss sich nur noch reduziert mit den Problemen seines Lebens beschäftigen, die für den schlechten Schlaf wohl viel eher verantwortlich sind. Die «Reizzone unter dem Bett» wird zum Ersatz für das Eingeständnis eigener Fehler und eigener Schuld.

Diese Lösung ist bequem: Man muss nur sein Bett, nicht aber sein ganzes Leben umstellen.

An Erdstrahlen und ihre krebserregende Wirkung kann man bestenfalls glauben – und dann das ganze Leben damit zubringen, sich vor ihnen zu schützen. In Anbetracht der erwähnten übereinanderliegenden Gitternetze müsste mindestens die Hälfte der Menschheit an Krebs sterben. Nach einem Blick auf die Liste der anderen drohenden Krankheiten müsste die andere Hälfte ebenfalls kurz vor dem Ableben stehen. Denn auf der Erdkugel gibt es nur wenige Stellen, die nicht von diesem Gitternetz berührt werden.[12]

Eine Wünschelrute ist ein Stück Holz oder Metall, das für sich allein nur schwer als anzeigefähiges Instrument betrachtet werden kann. Liegt sie auf einem Tisch, beginnt sie nicht plötzlich zu hüpfen. Erst in der Hand eines Menschen schlägt sie aus; die Rute selbst ist kein Messgerät. Das Messgerät ist beim Rutengehen immer der Mensch.

Anlässlich eines Forschungsprojekts der Universität München wurden ab 1987 während zweier Jahre mit großem wissenschaftlichem und finanziellem Aufwand Tests durchgeführt. Man wollte herausfinden, ob die Rutengänger auf die gleichen Ergebnisse kommen und ob diese wiederholbar oder Zufallsprodukte sind. Die Studie – abgeschlossen mit einem 270 Seiten langen Bericht – ergab, dass die Rutengänger insgesamt versagt haben. Einzelne Rutengänger kamen immerhin auf exakte Ergebnisse. Insgesamt war die Treffsicherheit aber schlecht und in den meisten Fällen nicht vom Zufallsquotienten zu unterscheiden.[13]

Über die Kräfte, welche die Ruten bewegen, darf spekuliert werden. Tatsache ist, dass sie dieselben Tribute (wie totale Erschöpfung, Depressionen oder verstärkte Selbstmordgedanken usw.) fordern wie andere esoterische Disziplinen.[14]

Kapitel 15

Hans Freunscht:

«Ich las mehr Bücher, als Wayne Gretzky Tore schoss»

Ich war mit dem ganzen Service der Landeskirche aufgewachsen: Taufe, Kindergottesdienste, Predigten und so weiter. Zunehmend enttäuschte mich diese Institution jedoch sehr. Mit der Zeit stellte ich mir die Frage, ob das, was man da anerzogen bekommt, überhaupt richtig ist.

Schließlich bin ich da ungefragt reingeboren worden. Deshalb machte ich mich auf die Suche nach anderen Religionsmodellen. Meine nächste Frage lautete: Was wäre, wenn ich jetzt in Indien groß geworden wäre? Dann wäre ich jetzt Buddhist oder Hindu! – Also kaufte ich mir Bücher über diese Religionen.

Erste Station, Hinduismus. Hier erfuhr ich, dass ich wiedergeboren werden kann als Käfer, Schlange, Kuh oder sonst ein Tier. Das wollte ich nicht, also kam der Hinduismus für mich nicht in Frage. Es folgte die Hinwendung zum Buddhismus. Das war dann ganz interessant. Eine Bildersprache wie in der Bibel: «Wenn man den Baum gut gießt, wächst er und trägt gute Früchte.» Absolut einleuchtend. In einem Buch las ich dann aber, dass Buddha im Sterben lag, als er bekannte, er habe das Ziel auch noch nicht gefunden. Also immer noch ein Fragender, ein Suchender. Das konnte es folglich auch nicht sein, denn ich wollte ja unbedingt mal etwas finden und nicht ein Leben lang suchen!

Also ging ich mit meinen Problemen und den spirituellen Fragen wieder in die Buchläden hinein. Man schaut sich natürlich um, und wo landet man? In der Abteilung Esoterik. Denn da finde ich für jedes Problem eine stattliche Anzahl von Lösungsansätzen. Vergleichend studierte ich die Inhaltsangaben der Bücher, in denen ich Hilfe für mein Problem erwartete, und entschied mich dann für einen einzelnen Titel. In der Esoterik – so stellte ich bald fest – ist es aber so: Mit *einem* Buch ist es nicht getan, der Autor verweist laufend auf weitere Bücher, die aus seiner eigenen Feder stammen. Buch Nummer zwei, drei und vier wanderten folglich ebenfalls rasch, aber gelesen in mein Regal. Überall gab es Querverweise auf andere Autoren. Also las ich diese ebenfalls. Ich suchte, suchte, suchte, konnte aber nichts Greifbares finden.

Ich interessierte mich zu Beginn vor allem für die Schriften eines bestimmten Autors. Dieser griff verschiedene Bibelstellen aus dem Kontext heraus und dichtete diverse Weisheiten dazu. Ich dachte mir: «Der verwendet christliche Verse, da kann man nichts falsch machen.» So verschlang ich ein Buch nach dem anderen. Später kam ein weiterer Autor dazu. Er beschäftigte sich mit positivem Denken.

Fit in fünfzehn Minuten

Bedingt durch meinen Beruf als Augenoptiker, arbeitete ich von frühmorgens bis abends im Verkauf. Besser und mehr verkaufen, das war mein erklärtes Ziel. Verkaufs- und Rhetorikschulungen gehörten ebenso zu meinem Leben wie Führungsseminare. Darin verpackt erkannte ich viele Häppchen aus Psychologie, Esoterik und Mystizismus. Alles ziemlich vermischt und verschwommen. Am Ende verschiedener Führungsseminare wurde beispielsweise Feuer- und Scherbenlaufen angeboten, um den Leuten zu zeigen, was das Training ihnen bis dahin bereits gebracht hatte. An dieser Stelle gehörte ich zu denjenigen, die sich ausklinkten. Ich war verblüfft. Hier wurden Teile einer Philosophie verwendet, hinter der ich nichts Greifbares erkannte. Ob vielleicht doch mehr dran war, als ich nach dem Lesen der ersten zwanzig Bücher glaubte?

Durch die Beschäftigung mit Mental-Training und Autogenem Training stieß ich auf den «Managerschlaf», dessen Basis die Selbsthypnose ist. Diesen Schlaf erlernte ich aus einem Buch. Die Versprechung lautete, dass man nach fünfzehn Minuten in dieser Schlafform total ausgeruht sei. Und zwar so, als wären's acht Stunden gewesen. Das schien mir eine neue Dimension: «Da könnte ich viel leisten an einem Tag» – ein faszinierender Gedanke! Ich trainierte. Nach rund einem halben Jahr gelang es mir. Ich konnte mich so stark in Trance versenken, dass ich diese (und nur diese) fünfzehn Minuten tief und fest schlief. Nach dieser kurzen Zeit wachte ich auf und fühlte mich so frisch und ausgeruht wie nach acht Stunden Schlaf. Das machte ich drei Monate lang. Dann bin ich zusammengebrochen.

Wie bei allem, was ich in der Esoterik erlebte, hielten die anfänglichen Hochgefühle und der anfängliche Erfolg nur für kurze Zeit. Eine weitere Lüge? Nach drei Monaten holte sich mein Körper das, was er brauchte.

Meine Streifzüge – um sie nicht Beutezüge zu nennen – durch die Esoterikläden wurden häufiger. Ich entdeckte das Pendel. «Aha – damit kann man allerhand auspendeln!» Kaufen wollte ich zwar keines. Dafür wandte ich mich an einen professionellen Pendler. Er wurde zu meinem Ratgeber. Er pendelte für sich selbst sogar seine Geschäfte aus: Das Pendel entschied.

Ich suchte ihn mehrfach auf, bis zu meinem Horrorerlebnis: Das Pendel fing in seiner Hand an zu glühen, dann auch seine Finger, sein Arm und seine Schulter. Alles begann zu brennen. Er warf das Pendel in eine Ecke. Er versengte sich die Finger dabei, ansonsten war alles schnell wieder heil. Seither pendelt er nicht mehr. Er musste einsehen, dass das viel mehr ist als bloße Spielerei.

Ich war ebenso schockiert und schaute mich nach positiveren Praktiken um. Das Pendel wurde ersetzt durch Tarot-Karten. Und zwar bei einer «Legerin» aus meinem Bekanntenkreis, zu dem nun vermehrt Esoteriker gehörten, ganz meinen Interessen entsprechend. Die Bekannte legte die Karten und sah: «Du hast demnächst eine Frau. Und ein Kind. Und viel Geld.» Und dann kam *die* Aussage: «Da ist ein großer Mann mit einem großen Haus, der dir immer zur Seite steht und dir immer hilft.» Dann wurde sie wütend und warf alles durcheinander. Die Sitzung war beendet. Sie war aggressiv. Sie meinte, sie hätte gerade *Gott* gesehen. Deshalb müsse sie die Sitzung abrupt beenden.

Ich wühlte mich weiter durch Hunderte von esoterischen Büchern. Ich erkannte, dass da wirklich Mächte dahinter stehen. Und dass es auch dunkle Kräfte gibt, sei es beim Gläserrücken, im Schamanismus oder bei Voodoo-Kulten.

«Denke positiv! Lebe positiv!...»
In der Straßenbahn wurde ich von Scientology-Vertretern angesprochen. Weil ein Bekannter mir von dem Buch *Dianetics* vor-

geschwärmt hatte, kaufte ich ihnen ein Exemplar ab. Die Lektüre empfand ich als kitschigen Science-Fiction-Verschnitt. Lebenshilfe konnte mir dieser Stoff jedenfalls keine bieten. Also wieder nichts.

Die Neuro-Linguistische Programmierung (NLP) war die nächste Stufe. Das hieß: Weitere Videos und Bücher, gefolgt von konkretem Praktizieren. Ich lernte Menschen zu manipulieren. Ich konnte mit ihnen spielen. Beim Weinfest war das besonders witzig. Wenn mir meine Gegenüber nicht passten, trieb ich sie in die Enge, nahm ihnen den Freiraum. Ohne dass sie es merkten. Bis sie aufstanden und den Tisch verließen. Sie konnten sich gar nicht erklären, warum sie sich so unwohl fühlten. Ich erreichte das durch eine Widerspiegelung des Gegenübers. Es wird nachgeahmt, bis man mit ihm «parallel» läuft. Dann konnte ich jeweils den Spieß umdrehen, so dass das Gegenüber mir gewisse Dinge unbewusst nachmachen *musste*. Lediglich über Körpersprache konnte ich mit ihm alles anfangen – ohne dabei ein Wort zu sagen.

Da war dieses Kribbeln und Abtasten: Wie weit kann ich gehen? Es war wie bei einem Drogensüchtigen. Dabei will er anfangs nur eine Haschpfeife probieren: «Mhm, gut. Was gibt es sonst noch auf dem Markt?» Dann folgt Pille um Pille. Sind alle durch, hält er Ausschau nach dem nächsten Mittel, bis er schließlich an der Nadel hängt. Genauso ist es in der Esoterik. Man geht immer tiefer. Aus Neugier. Dann funktioniert wieder ein Häppchen. Irgendwann aber kennt man es und braucht unbedingt noch eines mehr. Man steigert die Dosis unaufhörlich.

Dass Räucherwerke, Kerzen, Edelsteine, Trommeln und mentale Musik mein Leben beeinflussen könnten, glaubte ich nicht. Dieser Bereich blieb für mich uninteressant. Ebenso verhielt es sich mit Energiepyramiden, Feng Shui oder Kugeln, mit denen man kosmische Energien tanken kann. Das war mir alles viel zu einfach. Ich wollte die Dinge – auch im Kopf – *tief* erleben. Vor allem musste es aber etwas sein, das ich selbst trainieren konnte. Mit einer einzigen Ausnahme: Ein Interpret veröffentlichte seine Mental-Training-Kassetten. Im Vordergrund hörte man das Rauschen eines Baches. Als Untermalung verwendete der Trainer verschiedene gesprochene Formeln. In meinem Unterbewusstsein konnte ich diese in mich aufnehmen: «Denke positiv. Lebe positiv. Du fühlst dich gut ...» Das zog ich mir jeden Tag eine Stunde lang rein. Anfangs fühlte ich mich dabei wirklich wohler. Mit der Zeit verblasste aber auch hier die Wirkung. Es funktionierte einfach nicht mehr.

Meine Querbeet-Suche durch die Esoterik konnte weitergehen.

Viele Zielgeraden, aber weit und breit kein Ziel

Die Bücher, die ich bis dahin gelesen hatte, hätten locker einen Mittelklassewagen gefüllt. Für meinen Lesestoff gab ich deutlich über zwanzigtausend Mark aus. Schließlich fand ich immer wieder etwas Neues, doch nie etwas Dauerhaftes: Hier erhielt ich ein erweitertes Bewusstsein, dort bekam ich mehr Energie und mehr Kraft und immer mehr, mehr, mehr. Ich war nie gesättigt. Ich kam nie am Ziel an. Mein Motto lautete: Immer suchen, aber niemals aufgeben. Ich kaufte, kaufte, kaufte. Wie viele andere auch. Das Ganze ist ein Riesengeschäft. Nur sind die Anbieter selbst auch alle Suchende.

Ich kaufte ein Buch, trainierte ein paar Monate und merkte: Es funktioniert nur bedingt. Es ist noch nicht das Wahre. Also musste die nächste Methode her. Trainieren. Wieder nicht erfüllt. Nächstes Buch. Trainieren ... Es hörte nie auf.

Einige meiner Kunden waren der Esoterik ebenfalls zugeneigt. Wir gaben uns gegenseitig Tipps und besuchten die Workshops und Vorträge anderer Anbieter. Mein Wissen wurde breiter, das Resultat aber war noch immer eine große, dicke Null.

Keines der Seminare brachte mir Erfüllung. Selbst die Frage, an welchem Seminar ich als Nächstes teilnehmen sollte, wurde für mich zu einer verzweifelten Übung. Ich schlug mir meinen Pfad weiter durch den New-Age-Dschungel. Die Anstrengung wurde von Jahr zu Jahr größer. Im Kopf war ich bereits so verwirrt, dass ich schon gar nicht mehr wusste, in welche Richtung ich mich noch bewegen sollte. Wenn es wenigstens *nur eine Wahl* gegeben hätte! Aber die Esoterik splittert sich in unwahrscheinlich viele Richtungen auf. Deshalb rotiert man laufend. Ich wurde immer abhängiger. Man gerät immer tiefer hinein und kommt dadurch immer schwerer wieder heraus.

Verzichtete ich einmal eine Woche lang auf das Training, glaubte ich, meine Energie sei schwächer geworden oder meine Kraft sei gar nicht mehr da. Hinzu kamen dann Selbstvorwürfe und ein schlechtes Gewissen. Auch hier wieder ein Teufelskreis. Wirklich an etwas orientieren konnte ich mich nie.

Was man der Esoterik lassen muss: Sie hat ansprechende Buchtitel. Der Ablauf ist stets derselbe: Man hat ein Problem. Zum Beispiel Liebeskummer. Zum Pfarrer kann man nicht. Man denkt, der haut einem bestimmt nur irgendwelche Phrasen um die Ohren. Zum Lehrer mag man auch nicht gehen. Und mit den Eltern kann man über so etwas erst recht nicht reden. Also geht man in den Buchladen. Den Verkäufer kann man aber auch nicht fragen: «Hallo, ich habe Liebeskummer, haben Sie Literatur darüber?» Man sucht also selbst. Nun gibt es allein zu diesem Thema fünfzig Bücher. Tolle Titel, bestechende Aufmachung. In fünf, sechs Bücher liest man sich genauer hinein, bis man sich für eines entschieden hat. Gekauft, gelesen. Leider kann man damit nichts anfangen. Also nochmals zur Buchhandlung. Die nächsten fünf Werke vergleichen. Knappe, übersichtliche Inhaltsangabe, ansprechender Titel. Gekauft, gelesen ... So geht es weiter. Und das bei einem einzigen Thema! Wochenlang bist du beschäftigt. Am Ende stehst du ohne Lösung da. Irgendwann hast du fünfzig Bücher durch und merkst: Das war's nicht. Dann gehst du zur Kartenlegerin. Vielleicht hat die eine Lösung. Wenn nicht, geht es weiter mit der Suche. Dieses Problemlösungs-Ritual gehört zum Esoteriker-Alltag.

Das nächste Problem kommt: Du hast zu wenig Geld. Oder ein Berufswechsel wird nötig. Schon rennt man wieder in den Buchladen. Was machst du bloß, wenn du aus Versehen mal *zwei* Probleme hast?

Mit der Zeit entdeckte ich, dass die ganze Esoterik aus Phrasen und Lügen besteht. Es ist ein riesiges Lügen-Gebilde. Die einen lügen bewusst, die anderen unbewusst.

Ich stieß auf die verschiedensten Leute. Einer machte auf Erfolgstyp. Er fuhr mit dem Ferrari vor, sprach über sein riesiges Vermögen und versprach, dass man dank seiner Spezial-Lehre ebenso erfolgreich werden könne, wie er es bereits war. Dieser Mann war mir suspekt. In jener Zeit hatte ich das Vergnügen, einen *Spiegel*-Reporter kennen zu lernen. Der nahm den Mann unter die Lupe. Heraus kam: Sein Haus war geerbt, der Ferrari für die Seminare gemietet. Alles Show und Theater. Aber das merkt man erst, wenn man da eine Zeitlang drin ist. Zuerst sagt man: «Wow, das ist es!» und hält alles für wahr. Man lebt voll in der neuen Materie, bis man innerlich bankrott ist. Ich begegnete vielen solchen Personen. Ich selbst kriegte immer gerade noch die Kurve. Eine Frage des Instinkts. Da war oft ein

Impuls, der mir zu erkennen gab: Das ist es wieder nicht. Und überhaupt: Jeder wollte sowieso nur mein Bestes – nämlich mein Geld!

Die Anbieter stellen ihre Idee immer als das Nonplusultra dar: «Die Lösung, mit der du bestens leben kannst.» Wenn man dann offen ist für die Sache, wenn man nachforscht und gräbt, stellt man fest: Das ist auch wieder nur eine Phrase, eine Verblendung, ein Zudecken. Alles nur eine große Show.

Im Abseits

Die Bücher entpuppten sich regelmäßig als «unendliche Geschichten». Ich kaufte Band eins und arbeitete ihn durch. Aha. Band zwei muss man sich auch noch beschaffen. Dann hat man ihn. Nee, es reicht immer noch nicht. Band drei muss auch noch her. Kein Ende in Sicht. Wie ein Mickymaus-Heft mit Dauerfortsetzung. Die Geschichte hört immer so auf, dass man sich das nächste Heft auch noch kaufen muss. Das geht drei Jahre so, und dann zieht man den Schlussstrich.

In anderen Fällen entdeckte ich, dass der Autor seinen Hafen selbst auch nicht gefunden hat. Entsetzen: Der ist ja auch noch nicht weiter! Der sucht ja auch noch! Wie soll ich dem dann nachfolgen?

Meine Abende und Wochenenden waren für die Esoterik, für Bücher und Seminare reserviert. Vor allem für Bücher. Das Motto hieß: Lesen und trainieren. Der Beruf litt nicht darunter. Im Gegenteil. Durch die kosmische Energie und den «Managerschlaf» – den ich vereinzelt wieder anwandte – konnte ich noch mehr arbeiten. Nebenher wollte ich mich zum Heilpraktiker ausbilden lassen. «Auf dieser Stufe müsste ich ja dann doch zumindest so viel gefunden haben, dass mein Leben *ausgefüllt* ist», dachte ich. Meinem Beruf als Optiker entsprechend, eignete ich mir als Erstes die Kunst der «Irisdiagnose» an. Seither kann ich bei den Menschen vieles an den Augen ablesen: zum Beispiel, ob jemand glücklich oder traurig ist. Solche Dinge. Meiner ersten Frau konnte ich es sofort an den Augen ablesen, als sie mich betrogen hatte.

Das war der Einstieg. Bei einer Verkäuferschulung lernte ich, an der Iris abzulesen, ob jemand ein «Fühler» ist, der die Ware berühren muss, ob er ein «Seher» ist, der die Gegenstände gerne und lange anschaut, oder ob er ein Gefühlsmensch ist. Das schlug sich auch im Kassenbuch nieder, denn jetzt konnte ich besser verkaufen. Wenigstens *einem* Ziel näherte ich mich auf diese Weise: Unter dem Strich verdiente ich jetzt viel Geld, das ich in eine noch breiter angelegte Suche investieren konnte. Mit der Zeit öffnete ich mich für Gedanken aus dem Naturheilbereich.

Während meiner 17-jährigen Suche war meine Gefühlswelt immer auf dem gleichen Level. Ich war immer beschäftigt. Tagsüber hatte ich den Beruf, den Rest verbrachte ich mit Lesen und Trainieren. Da hatte ich gar keine Zeit mehr, um Probleme zu wälzen. Insofern war das schon positiv. Ich war total ausgebucht. Hier wieder ein Kurs, dort wieder eine Messe, und immer öffnete wieder ein neuer Esoterikladen seine Pforten. Also musste ich schauen, was der so zu bieten hatte. Ich weiß gar nicht, ob und wie ich mit Freizeit überhaupt hätte umgehen können.

Trotzdem: Es handelte sich um ein Fass ohne Boden. Das merkte ich mit aller Deutlichkeit, bei mir und bei vielen anderen. Es ist doch so: Wenn ich glaube, dass ein gewisser Stein für das Herz gut ist, brauche ich bald noch einen weiteren Stein gegen Kopfschmerzen und einen Stein für den Rücken. Und dann noch einen und noch einen. Bis ich die Bude davon voll habe. Einen Stein für die Liebe, einen für den Beruf, einen für die Zukunft. Irgendwann aber ist Schluss. Wie viele Steine brauche ich denn eigentlich? Egal, aber als Nächstes benötige ich eine Energiepyramide. Sobald das ausgeschöpft ist, muss ich meine Wohnung nach Feng Shui einrichten. Was kommt danach? Bei jeder Praktik gibt es immer auch eine Grenze.

Von Zeit zu Zeit entdeckte ich wieder eine neue Lehre und dachte: «Booaaa! Das ist es.» Aber bald sah ich, wie der Hase läuft. Manchmal waren's auch nur alte Wege, neu aufbereitet. In der Liebe hatte ich übrigens ebenso wenig Glück: Es kam nach siebenjähriger Ehe zur Scheidung. Mit meiner ersten Frau war ich insgesamt neun Jahre zusammen.

Ein Transfer bietet sich an

Mehrmals betete ich verzweifelt zu Gott. Die Verzweiflung trieb mich zu ihm, weil die Esoterik meine Beziehungsprobleme nicht lösen konnte. Die sechs Jahre nach der Scheidung lebte ich immer im gleichen Rhythmus: ein halbes Jahr *mit* Beziehung, ein halbes Jahr *ohne*. Was alles andere als in meinem Sinne war. Ich wollte endlich eine Frau, deren Namen ich kannte. Und von der ich wusste, dass sie noch da war, wenn ich am Morgen aufwachte. «Gott, wenn es dich gibt, hilf mir», so lauteten meine ersten Gebete. «Gib mir die Frau meines Lebens.» Zwei, drei Wochen später habe ich dann meine jetzige Frau kennen gelernt.

Sie ist Christin. Für mich war klar: Ich wollte nicht noch einmal eine kaputte Beziehung erleben. Wir sprachen viel darüber. Wir gingen unser Zusammensein behutsam und sachlich an. Normalerweise ist es ja so, dass man bei einer Beziehung zuerst Flugzeuge im Bauch hat und dann wie von der Mücke gestochen umeinander herumschwirrt. Erst später gewinnt die Liebe an Tiefe. Diesmal aber empfanden wir unsere Liebe bereits nach kurzer Zeit so, als ob wir schon lange verheiratet gewesen wären. So etwas kannte ich von der Esoterik her bis dahin nicht. Ich erschrak. Heute sage ich, dass Gott das so geführt hat.

Meine Freundin nahm mich mit in ihre freikirchliche Gemeinde. Da wurde ich schon mal abgeschreckt. Die Leute hoben die Hände und nannten ihre Lieder «Lobpreis». Als «Landeskirchler» war mir das etwas völlig Unbekanntes. Für mich ein Zeichen: «Das ist wahrscheinlich eine Sekte, da muss ich sie rausholen.» Mit der Zeit wird man ja vorsichtig. Schließlich hatte ich seit fast zwei Jahren nur Sackgassen kennen gelernt.

Darum fragte ich: «Warum hebt ihr die Hände?» – Antwort: «Das steht in der Bibel.» Wir lasen die Bibel, und da stand: «Hebet eure Hände [...] und lobet den Herrn!» Wenn es da drin steht, muss es okay sein, überlegte ich. Etwas gefiel mir: Die Gebete wurden frei gesprochen. Keine auswendig gelernten Phrasen. Und einen Büchertisch hatten sie auch.

Im Verlauf der folgenden Wochen entfernte ich mich zusehends von der Esoterik. Unter dem Strich hatte ich dort ja auch noch immer nichts gefunden.

Mehr und mehr verlor ich die Skepsis gegenüber dieser Freikirche. Langsam wurde mir der Lebensstil der Leute sympathisch. Je häufiger ich im Gottesdienst war und je mehr ich von Jesus hörte, desto ruhiger bin ich geworden. Es ging jetzt nur noch um *eine* Lehre und nicht mehr um diese verwirrende Vielfalt, die in der Esoterik herrscht. Auch meine Strategie, Probleme zu lösen, wurde jetzt einfacher. Ich legte mir eine Thompson-Studienbibel zu. Wenn ich ein Problem hatte, schaute ich im Register nach und fand passende Verse, die mir Kraft gaben und Hilfe boten. Alles in *einem* Buch. Ohne wieder einen halben Buchladen plündern zu müssen.

Meine Freundin kannte sich in der Bibel bereits gut aus. Was auch gut war, sonst wäre die Sache vermutlich schief gegangen. Nur schon darum, weil ich sie Tag und Nacht mit meinen Fragen überfiel. Wirklich, auch nachts! Ich erwachte oft und hatte eine Frage. Also rüttelte ich sie wach und fragte: «Wo steht das mit dem und dem?» Ich wollte die betreffende Bibelstelle wissen, las sie dann aufmerksam und schlief wieder ein. So ging es weiter. Eine Stunde später wollte ich wieder etwas wissen. Das ging monatelang so.

Trotz der Lügen zu Hause angekommen

Es war toll, in eine Gemeinde hineinzukommen und Leuten zu begegnen, die *nicht* suchen. Die zufrieden sind. Die glücklich sind. Die etwas ausstrahlen. Sie haben zwar alle ihre Alltagssorgen, klar, aber sie strahlen trotzdem etwas anderes aus als die Leute in so einem Esoterikladen. Dort begegnete ich jeweils nur Suchenden. Jeder rennt vergeblich in eine Richtung. In der Gemeinde kommen mir Leute entgegen, die wissen, wo's langgeht; Leute, die etwas gefunden haben, das ich lange nicht kannte.

Ein einziges Mal stand mein Glaube auf der Kippe. Das war am Anfang unserer Beziehung. Die Gemeinde staunte nämlich nicht schlecht, als meine heutige Frau damals einen Atheisten anschleppte. Einen, der sich so stark mit der Esoterik beschäftigte. Sie war immerhin seit zwei Jahren Christin und besuchte eine Jüngerschaftsschule. Und dann zog sie auch noch zu mir! In der Folge gab's in der Gemeinde einige verurteilende, böse Worte, vor allem gegen sie. Hier war mein Interesse am Glauben ein einziges Mal in Gefahr. Ein Seelsorger der Gemeinde aber stand hinter uns. Er hielt uns die Stange.

Dann habe ich auch gefunden, was die Leute in der Gemeinde hatten. Nämlich Jesus. Es war eine gute Entscheidung. Ich merkte, dass ich am Ziel angelangt war. Seither brauche ich nicht mehr zu suchen. Das Leben mit Jesus ist spannend. Seit drei Jahren bin ich Christ, und ich stelle fest: Jesus macht frei. Ja, ich bin frei. All die großen Worte in der Esoterik sind Lügen. Lügen des großen Widersachers. Man muss sich das mal vorstellen: Siebzehn Jahre lang wurde ich im Kopf total verwirrt. Ich konnte mir keine klaren Gedanken über meine nächsten Schritte machen, geschweige denn über den Weg, den ich einschlagen sollte. Die «Schilder» zeigten ja in alle Himmelsrichtungen! Vom Ziel ganz zu schweigen. Man will ja einmal ankommen. Aber wenn ich nicht einmal den Weg kenne: Wie will ich dann das Ziel jemals erreichen?

Nach meiner Bekehrung ging ich mit meinem Bruder ins Kloster. Für drei Tage schlossen wir uns ein. Wir fasteten und beteten. Er erhielt den Impuls, mir die Hand aufzulegen und mich zu segnen. Er tat es im Namen Jesu. Mein Kopf und meine Gedanken sind seit jenem Moment regelrecht befreit.

Vielen geht es wie mir

Heute frage ich mich, wo die Esoterik hinführt. Ich kenne einen Anbieter, der sich auf Rhetorikkurse spezialisiert hat. Ein nicht zu übersehender Teil seiner Seminare basiert auf esoterischem Gedankengut. Er genießt guten Zulauf. Banker, Manager, Verkäufer, Leute aus Wirtschaft und Politik rennen ihm die Türe ein. Sie zahlen viel. Sie lernen viel. So wie ich damals: jahrelang. Und alles nur, um bessere Leistungen zu erbringen.

Ein neuer Hit ist mir im Bereich Teambildung über den Weg gelaufen. Eine Firma schickt ihre Kaderleute zu einem «Waldfuzzi». Der lässt sie im Dreck rumkriechen und über Baumstümpfe krabbeln, damit sie Zusammenhalt üben können. Ich lernte viele Seminare dieser Art kennen.

Wenn ich mir das so ansehe, dann stelle ich fest: Vielen Jugendlichen geht es heute so wie mir früher. Sie haben viele Fragen und kriegen keine Antworten. Zum Pfarrer können sie schlecht, der lebt womöglich im Zölibat und kennt die Probleme der heutigen Jugendlichen kaum.

Mir ist es ein Anliegen, dass noch viele Menschen diesen Jesus finden können und dass Leute, die wie ich damals auf der Suche sind, ihn ebenfalls entdecken. Jesus macht nicht nur den Kopf klar, sondern kümmert sich auch um die kleinen Dinge des Alltags. So jedenfalls erlebe ich es. Das kann die Esoterik nicht bieten. Dort werden immer nur verschwommene Wege angepeilt, aber keine Ziele. Der Geist hinter der Esoterik sorgt dafür, dass die Leute nie ankommen. Dass sie immer rundum beschäftigt sind und gar nicht daran denken können, etwas anderes zu machen. Jesus wird dabei immer umschifft. Er wird zwar manchmal leicht tangiert, aber trotzdem geht's stets an ihm vorbei. Man kriegt nie eine Atempause, um Luft zu holen. Man muss zuerst dieses noch machen, dann jenes noch lesen und schließlich das Dritte auch noch schaffen. Ich wurde innerlich immer gedrängt, die verschiedensten Dinge zu probieren, kurzum: Leistung zu bringen. Es gab keine Zeit für Ruhe. Heute ist das anders.

Die Bibel ist mein Fundament. Ich lese die verschiedenen Übersetzungen: *Die Gute Nachricht*, die Lutherbibel, die *Hoffnung für alle* und die Elberfelder Bibel. Das bereichert mich.

In der Esoterik stieß ich immer und überall an eine Grenze. Bei Gott ist das nicht so. Gott ist 24 Stunden im Einsatz. Er schläft nie, der Gute. Er ist immer präsent. Ihn kann ich nirgends vergessen. Ich kann immer beten. Das bedeutet für mich Freiheit. Ich *suche* nicht mehr – ich habe *gefunden*.

Hans Freunscht wuchs in Rheinland-Pfalz, Deutschland, auf, wohnt mit seiner Familie jetzt in Marchtrenk, Österreich, und besucht eine Bibelschule.

Kapitel 16

Wenn sich keiner mehr wehrt:

Die Kirche zwischen Abstellgleis und Zen-Meditation

In den Landeskirchen im deutschsprachigen Raum nehmen die esoterischen Tendenzen stark zu, während bei der christlichen Lehre
Gang um Gang zurückgeschaltet wird.

Astrologie, Wahrsagerei und jede Verbindung mit den Kräften des
Universums sollten gemieden werden. Das fordert Gott in der Bibel.
Nachdem die Bevölkerung in dieser Disziplin aber umfassend ver-
sagte und in Sachen Gehorsam komplett durchgefallen ist, zieht
nun auch die Kirche nach: Es kommt zum «Paradigmenwechsel»
auf der Kanzel und im Altarraum. Die Esoterik hält Einzug. Der
Trendbegriff lautet: Spiritualität.

«Za-Zen – achtsames Sitzen in der Stille» heißt's dann beispielsweise
in verschiedenen Schweizer Kirchen. «Religiöse Erfahrungen stehen im
Vordergrund, während die Wahrheit von Glaubensaussagen nicht mehr
so interessant ist wie in den Zeiten der Religionskritik.» Das steht im
Credo der katholischen Fernseharbeit Deutschland.[1]

Die Schweizer Ordensfrau Pia Gyger wurde im Mai 1999 zum
«Roshi» geweiht (Zen-Meister, der befugt ist, selbst Zen-Lehrer aus-
zubilden). Sie schlägt damit eine Brücke zwischen Buddhismus und
Christentum. Der Ernennungszeremonie wohnte Weihbischof Peter
Henrici als Ehrengast bei. Damit habe die katholische Kirche, nach
anfänglicher Kritik – bei der auch das Wort «Ketzerin» fiel – klar aus-
gedrückt, «dass sie mit meinem Weg einverstanden ist», sagt Frau
Gyger.[2]

In der griechisch-orthodoxen Allerheiligenkirche in München finden zweimal monatlich schamanistische Heilpraktiken statt.[3] Das
sind nur drei Beispiele. Die Liste ließe sich beliebig fortsetzen.

Reiki in der Kirche

Margaritha Staudenmann praktizierte zehn Jahre lang diverse esoterische Methoden. Seit acht Jahren führt die Bernerin eine Praxis für Verhaltenstherapie und Supervision. Dazwischen liegen mehrere Jahre kirchlicher Mitarbeit als Gemeindehelferin und Laienpfarrerin auf biblischer Basis sowie das Erteilen von kirchlichem Unterricht. Als Referentin zu diversen esoterischen Themen verfolgt Margaritha Staudenmann deren Entwicklung und stößt dabei regelmäßig auf die verschiedenen Landeskirchen: «Vorwiegend esoterische Elemente der feinsten Sorte kommen in die Landeskirchen hinein. Zum Beispiel Meditation.» An einer ihrer Arbeitsstellen innerhalb der Kirche wurde seinerzeit ein Raum der Stille eröffnet. «Ein Stein wurde in die Mitte gestellt und ein Netz mit Fischen aufgehängt. Kerzen wurden installiert. Damit die Besucher Ruhe und Besinnung finden.»

Auf diese Weise wurden Leute angezogen, die von der Haltung her für den Buddhismus stehen, die Räumlichkeiten der Kirche aber gerne nutzten, um anderen Menschen aufzuzeigen, wie wichtig Meditation ist. Es war ein «Missionieren für den Zen-Buddhismus». Durch diese Meditationstechniken kamen Frauen auf die Idee, Frauentreffen zu organisieren. Sie wollten durch gemeinsame Meditation und humanistische Lehren die Power der Frauen thematisieren und mit der Männerlastigkeit der christlichen Lehre abrechnen.

Diese Tendenzen sind in den meisten Kirchen im deutschsprachigen Raum zu erkennen. «In meiner damaligen Kirchengemeinde wurden bald Seminare aller Art durchgeführt. Zum Beispiel Meditationstreffen und ‹heilendes Tanzen› zu orientalischer Musik. Dann brachte eine erste Frau Reiki-Gedankengut ein. Die andern wussten nicht, was das ist. Sie erklärte, dass es eine japanische Heilmassage sei. Etwas Gutes also, bei dem Liebe und Wärme übertragen werden. Folglich wurde diese Praktik integriert. Außerdem erlebte ich mit, wie die Schöpfung durch ‹grüne› Gedanken höher geachtet wurde als der Schöpfer selbst. Es begann mit der Verehrung von Pflanzen. Astrologie war die nächste Stufe. Ein esoterisches Häppchen ums andere kam in die Kirche hinein, ohne dass jemand vom Vorstand reagierte. Der Tenor: Solange es niemandem schadet, sind diese neuen Elemente in Ordnung.»

Reiki heißt in der Kirche allerdings nicht Reiki: «Diese Kurse wurden nie unter diesem Namen angeboten. Der Kurs hieß: ‹Frauen tref-

fen sich und tauschen aus› oder ‹Heilende Hände›. Das Ganze läuft
also unter anderen Begriffen, auch in den Ausschreibungen der Kir-
chenblätter. Wer aber wirklich an Jesus glaubt und mit ihm lebt,
merkt rasch, oft bereits an der Formulierung dieser Titel, dass der Inhalt nichts mit dem christlichen Glauben zu tun hat und womöglich
sogar konträr zu ihm steht. Biblische Seelsorge dagegen ist kaum erwünscht.»

Tag der offenen Tür
Früher lebten in den Klöstern Bruder- und Schwesternschaften für
sich. Jetzt will man die Tore zu den Klöstern öffnen, damit die Leute
in die Ruhe und Abgeschiedenheit kommen können: «Um zu meditieren und Gott erfahren zu können. Die Räume werden vermietet.
An Leute zum Beispiel, die einen jahrelangen buddhistischen Hintergrund vorweisen. An Leute, die sich in Zen, Za-Zen und der Chi-
Energie auskennen und die vom Fasten und Reinigen sprechen, um
die göttlichen Universal-Energien aufzunehmen. Ganz nach dem
Prinzip: ‹Höre, Mensch, du sollst zu allen Religionen Zugang haben.›
Im Kloster erhält man den Eindruck, dass diese Praktiken in denselben Bereich wie das Christentum vorstoßen, nur dass dieser Bereich
anders genannt wird.»
    Ein Grund, warum Esoterik in der Kirche so gut ankommt, liegt
darin, dass sich die Personen im Kirchenrat kaum oder gar nicht
mit realem Christentum auseinander setzen. Margaritha Staudenmann: «Die Leute im Kirchengemeinderat haben meist keine Ahnung, wie sich ein humanistisches oder esoterisches Weltbild darstellt
und wie dasjenige von Jesus aussieht. Ganz so, wie es Paulus in der
Bibel sagt: ‹Der natürliche Mensch aber vernimmt nichts vom Geist
Gottes; es ist ihm eine Torheit ...› Das wurde mir deutlich.» Wichtig
ist für die Mitarbeiter in der Kirche, dass man ethisch hohe Grundsätze hat und einander nicht auf die Füße tritt. Und dass man im guten
Sinn in der kirchlichen Arbeit mithilft. Zum Beispiel bei Suppentopf-
Veranstaltungen und beim Chorsingen. Die Kirche soll attraktiv werden mit «neuen» Veranstaltungen. «Zum Beispiel durch Kleider-
sammlungen im Kirchengemeindehaus, Jugendtreffs mit Discos,
Nachmittage mit Kinderhütedienst oder Nähgruppen. Und eben
auch mit Frauengruppen, in denen das neue Hexentum eingebracht
wird. Nur nennt man das anders, nämlich ‹Frauen Power›. Das läuft

dann unter Titeln wie: ‹Frauen treffen sich zur Frauen Power›. Die kirchlichen Räume werden also ganz anders genutzt, die Kirchenvertreter ihrerseits sind froh, dass überhaupt etwas läuft. Je mehr Aktivitäten und Programm, desto besser, finden sie. So kommen ja die Leute.» Aber differenziert wird hier nicht mehr.

«Deshalb wird auch der kirchliche Unterricht ganz anders gestaltet. Eingeflochten werden Visualisierungs-Techniken, Kinesiologie, Arbeiten mit der linken und rechten Gehirnhälfte. ‹Körperorientierte Arbeit› nennt sich das dann.»

Die Kirchenvertreter müssten sich eigentlich in der Bibel auskennen und ihren Laden im Griff haben. Dass die esoterischen Praktiken konträr zum biblischen Kontext stehen, ist leicht ersichtlich. «Die Pfarrer kennen zwar den theologischen Ansatz. Aber Theologie wird heute oft nur noch als Wissenschaft betrachtet. Zahlreiche Studenten stellen die Bibel in Frage, lassen sich selbst aber nicht mehr von der Bibel in Frage stellen. Ebenso viele Theologen: Sie stellen sich heute *über* die Bibel. Sie unterrichten auch manchmal ein ‹Christusbewusstsein›, anstatt von der Erlösung durch Jesus Christus zu sprechen. Das ist der Geist des Christusdenkens. Man geht davon aus, dass man Christus schon in sich hat. Wobei wir mit dem ‹Christusbewusstsein› schon wieder mitten in der Esoterik sind. Es wird aber nicht gezeigt, dass Jesus vieles aus dem Alten Testament lehrte. Auch die Verkündigung, dass er sein Blut für uns vergoss, wird strikt weggelassen. Obwohl das doch der zentralste Punkt der Bibel ist! Darum werden Worte wie Sünde oder Sündenvergebung in der Kirche auch kaum mehr verwendet oder gehört. Der Mensch kann sich neuerdings das Himmelreich durch gute Handlungen und Sakramente selbst verdienen.»

Wassermann auf der Kanzel

«So, wie ich die Tendenzen in unserem Land beurteile, wird die Esoterik in den Volkskirchen eines Tages überhand nehmen. Ich vermute, dass in wenigen Jahren die Aggression der Menschen gegenüber dem Absolutheitsanspruch von Jesus wachsen wird und dass die Christen noch mehr in den Fundamentalisten-Topf geworfen werden. Bald wird vermutlich von Seiten der Kirchenvertreter gesagt: ‹Wir sind eine Volkskirche, in der alle Religionen Platz haben. Wir wollen offen sein für Neues.› Das hieße dann beispielsweise: Oberton-Musik,

Schamanismus, Vergötterung der Natur, Zunahme von offen praktizierter Homosexualität. Absolutheitsansprüche aber, wie Jesus sie lehrt – kein Unreiner, kein Unzüchtiger, keiner, der das Wort Gottes mit Füßen tritt, keiner von ihnen kommt ins Himmelreich –, scheiden die Geister.»

Die esoterische Linie, die sich oft selbst gar nicht so definiert (viele Esoteriker sagen, dass sie mit der Esoterik nichts zu tun haben!), ist da mit ihrem Durcheinander an Impulsen schon eher willkommen. Für jeden ist etwas dabei; fast alles wird toleriert.

Staudenmann: «In meiner Beratung als Supervisorin lernte ich einen Küster kennen, der etwas genauer prüfte, an wen er seine Räumlichkeiten vermietete. Eine Esoterikerin wollte sich ebenfalls einmieten. Der Küster wollte ihr das Ausüben ihrer Praktiken in kirchlichen Räumen untersagen. Sie praktizierte Meditationen mit dem ‹Versinken in der Kerze›.

Der Mann musste vor dem Kirchenrat antreten. Weil er zwanzig Jahre lang gut gearbeitet hatte und sich ein Küster nicht so leicht finden lässt, konnte er seine Stelle behalten. Die Esoterikerin wurde dazu verpflichtet, nach ihren Meditationen den Raum so zurückzulassen, dass man ‹nichts sagen kann›».

Gründe, warum die Bibel ausgerechnet in der Kirche vermehrt ausgeklammert wird, gibt es viele: die Bequemlichkeit, das Niemandem-auf-die-Füße-treten-Wollen, das Tolerieren diverser konträrer Praktiken und so weiter.

Für Margaritha Staudenmann kommt noch ein weiterer Grund dazu: «Ich persönlich glaube, dass man fragt: Wo ist dieser Christus, der versprochen hat, dass er zurückkommen wird? Man glaubt nicht mehr, dass er kommt. Darum sagt man heute: Man muss den Christusgeist haben, damit man mit Christus verbunden ist. Den Christusgeist des ‹höheren Bewusstseins›. Das ist Esoterik pur: Sich vom homo sapiens weiterentwickeln, sich ‹transformieren› zum homo noeticus, der höheren Stufe der geistlichen Verwirklichung. Daher spricht man nicht mehr von ‹geistlich›, sondern von einem ‹geistigen Auge› und einer ‹spirituellen Welt›. Geistlich ist heute bei den Pfarrern jemand, der geistliche Werte, wie Jesus sie vermittelte, hochhält.»

Die esoterischen Tendenzen sind innerhalb der Landeskirchen bereits zu über achtzig Prozent akzeptiert. «Häufig lese ich, wenn neue Pfarrer porträtiert werden, dass sie in der Freizeit Yoga betreiben, meditieren und naturverbunden sind. Das Öffnen des ‹spirituellen Auges› scheint sehr gefragt zu sein.» Besonders wenn es sich dabei um das dritte Auge, das Stirn-Chakra, handelt ...

Pro Pfarrer eine Religion

Es war im kirchlichen Unterricht, als Margaritha Staudenmann eines Tages von der Entstehung der Schöpfung erzählte. Die Kinder waren verunsichert. Kein Wunder: Der Pfarrer hatte unlängst die Evolutionstheorie als Erklärung für unsere Herkunft herangezogen. Einen «Urknall» erlebte die Verhaltenstherapeutin an diesem Arbeitsplatz aber nicht: «Der Pfarrer sagte zu den Kindern: ‹Wir brauchen uns über Lehrfragen nicht zu streiten. Der eine glaubt es so, der andere so. Beide Meinungen haben Platz. Wichtig ist, dass Gott uns liebt.›»[4]

Wenn ein traditionelles Sinn- und Weltdeutungssystem oder eine Religion nicht mehr im Stande sind, Menschen bei ihrer Lebensbewältigung zu helfen, dann wird das Heil an einem andern Ort gesucht. Das ist sowohl bei uns im christlichen Abendland wie im «Guruismus» des Ostens feststellbar.

Das von Rudolf Bultmann «entmythologisierte» Wort Gottes hatte in der Bultmann'schen Form entgegen den Erwartungen seitens kirchlicher Vertreter in den letzten Jahrzehnten zu wenig Kraft und Leben, um die Gesellschaft zu verändern und sie für ein vom Mythos befreites Evangelium zu interessieren.

Wenn im Neuen Testament alle übernatürlichen Begebenheiten ausgeklammert werden, dann bleibt von der Kraft der Botschaft des Evangeliums nicht mehr viel übrig; eines Evangeliums, das – derart verunstaltet – nur noch eine Minderheit anspricht. In Strömen laufen die Menschen anderen Heilslehren nach. Nie zuvor in ihrer Geschichte hat sich die deutschsprachige Bevölkerung so stark für Mystik, Zauberei und das Übersinnliche interessiert wie heute.

Wir haben es vernachlässigt, die «Esoterik» im christlichen Glauben zu leben: nämlich all das, was hinter den Worten steht; das, was wir nicht mit unseren natürlichen Augen sehen können, sondern nur mit den geistigen bzw. den geistlichen Augen.

Der Esoterik und der ganzen New-Age-Kultur liegt ein mythologisches Weltbild zugrunde. Das ist anziehend. Der hungrige Geist will das bekommen, was ihn erfüllt. In der Kirche kann man das vielfach nicht mehr erleben. Also sucht man woanders ...

Ein katholischer Kontrapunkt

Nicht immer wird das New-Age-Gedankengut von kirchlicher Seite mit offenen Armen empfangen. Einer der engagiertesten katholischen Kritiker war der Jesuitenpater Giuseppe Petazzi. Er betrachtete den Spiritismus als Zersetzung des Christentums. Er schrieb:

«Das eigentliche Wesen des Christentums wird verneint, insofern der Spiritismus behauptet, dass ‹das Christentum keine einzigartige und spezifische Offenbarung ist, sondern nur eine der Formen spiritistisch hoher Manifestationen›.

Die Göttlichkeit Christi wird verneint, insofern er nur als höherer Geist bezeichnet und geleugnet wird, dass er wahrhaftig Gott ist.

Die Erlösung wird verneint. Tatsächlich wird das Dogma der Erbsünde geleugnet, und da es diese nicht gibt, braucht man auch keine Rettung. Das Christentum wird nicht verworfen, aber modifiziert. Das ist die Mission des Spiritismus: Dort

wird die Auferstehung Christi verneint,

werden alle Wunder Jesu verneint,

wird die Dreifaltigkeit verneint,

werden alle Sakramente verneint,

wird die Existenz des Satans und der Dämonen verneint.»[5]

Kapitel 17

Sinja Matter, Alex Matter, Nadia Soucek:

«Wir wussten nichts von den zwei gegensätzlichen Welten»

Als Sinja Matter gerade mitten in ihrer Ausbildung zur Grundschullehrerin steckte, wurde dort eine «Gesundheitswoche» durchgeführt. Und dazu musste sie – wir kennen das alle auch – etwas «produzieren». Also schrieb sie einen Aufsatz zum Thema. Sinja berichtete darin von ihrer Vergangenheit. Hier ein Auszug:

Der Heilpraktiker

«Ich erzähle aus dem Leben eines Heilpraktikers. Vor ungefähr achtzehn Jahren hat er angefangen, sein ganzes Leben umzukrempeln. Er ernährte sich vorwiegend von Biokost, besuchte Reflexzonen-Massage-Kurse und beschäftigte sich eingehend mit der Homöopathie. Einige Jahre später entschloss er sich, seinen Beruf als Ingenieur aufzugeben und Naturheilpraktiker zu werden. Er wollte so den Menschen auf natürliche Weise helfen.

Überall, wo er hinging, warb er neue Klienten. Er hatte Erfolg und bildete sich weiter. Die Lehre von den Energiebahnen, die durch den ganzen Körper laufen, faszinierte ihn. Er besuchte Kurse, in denen gelehrt wird, wie Energiestauungen gelöst werden. Bei seinen Kunden kam er sehr gut an.

Ich selbst war auch bei ihm in Behandlung. Nach jeder Sitzung, in der Energiestauungen gelöst wurden, fühlte ich mich herrlich entspannt. Das war aber immer nur von kurzer Dauer. Nach zwei bis drei Tagen fühlte ich mich wieder genau wie vorher. Ich hatte eine bleierne Müdigkeit in mir, fühlte mich unzufrieden und leer. Schon bald brauchte ich wieder eine Sitzung. Ich konnte mir ein Leben ohne diese Therapiemethode nicht mehr vorstellen.

Wie es dem Heilpraktiker heute geht? Inzwischen treten altersbedingte Krankheiten bei ihm auf. Er versucht sie zu bekämpfen. Er hat Angst vor dem Sterben. Ich weiß, dass er ab und zu starke Schmerzen hat. Aber zum Arzt gehen möchte er nicht. Je stärker die Schmerzen sind, desto mehr homöopathische Mittel nimmt er ein. Als ich bei ihm war, stellte ich fest, dass diese Mittel überall herumstehen. Die Küche, das Schlafzimmer, ja sogar das Auto sind voll von Fläschchen mit Flüssigkeiten und Kügelchen.

Einmal habe ich überlegt, was geschehen würde, wenn er all diese Mittel nicht mehr nehmen könnte. Würde er vor Angst sterben? Gibt es Hilfe für ihn? Gerne würde ich ihm helfen. Ich liebe ihn. Denn dieser Mann ist mein Vater.»

Meditation als Kraftquelle

«Als Teenie wollte ich unbedingt wie mein Vater sein», erinnert Sinja sich heute zurück. Sie wollte werden wie er. Als sie zwölf Jahre alt war, begann ihr Vater die Ausbildung zum Naturheilpraktiker. Und sie schwärmte vom Übernatürlichen.

«Vater beherrschte bald die Fußreflexzonen-Massage. Er übte fleißig an meiner Schwester Nadia und mir.»

Verunsichert durch die Scheidung ihrer Eltern, suchte Sinja stark nach Orientierung, Halt, Liebe und Lebenssinn. «Ich fühlte mich abgelehnt und ungeliebt. Wir wohnten damals bei unserer Mutter. Nach der Arbeit musste sie sich noch um meine Schwester und mich kümmern. Ich war eine Chaotin, was häufig zu Streit führte.» Stabilität fand die Schülerin im Lesen esoterischer Bücher: «Wie ein Schwamm sog ich alles auf. Egal ob es um die Reinkarnationslehre oder um das Erreichen von höheren Bewusstseinsstufen ging.»

Nach der Konfirmation suchte sie weiter nach einem tragfähigen Weltbild. «Die reformierte Kirche gab mir damals wenig. Sie war mir zu langweilig. Ich konnte dort nichts erleben. Sie war für mich wie tot.»

Bei ihrem Vater sah sie, dass es noch anderes gibt. Geistliche Kräfte. Und dass man diese erfahren kann. «Nach Möglichkeit setzte ich das Gelesene um. Zum Beispiel durch Meditation. Ich zündete Räucherstäbchen an und blickte in eine Kerze. Ich hoffte, dadurch in eine höhere Sphäre zu gelangen. Mit der Zeit sah ich ein Licht, das heller wurde als das der Kerze. Ich fühlte mich geborgen. Mein Geist schwebte auf einer höheren Bewusstseinsstufe.»

Für Sinja wurde die Meditation immer wichtiger. «Sie war meine Energiequelle. Ich spürte wirklich etwas dabei.» Ihr Geist tauchte ab – für eine halbe Stunde pro Tag. «In speziellen Situationen meditierte ich zusätzlich. Zum Beispiel bei Prüfungen im Gymnasium. Ich ging auf die Toilette und nahm die nötigen Bachblüten-Essenzen zu mir. Danach meditierte ich. Ohne dieses Ritual bekam ich sofort Prüfungsangst, empfand den nackten Horror vor den Frageblättern.»

Für kurze Zeit verbesserte sich jeweils ihr Zustand. Sie brauchte aber immer mehr. «Ohne Bachblüten konnte ich bald keine Prüfungen mehr schreiben, weil ich Angst hatte, total zu versagen. Die physische Abhängigkeit entwickelte sich zwangsläufig. Ich hatte Angst, die göttliche Kraft zu verlieren. Zum ersten Mal merkte ich, dass hinter allem geistliche Mächte stehen.»

«Achtzehn Jahr, braunes Haar»

Im Alter von achtzehn Jahren zog die «Chaotin» von zu Hause aus, zur Freundin des Vaters. Die Freundin «war Spezialistin auf dem Gebiet der Esoterik. Sie praktizierte Astrologie und gab selbst Kurse. Zu ihrem Angebot gehörten aber auch Atem-Therapien und Tarot-Karten-Legen. In ihrem Schlafzimmer stand ein riesiger Amethyst; ein violetter Edelstein, der gute Schwingungen abgeben soll».

Sinja war jetzt im esoterischen Paradies. «Das war Faszination pur. Ich sah eine Menge und erhielt dazu jeweils die passende Literatur. Vermehrt befasste ich mich mit Edelstein-Therapie, Bachblüten, Meditation und Reflexzonen-Massage. Tatsächlich fühlte ich die Kräfte: die Strahlung der Edelsteine zum Beispiel. Sie hatten für mich eine große Anziehungskraft, ähnlich wie man das bei einem Magneten kennt.»

Sinja wollte alles ausprobieren, was es auf esoterischem Gebiet gibt. «Ich merkte, dass es funktioniert. Kurzfristig zumindest.»

Beruflich feierte die damals fast Zwanzigjährige weniger Erfolge. «Ich machte die Aufnahmeprüfung für die Physio-Therapie. Mehrmals. Alle Anläufe scheiterten. Ich begann ein Medizinstudium. Aber auch das brach ich ab.»

Schließlich arbeitete sie als Schwesternhelferin, wusste aber noch immer nicht, was sie einmal beruflich werden wollte. Berufen, ja, das fühlte sie sich. Und wie! «Nebenbei betreute ich auf privater Ebene meine ersten Kunden. Zuerst machte ich in der Regel eine

Ganzkörpermassage. Im Anschluss daran folgte eine Energieausgleichsmassage. Ich legte den Kunden die Hände auf und ließ die kosmische Energie von mir zu ihnen fließen. Sie spürten dann eine angenehme Wärme, die durch meine Hände auf sie überfloss.» Für Sinja war das göttliche Kraft.

«Für mich war das alles sehr positiv. Ich konnte den Leuten schließlich helfen, und ich tat Gutes.»

Sinja besuchte viele Kurse, las Literatur ohne Ende. Aber eigenartigerweise wurde sie immer einsamer. «Vor dem Einschlafen merkte ich oft, dass etwas Dunkles in meinem Zimmer war. Es ist schwer zu beschreiben. Da waren Schatten, die doch keine waren. Schatten ohne Konturen. Dunkle Mächte. Zum Teil konnte ich sie sehen. Das machte mir richtiggehend Angst. Darum meditierte ich das göttliche Licht herbei.»

Beruflich war Sinja immer noch orientierungslos. Dafür war sie aber freier für abenteuerliche Unternehmungen. «Ich und mein damaliger Freund, ein Costa-Ricaner, fassten kurzerhand den Entschluss, einen Trip in sein Heimatland zu machen. Im Herzen hatte ich den Vorsatz gefasst, auch gleich dort zu bleiben. Ich hatte die Sehnsucht auszuwandern. Im Hinblick auf das dortige Lebensklima dachte ich mir: ‹Dort sind die Leute ohnehin freundlicher als hier in der Schweiz. Sie sind barmherziger und liebevoller im Umgang miteinander.›» In der Schweiz fühlte sie sich einsam, besonders wenn sie an die sonnige Bananenrepublik dachte: «Hier mag mich ohnehin niemand. In Costa Rica soll das anders werden. In Südamerika ist man nicht einsam. Dort sind alle eine einzige große Familie. – Das waren in etwa meine Gedanken.»

Sinja dachte aber auch an das Schweizer Bruttosozialprodukt: «Ich kaufte mir einen Koffer mit den 38 verschiedenen Bachblüten-Essenzen sowie diversen Räucherstäbchen und dachte: Die dort sind noch nicht so weit. Vielleicht kann ich ihnen das verkaufen.»

In Costa Rica mietete sich das Paar bei einer Frau ein. Sie hieß Lidieth. Ihr Dorf, die Landschaft, alles eine einzige Idylle. «Ihr Haus stand auf einem Hügel, mitten in einem Dörfchen mit Bananenstauden und angrenzenden Kaffeeplantagen. Romantisch. Wie in den Werbespots. Dort konnte ich von meinem Ersparten leben. Alles war ‹sparadiesisch› günstig.»

Lidieth war und ist Christin. Für sie war klar: Diese Menschen hier waren ihr von Gott anvertraut. «Bei ihr lief immer fröhliche, lebendige, ‹groovende› Musik. Diesen Sound fand ich lässig, er brachte gute Laune rüber. Ich war begeistert. Sie sagte, dass es christliche Musik sei. Erstaunt schaute ich sie an. In der Schweiz kannte ich bezüglich christlicher Musik nur die Orgel in der Kirche.

Mein Freund benahm sich allerdings immer weniger freundlich. Er war manchmal sogar gewalttätig. Das Geld, das *ich* verdiente, war in seinen Augen *unser* Geld.» Regelmäßig funktionierte er Sinjas Portemonnaie in einen Selbstbedienungsladen um. «Die Beziehung mit ihm ging immer mehr den Bach runter. Eines Abends fand er, er wolle wieder einmal allein tanzen gehen. Zu unserer Gastgeberin sagte er, sie solle auf mich aufpassen. Kurz entschlossen nahm sie mich mit in ihre Kirche.»

In der «Bananenkirche»

«‹Wow, das ist stark!›, dachte ich. Eine Band spielte, die Leute klatschten in die Hände und sangen rhythmische Lieder. Während des Gottesdienstes liefen meiner Lidieth Tränen über die Wangen. Die erlebte etwas. Und das in der Kirche! Das war für mich spannend und ungewöhnlich zugleich. Es herrschte eine eigenartige und friedliche Atmosphäre in dieser Kirche. Am Ende hieß es: Wer Gott kennen lernen will, soll nach vorne kommen. Meine Vermieterin sagte, ich könne dieses Angebot ungeniert in Anspruch nehmen.»

Einige andere Personen gingen bereits in den vorderen Teil der großen Kirche. Im Gebetsteam, das vorne wartete, sah man auch zahlreiche junge Leute. «Eine junge Frau steuerte direkt auf mich zu. Sie fragte: ‹Willst du Jesus annehmen?› Ich überlegte und kam zum Schluss: ‹Jesus ist sicher nichts Schlechtes. Der hat immer gute Dinge getan. Der kann sicher nicht schaden.› Ja, ich wollte. Also ging ich mit nach vorne. Sie betete mir auf Spanisch vor, ich brauchte es nur noch nachzusprechen. Nach dem Gebet musste ich weinen, doch dann fühlte ich mich auf einmal sehr erleichtert. Ich sah eine Art Licht, etwas Helles. Außerdem spürte ich, wie eine Last von mir weggenommen wurde. Als ob etwas Dunkles von mir wegginge. Es war eine Last, von der ich gar nicht gewusst hatte, dass ich sie mit mir herumtrug.»

Sinja empfand ein derart starkes Gefühl von Freiheit, dass ihr die Tränen übers Gesicht liefen. «Etwas, das ich in der Esoterik nie zuvor kennen gelernt hatte. Es war so unglaublich kraftvoll. Eigentlich habe ich überhaupt nicht kapiert, was da passiert ist. Aber ich fand es stark, dass in dieser Kirche so viel Leben war und ganz offensichtlich positive Dinge geschahen. Immerhin fühlte ich mich freier als nach all den Selbstentfaltungsseminaren. Obwohl ich dort ja auch von ganzem Herzen gesucht hatte.»

Die erste Liebe

Die «Exil-Schweizerin» wollte mehr erfahren und ging nun regelmäßig in die Kirche. Ein paar Monate später ließ sie sich taufen. In ihrer neuen Gemeinde wurde auch gefastet. Sinjas Vermieterin erklärte ihr, es könne sein, dass man Gott dadurch besser verstehe und ihn eher spüre. «Also fastete ich. Und tatsächlich kam ich Gott näher. Meine Seele nahm ihn noch intensiver wahr. Nach dem Fasten hatte ich aber Heulkrämpfe. Manchmal sogar Depressionen. Es war etwas in mir drin, das nicht zu mir gehörte. Dieses Etwas ‹würgte› meine Seele und quälte mich.» Ich vermutete, dass es die Geister waren, die ich mit meinem früheren Lebensstil herbeigerufen hatte.

Lidieth empfahl ihr, zum Pastor der Kirche zu gehen. «Ich verabredete einen Termin mit ihm. Noch vor dem Treffen gingen mir auf einmal viele Fragen durch den Kopf, die ich mir früher nie gestellt hatte. Zum Beispiel, ob meine esoterischen Praktiken richtig waren. Ob das Meditieren wirklich nur positiv ist. Ob Gott von der Edelstein-Therapie Gutes denkt. Ob das vielleicht eine Vergöttlichung der Materie ist oder sogar ein Missbrauch seiner Schöpfung? Und was war mit den Bachblüten und Räucherstäbchen?»

Sinja stellte diese Fragen. «Und die Christen in Costa Rica bestätigten mir, was ich zuvor schon vermutet hatte: Gott ist kein Fan von solchen Praktiken.»

Im Folgenden nahm Sinja an den Fasten- und Gebetstreffen der Gemeinde teil. «Dort wünschte ich mir, dass meine Seelenquäler ‹hinausbefördert› werden sollten. Und tatsächlich: Es gelang den Betern, die dunklen Mächte in mir zu konfrontieren und sie im Namen von Jesus Christus aus meinem Körper hinauszubefehlen. Es war ein Befreiungsgebet. Ich spürte eine übernatürliche Kraft. Mein ganzer Körper glühte. Es war Gottes Feuer, das in mir brannte. So etwas hatte ich vorher noch nie erlebt!

Danach spürte ich Gott immer wieder sehr stark. Ich empfand seine Liebe und seine Nähe. Es war eine radikale und schöne Wende in meinem Leben. Ich hatte eine unbeschreibliche Begeisterung in mir, war total happy. Alles, was mit Kirche zu tun hatte, fand ich nun absolut cool. Deshalb trennte ich mich von allem, was mich noch an die Esoterik erinnerte. Nach dem Befreiungsgebet begann für mich spürbar das richtige, das neue Leben. Es war, als ob Gott meine Kanäle nach oben hin durchgeputzt hätte. Oft wachte ich morgens um vier Uhr auf und hatte enorme Lust zu singen und in der Bibel zu lesen.

Da fragte ich Lidieth, warum das so war. Sie sagte, das komme öfter vor. Es sei die erste Liebe für Jesus. Ich tigerte also morgens um vier im Halbdunkel herum, sang meine Lieder und las in der Bibel. Stundenlang. Beinahe das ganze Neue Testament las ich in einem Zug durch und fand es enorm spannend. Außerdem belegte ich in der Kirche gleich alle angebotenen Kurse auf einmal, vom Einsteiger- bis zum Leiterkurs.

Allen, die ich auf der Straße traf, erzählte ich von diesem coolen Gott, den ich kennen gelernt hatte. Allen: den Drogenabhängigen, den homosexuellen Transvestiten, den gewalttätigen, umherirrenden Verrückten. Ich kannte keine Angst. Für alle empfand ich eine riesige Liebe. Es war stark.»

Die Heimkehr

«Eines Tages – in Costa Rica ticken die Uhren anders – besuchte mich meine Mutter und fragte: ‹Sinja, wann kommst du wieder in die Schweiz zurück?› Erst dachte ich: Gar nicht! Dann betete ich und spürte, dass ich zurückgehen sollte. Außerdem wollte ich ja noch eine Ausbildung machen.»

Nach über einem Jahr kehrte Sinja in die Schweiz zurück. «Auch hier merkte ich, dass Gott mich leitete. Meine Mutter kannte mich natürlich noch von früher her und meinte, dass ich bestimmt keine Arbeit finden würde. Ich wollte aber einen Job in einem Krankenpflegeheim finden. Ich öffnete das Telefonbuch: Sechs oder sieben Heime waren aufgelistet. Plötzlich *wusste* ich, bei welchem ich anrufen musste. Ein einziger Anruf genügte. Ich hatte die Stelle.»

Nach einem halben Jahr kam der Wunsch auf, einen Beruf zu erlernen. «Schließlich hatte ich ja noch immer keinen Abschluss. Auf einmal wusste ich: Ich werde Lehrerin. Auf diese Idee war ich noch nie gekommen. Irgendwie merkte ich, dass Lehrerin das Richtige war.

Bevor ich nach Costa Rica ging, war ich sehr einsam gewesen. Eines Tages fühlte ich mich wieder so. Ich betete zu Gott, er möge mich doch aus dieser Einsamkeit herausreißen. Ein paar Tage später kam eine junge Frau auf mich zu und fragte, ob ich mit einer Freundin von ihr in eine Dreier-WG ziehen wolle. Ich wollte. Es war genial. Außerdem gewann ich bald neue Bekannte und gute Freunde dazu.

Meine Persönlichkeit wurde ebenfalls stark verändert. Früher plagten mich häufig Minderwertigkeitskomplexe. Ich war scheu, zurückhaltend und fühlte mich schnell abgelehnt. Also suchte ich in der Esoterik nach kosmischem Licht und Liebe. Und das intensiv. Aber es funktionierte nie. Kein einziges Mal hat jemand zu mir gesagt, ich würde etwas Positives ausstrahlen. Obwohl ich das immer so sehr hoffte und wollte. Seit ich Jesus in meinem Herzen habe, sind aber schon vielfach Leute zu mir gekommen, die sagten, ich sei eine ‹Strahlefrau›.

Die Frage nach dem Sinn des Lebens ist für mich heute geklärt. Der Hunger nach der Wahrheit ist gestillt. Ich habe die Wahrheit gefunden und muss nicht mehr suchen. Ich bin innerlich ruhig geworden.

Gottes Liebe spüre ich seit meiner Entscheidung in Costa Rica oft ganz real. Ich weiß, dass er da ist. Es ist alles sooo anders mit ihm. Ich sehne mich keine Sekunde mehr nach den esoterischen Praktiken zurück. Früher war ich orientierungslos. Heute spüre ich die sanfte Leitung von Jesus. Ich fühle, dass Gott da ist.»

Die Beziehung zu ihrem damaligen Freund ging noch in Costa Rica zu Ende. Bald darauf lernte Sinja in der Schweiz ihren heutigen Mann kennen: Alex Matter. Esoterisches Gedankengut gehörte auch zu seinem Leben wie das tägliche Brot. Nur verschaffte Alex sich den Zugang anders: nämlich durch Haschisch und andere Drogen.

Alex erzählt seine Geschichte gleich selbst:

Gnome, Hasch und Wurzelmännchen

Ich bin mit einem Sprachfehler aufgewachsen. Erst im Alter von vier Jahren konnte ich einigermaßen sprechen, aber der Fehler blieb. Während meiner Schulzeit hatte ich deswegen starke Minderwertigkeitskomplexe. Wegen der Sprachprobleme wurde ich in eine andere Schule gesteckt, in die Rudolf-Steiner-Schule. Dort hörte ich vieles über Religionen, Buddha, Gnome und Wurzelmännchen.

Mein Freundeskreis bestand ausschließlich aus Mitschülern. Nach der achten Klasse kam ich in ein Internat und wurde noch stärker von zu Hause getrennt. Im Internat machte ich meine ersten Erfahrungen mit Haschisch. Die Devise hieß jetzt: Einfach abheben. Gut drauf sein. In eine andere Sphäre treten.

Danach begann ich eine Lehre als Tiefbauzeichner. Wieder hatte ich fast keine Freunde. Ich war ein Außenseiter. Aufgrund meiner Sprachschwierigkeiten konnte ich mich nur schwer eingliedern. *Einen* Freund hatte ich aber immerhin. Er gehörte zu einer Clique. Mit ihm durfte ich meistens mitgehen. Die Leute in seiner Clique sahen zwar heruntergekommen aus, aber weil ich sonst keine Freunde hatte, hing ich halt mit ihnen rum. Mein Hasch-Konsum stieg, und in der Lehre kriegte ich daher zwangsläufig Probleme. Ich war zu langsam und zu wenig konzentriert.

Dann wurden Bekannte meiner Eltern umgebracht. Ihr Sohn Peter [Name geändert] wohnte fortan bei uns. Er kiffte ebenfalls und beschäftigte sich mit dem Übernatürlichen. Seine Domäne war die Parapsychologie. Er brachte mich nahe an ihren Dunstkreis heran. Zum Beispiel führte er mich in die Lehre der Reinkarnation ein und zeigte mir Weiße Magie. Wir praktizierten auch Tischrücken miteinander.

Einmal brachte jemand mexikanische Pilze mit in die Clique. Damit nahm ich alles viel stärker wahr: das Zwitschern der Vögel zum Beispiel oder das Rauschen eines Baches. Ich fühlte mich wie von einer Watteschicht umgeben. Über meine Aura wurden meine Gedanken verändert. Ich hatte keine Ahnung, von wem. Es waren Eindrücke wie Lichtblitze am Horizont. Meist waren es Friedensgedanken, manchmal aber auch Aggressionsschübe. In der Regel verging alles genauso schnell, wie es gekommen war. Spätestens nachdem die Wirkung der eingenommenen Drogen nachgelassen hatte. Dem Hoch folgte aber immer ein Tief – das Tal der Depressionen. Ich fühlte mich wie eine niedere Spezies: Ich musste ganz offensichtlich mit meinem Sprachproblem zur Welt kommen, weil ich in meinem vorherigen Leben ein schlechter Mensch gewesen war. Ich musste noch ganz unten sein auf meiner Entwicklungsstufe. Ich musste mir in diesem Leben eine Bewusstseins-Erweiterung erarbeiten mit dem Ziel, ein gutes Karma zu erreichen und einen guten spirituellen Weg einzuschlagen.

Ich, ein Mörder?

Als ich im Militärdienst war, verteilte dort ein Pfarrer Bibeln. Ich las ein wenig im Matthäus-Evangelium. Bis zur Bergpredigt hielt ich durch, aber weiter konnte ich nicht lesen. «Wenn jemand seinen Bruder hasst, ist er ein Mörder.» Solchen Sätzen konnte ich nicht gerecht werden. Wenn das wahr ist, so überlegte ich, habe ich keine Chance. Also wollte ich einfach nicht mehr damit konfrontiert werden. Rasch legte ich das Buch wieder weg. Es klagte mich nur an.

Nach dem Militärdienst bekam ich eine Stelle als Tiefbauzeichner. Mit Peter lebte ich jetzt in einer WG. Ich beschäftigte mich weiter mit Esoterik, las Bücher von Gurus, Meistern und den «normalen» Grenzgängern zwischen den verschiedenen Welten. Drogen gehörten weiterhin zu meinem regelmäßigen Konsumgut.

Aus Neugier besuchte ich erstmals eine Technoparty und probierte dort LSD. Ecstasy war der nächste Schritt. Das war eine neue Welt. Ich sah die Farben viel intensiver. Dinge bewegten sich vor meinen Augen, die sich in Wirklichkeit gar nicht bewegen.

Nach einer Party, es war nach einem stärkeren Trip, sah ich mich in einem Spiegel. Die eine Gesichtshälfte war ganz normal. Die andere aber war von einem riesigen Geschwür überzogen, vergleichbar mit dem angeschlagenen Arnold Schwarzenegger im Film «Terminator 2». Alles war wie verbrannt. Es zerfraß mich. Ich fühlte es richtiggehend. Angstschweiß perlte auf meiner Stirn. Ich fürchtete zu sterben. Mir war klar, ich würde als ein niedrigeres Wesen wieder zur Welt kommen. Nur schon, weil ich mich in diesem Leben mit all den Drogen selbst zerstört hatte.

Der Garten Eden

Nachdem ich meine Karriere als Tiefbauzeichner für gescheitert erklären musste, begann ich eine Gärtnerlehre. Mein Drogenproblem wurde allerdings größer und färbte vermehrt auf mein Berufsleben ab. Drei bis vier Tage nach der Einnahme von Ecstasy erlebte ich regelmäßig ein Tief. Außerdem wurde ich durch den Drogenkonsum anfälliger für Krankheiten. Zweimal war ich sogar mitten im Sommer schwer krank. Und ich kam morgens immer schlechter aus den Federn.

Auf einer Technoparty lernte ich eine junge Frau kennen. Sie war ebenfalls abgestürzt. Aber sie erzählte mir von Jesus. Paradox, denn sie selbst war süchtig wie ich. Doch auf eine spezielle Art lebte sie Barmherzigkeit und Vergebung aus. Etwas, das mir bis dahin völlig unbekannt war. Einmal wurde sie auf einer Party von einem Typen angepinkelt. Sie ging einfach zu ihm hin und sagte: «Du, ich vergebe dir.» Für mich war das der Hammer. Sie beeindruckte mich sehr.

Irgendwann hatte ich den festen inneren Eindruck, dass ich im Herbst 1996 sterben würde. Es war wie eine Eingebung aus heiterem Himmel. Ich legte sie ad acta.

Beruflich geriet ich wegen meiner Exzesse zunehmend in Schwierigkeiten. Deshalb verzichtete ich inzwischen, soweit das möglich war, auf die Pillen. Dafür kiffte ich nun jeden Abend. Als ich eines Tages nach einem LSD-Trip der Schizophrenie nahe war, ging ich zu meinen Eltern und erzählte ihnen von meinen Problemen. So etwas hatte ich schon lange nicht mehr getan.

Ich konnte zu meinen Eltern ziehen und nahm jetzt weniger Drogen. Außerdem suchte ich mir eine andere Art von Partys. Jetzt war «Goa» angesagt: Partys mit hinduistischem Ambiente und Didgeridoos (australischen Musikinstrumenten). Für mich persönlich war's spiritistischer Techno. Dort ging es mitunter darum, wer mehr Macht ausüben konnte. Manchmal *fühlte* ich direkt eine mediale Rangordnung im Raum.

Auf einer solchen Party nahm ich einmal eine Extra-Ration der mexikanischen Pilze, dazu Haschisch und eine Pille. Ich spürte eigentlich nichts. Auf der Tanzfläche «ravte» ich mit. Wie immer. Nach ein paar «Brettern» – Technostücken – verließ ich die Tanzfläche wieder. Dann sah ich bei einem Typen, der immer noch tanzte, plötzlich in den Kopf *hinein*. Ich sah alles, was er dachte. Ich sah Kälte. Ich sah Begierde. Und keine Liebe. Ähnliches entdeckte er bei mir. Er kam zu mir und fragte mich, was ich suche. «Wahrheit», sagte ich.

Wieder sah ich seine Gedanken. Leere. Ein großes Nichts.

Dann war der Spuk vorbei, und ich ging nach draußen. Dort tanzten Leute um eine Art Lagerfeuer herum. Mir kam die Geschichte vom Volk Israel in den Sinn, wie es um das goldene Kalb herumtanzt. Instinktiv merkte ich, dass auch *ich* nicht auf Gottes Linie war. Beschreiben kann ich das nicht. Ich wusste es einfach. Dieser innere Eindruck war gekoppelt mit dem intensiven Wunsch nach einer Heimat.

Ich wollte deshalb unbedingt die Telefonnummer jener jungen Frau bekommen, die mir von Jesus erzählt hatte. Ich musste einfach mit ihr sprechen. Auf Umwegen kam ich an ihre Nummer heran. Wir verabredeten uns dann öfter. Und einmal brachte sie einen Missionar mit. Beim Treffen fragten sie mich, ob ich Jesus annehmen wollte. Aufgrund meines bisherigen Lebens sagte ich rasch «Ja». Ich wusste zwar nicht genau, was dies bedeutete, aber das Leben dieser Frau war für mich überzeugend. Der Missionar erklärte mir die Schwerpunkte des Evangeliums. Anschließend betete er zu Gott und befahl dem «Drogen-Geist», aus meinem Körper auszufahren. Eine farbige Wolke verschleierte das Innere meines Kopfes. Ich spürte, dass ich eingelullt wurde. Der Missionar betete erneut für mich. Die Wolke verschwand.

Plötzlich konnte ich ohne Hasch leben, vom einen auf den anderen Tag. Jetzt suchte ich eine Kirchengemeinde. Dort wünschte ich mir erneut, dass man für mich betete, denn noch immer rauchte ich zwei Päckchen Zigaretten pro Tag. Nach dem Gebet konnte ich damit aufhören. Von vierzig auf null, dank eines Gebets ...

Es war ein Wunder. Ich sah, dass es neben dem Destruktiven, das ich ja zur Genüge erlebt hatte, auch eine wohltuende Macht gibt. Ich spürte den Heiligen Geist stark und erlebte ein intensives Körpergefühl – wie nie zuvor. So konnte ich mit allen restlichen Drogen auch bald aufhören. Das war im Herbst 1996. Meine Vision erfüllte sich also: Ich bin in jenem Herbst tatsächlich gestorben, aber auf eine etwas andere Art und Weise. Mein «alter Mensch» war nicht mehr – etwas Neues war geworden.

In dieser Befreiung wurde mir klar, dass sich an Jesus Christus die Geister scheiden. Und dass die Weiße Magie in das Reich der Unterwelt gehört.

Vermutlich bin ich immer noch nicht das große Vorbild der Nation. Aber mein Leben hat sich stark verändert. Während ich früher schnell aufgab, sobald etwas nicht auf Anhieb gelang, kann ich heute mit Gottes Hilfe die anfallenden Arbeiten viel besser erledigen. Ich spüre ganz real, wie ich von ihm getragen werde.

Ebenso wie ihr Vater und ihre Schwester Sinja wollte Nadia ebenfalls in die Naturheilbranche einsteigen. Der Apfel fällt eben nicht weit vom Stamm.

Wenn man Nadia heute begegnet, würde man es kaum für möglich halten, in was für einem esoterischen Dschungel sie sich früher verlau-

*fen hatte. Nadia ist eine fröhliche, lebenslustige junge Frau, die mit ih-
rer herzlichen, offenen Art und ihrer Freude an Jesus Christus viele
Menschen ansteckt. Ihr war es immer wichtig, nicht nur «Fun» zu haben, sondern Menschen grundlegend weiterzuhelfen. Doch auf dem
Weg dazu kam sie an einen Punkt, an dem sie selbst dringend Hilfe
brauchte.*[1]

Auf der Suche nach mir selbst

«Locker, Nadia! Sei doch mal etwas lockerer!» Die Worte meiner
Freundin, die ich in den letzten Wochen so oft gehört hatte, schossen
mir wieder durch den Kopf. Ich betrachtete mich aufmerksam in dem
großen Spiegel des Münchner Tanzstudios. «Eins und zwei und drei
und vier», zählte der charmante ägyptische Bauchtanzlehrer laut vor
und machte kreisende Bewegungen mit seinem Becken. Ich warf einen
Blick auf meine Freundin. Für sie war diese Anfängerlektion nur eine
Aufwärmübung. Ob ich durch Bauchtanz tatsächlich mein Ich finden
würde? Dieser orientalische Tanz soll ja helfen, die Weiblichkeit aus-
zudrücken. Etwas, was jeder Frau gut tun soll, mir demzufolge auch.
Als zukünftige Heilpraktikerin musste ich doch meinen Körper genau
kennen! Schließlich wollte ich anderen Menschen helfen, und dazu
brauchte ich selbst zuerst mal viel, viel Energie.

Ich betrachtete den Bauchtanzlehrer etwas genauer. Er war ein
Araber. Meine Freundin hatte mir schon oft von der außerordentli-
chen Erotik der Männer dieses Volkes vorgeschwärmt. Würden mir
Liebesbeziehungen helfen, auf möglichst angenehme Weise zu den
gewünschten Energien zu kommen? Oder musste ich mich ganz einfach noch mehr am Leben freuen?

Ich war auf dem Selbstfindungstrip. Doch wie hatte die Suche nach
mir selbst überhaupt begonnen?

Ist das alles, was das Leben bietet?

Wie meine Schwester Sinja kam ich bereits als Teenager in den Genuss
der Massage-Behandlungen meines Vaters. Nach jeder Sitzung fühlte
ich mich besser. Was er tat, schien zu funktionieren. Ich war mir sicher: Wenn es etwas nützt, dann ist es sicher gut. Bei fast jedem gesundheitlichen Problem suchte ich Hilfe bei der Homöopathie. Ich
hatte allerdings ständig Angst, krank zu werden, und war psychisch
schon bald von diesen Mitteln abhängig.

Die Jahre gingen dahin. Ich absolvierte die Ausbildung zur kaufmännischen Angestellten und bildete mich nebenberuflich zur Management-Assistentin weiter. Die Möglichkeiten zu einer steilen Karriere waren durchaus vorhanden. Tief in mir drin wusste ich aber: «Das ist nicht das wahre Leben.» Ich verstand allerdings nicht, wieso ich diesen Gedanken hatte. Eigentlich sollte ich doch rundum glücklich sein, denn in meinem Lebensaufbau schien alles zu stimmen: Ich wohnte mit meinem Freund zusammen, wir verdienten beide recht gut und konnten uns eine Menge leisten. Trotzdem steckte diese Ambivalenz in mir: Das konnte doch nicht alles sein! Es *musste* einfach mehr geben. Mehr Erfüllung. Mehr Freude. Und mehr Inhalt. Meine Bürotätigkeit befriedigte mich einfach nicht.

Mit 24 Jahren entschied ich mich, später einmal die Praxis meines Vaters zu übernehmen und mich jetzt intensiver mit Naturheilkunde zu beschäftigen. «Wenn schon, denn schon!», sagte ich mir. Darum wollte ich gleich die beste aller Schulen besuchen. In der Schweiz brach ich folglich alle Zelte hinter mir ab und pilgerte nach München, zur «Eliteschule» der Heilpraktiker. Die Ausbildung sollte zwei Jahre dauern. Mein Freund kam nicht mit. Unsere gemeinsame Wohnung gaben wir deshalb auf. Ziemlich bald nach meinem Umzug beendete ich unsere Beziehung, denn ich sah keinerlei Perspektive mehr darin.

München ... Ein neuer Lebensabschnitt! Ich freute mich, dass ich später als Heilpraktikerin eine beglückende Aufgabe würde wahrnehmen können. Mich faszinierte es, Leuten zu helfen. Das *musste* einfach der Weg zur Erfüllung sein!

Verhängnisvoller Kontakt

Rasch machte ich Bekanntschaft mit einer Mitschülerin, die etwas jünger war als ich. Mir gefiel ihre selbstbewusste Art. Sie liebte es, tun und lassen zu können, was sie gerade wollte. Und sie genoss die Freiheiten des Lebens. In gewissen Bereichen schien sie sehr erfahren zu sein. Wir unternahmen vieles gemeinsam. Wir lernten zu zweit und kamen uns näher. Bald zog ich zu ihr. Nach ein paar Monaten merkte ich, dass sie sich von meinen bisherigen Freundinnen stark unterschied. Sie berichtete mir zum Beispiel von seelischen Verletzungen: Ihre Mutter war an Krebs gestorben, als meine Freundin noch ein Teenie war. Sie hatte deshalb Mühe mit Beziehungen.

Manchmal erwähnte sie, dass sie die Verbindung mit einer anderen Macht spürte und von dieser Macht Gedanken empfing.

Solche Dinge begannen mich zu interessieren. Eine neue Welt tat sich mir auf. Ich verspürte Faszination und Neugierde. Da ich annahm, dass meine Freundin einen heißen Draht zu Gott hatte, war ich offen für alles, was sie sagte. Auch über *meine* Person machte sie nun regelmäßig ihre analytischen Feststellungen. Sie erwähnte immer wieder meine Charakterschwächen, die ich unbedingt ändern müsste, falls ich unserer Freundschaft tatsächlich eine Chance geben wollte. Da ich ja nur zu sehr nach Veränderung strebte, nahm ich ernst, was sie mir sagte.

Nach ein paar Monaten stellte ich fest, dass unsere Beziehung langsam zu eng wurde. Wir begannen uns auch zu streiten. Ihre knallharte Art hatte ich bis zu diesem Zeitpunkt gar nicht recht wahrgenommen. Sie sprach tagelang nicht mit mir, machte niederschmetternde Bemerkungen und ignorierte mich manchmal eiskalt. All meine Einlenkversuche schlugen fehl. Keine Gnade, keine Barmherzigkeit. Ich spürte den Druck, der auf mir lastete. Ich war unsicher und unglücklich, konnte weder essen noch schlafen. An solchen Situationen zerbrach ich. Ich war ratlos. Was geschah denn bloß? Das mit dem heißen Draht zu Gott bezweifelte ich inzwischen immer mehr. Auf diese Weise hatte mich nämlich noch nie jemand behandelt. Mir blieb die Wahl: Entweder ausziehen oder unterordnen. Da ich Charakterschulung wollte, entschied ich mich gegen all meine Bedenken fürs Bleiben. Außerdem glaubte ich ja an Reinkarnation und Karma und wollte unter keinen Umständen, dass ich diese momentane Situation in einem späteren Leben nochmals durchmachen müsste.

Es gab aber auch viel Fun in München. Ich genoss das Großstadtleben. In der Schweiz hatte ich noch klare Vorstellungen darüber gehabt, was ich tun wollte und wo für mich die Grenzen lagen. Durch den Wohnungswechsel, meine neue Freundin und den Wunsch, offener und freier zu werden, änderten sich meine Prinzipien nun aber rasch. Nicht alles, aber vieles wollte ausprobiert werden. Ein Drei-Millimeter-Haarschnitt zum Beispiel. Und wieso sollten die Haare nicht blau gefärbt oder Leoparden-Look-mäßig geschnitten sein?

Ich wollte immer Therapeutin werden und anderen Menschen helfen, den Weg zu sich selbst zu finden. Ich spürte aber, dass ich selbst diesen Weg noch nicht gefunden hatte. Ich suchte meine Mitte. Darum probierte ich alles Mögliche aus. Dazu gehörten auch Beziehungen. Meine Freundin hatte den Blick für die richtigen Liebhaber. Ich erwartete keine feste Bindung. Schließlich hieß mein Ziel ja, Energie zu tanken, indem ich es mir gut gehen ließ. Erst im Nachhinein merkte ich, wie viel ich während dieser Zeit von mir verschenkt hatte.

Nicht alle Wege führen zum Heil

In der Schule wurden Anatomie, Physiologie und Pathologie, aber auch Behandlungsmethoden wie Homöopathie, Bachblüten, Reflexzonen-Massage und Akupunktur unterrichtet. Betont wurde häufig, dass die Ausgewogenheit zwischen Körper, Seele und Geist wesentlich sei für die Gesundheit des Menschen. Erst später fiel mir auf, dass dort Natur- *und* Geistheilmethoden gelehrt wurden. Bei Naturheilmethoden wirken die Therapien auf die physikalischen Funktionen des Organismus ein, während bei Geistheilmethoden geistige Einflüsse zur Heilung beitragen sollen. Hier haben wir es dann allerdings schnell mit esoterischen Heilmethoden zu tun.

Parallel zur Heilpraktikerschule begann ich eine Ausbildung zur Ayurveda-Therapeutin (altindische Medizin) in München. Vor dem Unterricht wurde jeweils eine Folie aufgelegt, auf der die Gesundheitsgöttin Dhanvantari abgebildet war. Mit einem Gebet zu dieser Göttin begann der Unterricht. Uns wurde beigebracht, dass dieses Ritual auch vor der Behandlung jeder Patientin und jedes Patienten vollzogen werden soll.

In der Freundschaft mit meiner Mitbewohnerin wurde der Druck immer größer. Langsam merkte ich: Es ging ihr um Manipulation und Kontrolle. Ja, ich wollte Charakterschulung! Doch nun stellte ich fest, dass das hier zu weit ging. Ich war durcheinander. Schon ein paarmal hatte ich darüber nachgedacht, dass ich ausziehen sollte. Aber ich schaffte es einfach nicht, kam irgendwie nicht aus dieser Beziehung heraus. Was geschah mit mir? Ich war ratlos. Ich wusste, ich brauchte Hilfe. Doch woher? Meine Freundin hatte ja einen kontrollierenden Einfluss auf alle Kontakte, die ich in München pflegte.

Ich suchte eine Bekannte in der Schweiz auf, die regelmäßig die Karten legte. Sie meinte, ich müsse zu mir selbst finden. Ich müsse mich erden. Um mich zu erden, solle ich in den Wald gehen und schreien. Oder einen möglichst dicken Baum umarmen. So würde ich mich mit der Energie aufladen, die der Baum aus dem Kosmos erhalte. Gehört, getan. Ich machte den «Baumtest». Die Wirkung war entschieden kleiner als meine Hoffnung. Am selben Tag spazierte ich an einer Kirche vorbei. Ich ging hinein und betete: «Lieber Gott, hilf mir!» Ich erwartete dabei aber in keinster Weise mehr Feedback als bei der Umarmung des Baumes. Und ich schien damit recht zu behalten.

Einmal hörte ich von jemandem, dass sich jeder Mensch für das Licht oder für die Finsternis entscheiden müsse. Dieser Satz blieb bei mir hängen. Obwohl ich eigentlich nie das Gefühl hatte, in der Dunkelheit zu leben. Ich wollte doch anderen helfen oder zumindest mithelfen, dass sie geheilt wurden. Dunkelheit hatte nach meinem Empfinden eher etwas mit Massenmördern zu tun. Ich aber wollte nur Gutes tun, und zwar von ganzem Herzen.

«Jesus? Warum nicht einfach mal ausprobieren?»

Dann erzählte mir jemand von Jesus. Es war meine Schwester Sinja. Sie war seit sechs Jahren überzeugte Christin. Seit unserer Teenagerzeit hatten wir uns ziemlich auseinander gelebt. Ich konnte ihren Glauben einfach nicht nachvollziehen.

Von München aus berichtete ich Sinja mehrfach telefonisch von meinem Leid. Sie hatte Antworten. Plötzlich merkte ich: Da war ein roter Faden in ihrem Leben. Ihre Werte waren vom christlichen Glauben geprägt. Für mich war der Gedanke neu, dass das Christentum Aktualität besitzen könnte. Wir trafen uns zur gemeinsamen Weihnachtsfeier in Zürich. Da berichtete Sinja mir von Jesus, erzählte mir die Weihnachtsgeschichte. «Wunderbar, Sinja. Aber das kenne ich ja alles schon», waren meine Gedanken. Während jener Tage fiel mir eines besonders auf: Ich spürte Frieden. Diesen Frieden hatte ich im Zusammensein mit meiner Schwester schon ein paarmal erlebt. Und diesen inneren Frieden wollte ich jetzt auch.

Einen Tag später besuchten wir Freunde meiner Schwester. Sie forderten mich heraus: «Nadia, Gott hat einen Plan für dich. Möchtest du Jesus in dein Leben aufnehmen?» Gegensätzliche Gedanken schossen mir durch den Kopf: Ich hatte keine Perspektiven mehr, hatte nichts mehr zu verlieren. Den Baum hatte ich schon ausprobiert. Der versprochene Erfolg blieb aus. Und das hier würde mir sicher genauso wenig helfen. Es war hoffnungslos. Aber was sprach eigentlich gegen den Versuch? Ich hatte noch nie etwas Schlechtes über

Jesus gehört. Mir kam wieder der Satz in den Sinn: «Jeder muss sich für das Licht oder für die Finsternis entscheiden.» Das war ein kleiner Hoffnungsschimmer. «Also», dachte ich mir, «mit diesem Entschluss gebe ich gleichzeitig ein Statement von mir, dass ich mich für das Licht entscheide. Passieren kann dabei ja wahrlich nichts Schlimmes.» Wir beteten. Ich bat Jesus Christus um Vergebung für meine Sünden und dafür, dass ich mein Leben bis dahin ohne ihn gelebt hatte. Ich übergab ihm die Führung meines Lebens. Während des Betens wurde mein Herz leichter. Ich spürte, wie etwas von mir wich.

Einen Tag später fuhr ich wieder zu meiner Freundin nach Hause. Der nächste Streit ließ nicht lange auf sich warten. Dieses Mal merkte ich aber, dass sich etwas verändert hatte: Ich litt zwar nach wie vor, konnte aber besser mit der Situation umgehen.

Wenige Tage später schaffte ich es, mich endgültig von meiner Freundin zu lösen. Ich zog aus der gemeinsamen Wohnung aus. Endlich ... mit Jesus ... Er hat mir die Kraft dazu gegeben.

Dank der herzlichen und intensiven Betreuung durch meine Schwester Sinja hat sich mein Leben nach der Entscheidung für Jesus grundlegend geändert. Friede kehrte ein. Innere Ruhe. Endlich! Wenn ich die Augen schloss, spürte ich Gottes Nähe intensiv. Es war genial.

Jetzt mache ich ganze Sache!
Ich begann die Bibel zu lesen – und ich verstand, was drin steht! Ich fragte meine Schwester, ob diese Bibel eine andere sei als die Bibel, die ich von meinem Konfirmationsunterricht her kannte. Das war aber nicht der Fall. Gott hatte meine geistlichen Augen geöffnet – das war der Grund für mein Verstehen!

Immer mehr wurde mir bewusst, wie real die unsichtbare Welt ist. Wenige Wochen nach der Entscheidung für Jesus spürte ich in meinem Herzen ein Ziehen. Die Schmerzen wurden bald heftiger. Im Krankenhaus fand man nichts. Mit der Zeit wurde mir klar, dass der Schmerz eine Auswirkung des Kampfes sein musste zwischen den Geistwesen, mit denen ich mich eingelassen hatte, und Gott. Deshalb entschloss ich mich, ganze Sache mit Jesus zu machen und endgültig aufzuräumen. Ich mistete alles aus, was mit Spiritismus und Okkultismus zu tun hatte, sagte mich im Namen Jesu davon los und verbrannte den Ballast im Beisein von anderen Christen.

Während der Verbrennungsaktion hörten wir Geräusche im Wald und spürten eine dunkle Macht in der Nähe. Die Bedrohung verschwand nach intensivem Gebet. Von diesem Zeitpunkt an hatte ich keine gesundheitlichen Probleme mehr.

Der riesige Unterschied

Während der Zeit meines Schulabschlusses als Heilpraktikerin befasste ich mich intensiv mit christlicher Literatur. Sehr hilfreich war für mich die Spezialausgabe der Zeitschrift *Christliches Zeugnis* zum Thema Esoterik [bei Campus für Christus in Zürich zu beziehen]. Gott benutzte dieses Heft, um zu mir [und zu vielen tausend anderen Menschen; der Verlag] zu sprechen. Mir wurde bewusst, dass nicht alles Übersinnliche, das vorgibt, Gutes bewirken zu wollen, auch tatsächlich von Gott kommt. Es gibt zwei verschiedene Welten, zwei verschiedene Reiche. Nur zwei: Gottes Reich und Satans Reich. Ich habe beide Welten erlebt. Und den riesigen Unterschied ebenso. Deshalb entschloss ich mich: «Ich möchte auf Gottes Seite stehen.»

Als ich noch in der Esoterik lebte, wusste ich nichts von diesen zwei gegensätzlichen Welten. Es sah immer nach vielen Wegen aus, die aber alle zu Gott zu führen schienen. Jetzt weiß ich, dass der Weg zu Gott nur mit Jesus möglich ist. Denn Jesus starb für all das, was ich in meinem Leben «vermurkst» habe. Ich erlebe es ganz konkret. Meine Schwester erlebt es ebenfalls. Und mein Schwager erlebt es auch.

Nadia Soucek (27) aus Zürich arbeitet in der Studentenarbeit bei «Campus für Christus». Alex (28) und Sinja (30) Matter leben in Neuenhof, Schweiz. Sinja ist Grundschullehrerin und seit kurzem Mutter, Alex arbeitet als Gärtner.

Kapitel 18

Nachwort von Hanspeter Nüesch:

Welcher Geist steht hinter den transzendenten Phänomenen?

Hanspeter Nüesch ist Leiter der überkonfessionellen Missions- und Schulungsbewegung «Campus für Christus Schweiz» und Herausgeber der Zeitschrift «Christliches Zeugnis»

Seit den frühen siebziger Jahren beschäftige ich mich mit transzendenten, die Sinneswelt übersteigenden Phänomenen. Ich habe dabei mit unzähligen Menschen gesprochen, die die verschiedensten Erfahrungen gemacht haben. In Artikeln und Vorträgen habe ich versucht, die jeweiligen geistlichen Hintergründe aufzuzeigen und eine Antwort vom christlichen Glauben her zu geben. Deshalb kann ich mit Bestimmtheit sagen, dass die in diesem Buch enthaltenen Berichte nicht außergewöhnlich sind. Ich bin anlässlich von Vortragsdiensten im deutschsprachigen Raum sowie auf meinen Missionsreisen in über dreißig Ländern unzähligen Menschen begegnet, die ähnliche Geschichten zu erzählen haben.

Gesellschaftliche Hintergründe des esoterischen Booms

Eine Gesellschaft, die zunehmend auf Konsum und diesseitige Werte ausgerichtet ist, lässt die Menschen unerfüllt zurück. Es sind gerade die sensibleren unter ihnen, die besonders unter der Oberflächlichkeit und Gespaltenheit unserer Gesellschaft leiden und wieder die ursprüngliche schöpfungsmäßige Harmonie und Ganzheit suchen. In einer hoch technisierten, anonymen Welt suchen sie Gemeinschaftsgefühl, suchen Geborgenheit, Zuwendung und Liebe. Die logische Folge von High-tech ist das Bedürfnis nach High-touch, nach menschlicher Nähe. Viele Selbstentfaltungskurse und esoterische

Heiltherapien sprechen diese Defizite unserer modernen Gesellschaft an.

Ich muss offen gestehen, dass mir die esoterischen Zeitgenossen in ihrer Abwendung vom materialistischen Zeitgeist und mit ihrer Suche nach inneren Werten sympathisch sind. Ich habe in diesen Kreisen viele Menschen getroffen, die nichts anderes wollen, als Antworten auf ihre Sinnfragen zu bekommen und anderen die Hilfe weiterzugeben, die sie selbst erhalten haben. Ich bin dankbar, dass es in unserer zunehmend egozentrischen, unverbindlichen Welt eine zunehmende Anzahl von Menschen gibt, die eine Vision für ihr Leben suchen; eine Vision, für die es sich lohnt, alles einzusetzen.

Durch die Revolution der Telekommunikation und die stark gestiegene Mobilität ist die Welt zu einem globalen Dorf zusammengeschrumpft, in dem eine unübersichtliche Vielfalt an Denk-, Lebens- und Glaubensweisen nebeneinander Platz haben. Die positiven Auswirkungen dieses Nebeneinanders verschiedener Lebens- und Glaubensentwürfe sind: Verständnis für das Andersartige sowie die Freiheit, aus einer Vielfalt von Wahlmöglichkeiten das Angebot auszusuchen, das für den Betreffenden «stimmt».

Überlieferte Gebote und Traditionen schränken uns in unserer Denk- und Wahlfreiheit nicht mehr länger ein. Leider ist aber mit der Öffnung und der damit verbundenen Zunahme von Wahlmöglichkeiten in den letzten zwanzig Jahren ein dramatischer Werte- und Orientierungsverlust einhergegangen. Jetzt, wo man endlich frei über Leben und Glauben entscheiden zu können meint, hat man keine Kriterien mehr, die einem bei der Entscheidung helfen können. Denn hier sind sich Soziologen, Historiker und Meinungsforscher einig: Auch wenn die Bindung zum christlichen Glauben nach der Aufklärung zum Teil nur noch sehr locker war, so waren bis in die siebziger Jahre des 20. Jahrhunderts die Grundüberzeugungen der westlichen Welt doch immer noch größtenteils von den christlich-biblischen Werten geprägt. In den letzten zwanzig Jahren sind nun die christlichen Grundwerte und Überzeugungen von einem Großteil der Bevölkerung im Zuge von Freiheit und persönlicher Selbstverwirklichung über Bord geworfen worden. Fortan gibt es für diese Menschen keine absoluten Werte mehr.

Eine Vielfalt ohne Entscheidungskriterien führt aber zu Pluralismus und letztendlich zu Beliebigkeit: «Tue, was für dich stimmt;

ich tue, was für mich stimmt.» Gleichzeitig leiden viele Zeitgenossen unter der Orientierungslosigkeit und suchen irgendwo Halt und Geborgenheit. Sie gehen von einer Therapie zur anderen, von einer Meisterin zur anderen. Am Anfang gibt ihnen das einen Kick. Sie fühlen sich gestärkt, nicht zuletzt als Teil einer Gruppe von Gleichgesinnten. Innerhalb kurzer Zeit lässt der Kick aber nach, ähnlich wie bei einer Droge. So versuchen sie, ihr Defizit bei einer anderen esoterischen Disziplin zu decken, nur um festzustellen, dass sie auch hier auf Dauer nicht den Frieden und die Kraft finden, die sie eigentlich suchen. So springen sie von einer Therapie zur anderen.

Ich habe Personen getroffen, die mehr als zwanzig verschiedene Therapien hinter sich hatten. Sie erzählten mir übereinstimmend, dass sie sich anfänglich gestärkt gefühlt hatten, dass sie aber zunehmend von Gefühlen der Friedlosigkeit und der Leere bis hin zu Depressionen eingeholt wurden. Natürlich waren diese schweren und dunklen Gefühle nicht bei allen Personen in gleicher Weise ausgeprägt. Und bestimmt spielt auch die Persönlichkeitsstruktur der Betroffenen immer eine Rolle. Aber noch entscheidender war jeweils die Art und die Tiefe der esoterischen Praxis.

Esoterik, was ist das überhaupt?

Esoterik stammt vom griechischen *esoterikos* ab, was übersetzt «nach innen gerichtet» bedeutet. Esoterik wird heute als Sammelbegriff gebraucht für alle Anschauungen, Glaubenssysteme und Praktiken außerhalb des christlichen Glaubens, die mit der Realität von unsichtbaren, übersinnlichen Kräften rechnen und diese für die verschiedensten Bereiche nutzbar zu machen versuchen. Diese Kräfte können unpersönlicher oder auch mehr personaler Natur sein. Im zweiten Fall geht es darum, in Kontakt mit Geistern zu treten, beispielsweise um mehr über die Zukunft zu erfahren (Mantik und Wahrsagerei) oder die gegenwärtige bzw. die zukünftige Situation mit Hilfe von Geistwesen zu beeinflussen (Magie).

Wo es um den direkten Kontakt mit personalen Geistwesen geht, spricht man auch von Okkultismus, abgeleitet vom lateinischen *occultas*, was übersetzt «verborgen» bedeutet. Es ist nun allerdings so, dass vieles, was früher unter dem negativ belasteten Begriff *Okkultismus* lief, heute unter dem neutraleren Stichwort *Esoterik* abgehandelt wird. Noch vor rund fünfzehn bis zwanzig Jahren war das

Wort Esoterik nur ein paar Eingeweihten bekannt und wurde vor allem als Klammerbegriff für geheimes geistiges Wissen und für damit verbundene spirituelle Erfahrungen gebraucht. Diese Erfahrungen waren nur Menschen zugänglich, die dazu initiiert bzw. eingeführt waren. Im Zuge des New Age, des Neuen Zeitalters, wurde dieses verborgene Wissen nun allen Interessierten zugänglich gemacht. Damit erhielt auch das Wort Esoterik die bereits beschriebene umfassendere Bedeutung. Im englischen Sprachraum hat sich der Begriff Esoterik bisher allerdings nicht durchgesetzt. Man spricht dort vielmehr vom New-Age-Glauben, von New-Age-Therapien usw.

Naturheilmethode oder Geistheilmethode?
Esoterisches Gedankengut hat unter dem irreführenden Slogan «Zurück zur Natur» in den letzten Jahren zunehmend auch in der Alternativ- und Komplementärmedizin Eingang gefunden. Positiv zu werten ist die Abkehr von der dominierenden Apparatemedizin und der einseitigen Behandlung des Körpers mit chemischen Stoffen, die oft die für die Krankheit mitverantwortlichen seelischen Faktoren außer acht lässt.

Ebenfalls begrüßenswert ist die Tatsache, dass man bei der Alternativmedizin – mehr als bei der Schulmedizin – versucht, nicht nur die Krankheit an sich zu behandeln, sondern den kranken Menschen, im Bewusstsein, dass sehr viele Krankheiten seelische Ursachen haben.

Auch die vermehrte Zuhilfenahme der Kräuterapotheke der Natur unter dem Stichwort *Phytotherapie* (Pflanzenheilkunde) sollte unsere Unterstützung haben. Viele alternative Therapien und Heilmittel fallen nun allerdings, auch wenn sie sich oft so nennen, nicht unter die Naturheilmethoden, da sie nicht auf nachweisbaren chemischen Substanzen, sondern auf «kosmischen Energien» oder auf «Geisteskraft» basieren. Bachblüten-Hersteller zum Beispiel müssten richtigerweise den Slogan «Zurück zum (kosmischen) Geist» und nicht «Zurück zur Natur» verwenden. Der frühere Homöopath, Dr. Edward Bach, der gemäß der Zeitschrift *esotera* 4/92 seine Erkenntnisse in einer schamanenähnlichen Einweihung erhalten hat, unterscheidet selbst zwischen den herkömmlichen Arzneipflanzen, die Leiden lindern, und den 38 Pflanzen der Bachblüten-Therapie, «die mit göttlichen Heilkräften angereichert sind». Edward Bach setzt diese «göttlichen Heilkräfte» mit dem «universellen Lebensprinzip» oder dem Geist bzw. der Energie des Kosmos gleich.

Woher stammen die «kosmischen Kräfte»?

Die Bibel distanziert sich vom Geist des Kosmos bzw. dieser Welt (1. Korinther 3,12) und verbietet ausdrücklich die Inanspruchnahme von kosmischen Kräften, die von den Mächten des Kosmos (Epheser 6,12) und letztendlich vom Fürsten der Welt (Johannes 12,31) ausgehen. Dazu der Apostel Paulus in Kolosser 2,8–10: «Sehet zu, dass euch niemand betrügt durch Menschenweisheit und leeren Betrug, welche auf menschlichen Überlieferungen und kosmischen Mächten beruhen und nicht auf Christus. Denn in ihm wohnt die ganze Fülle der Gottheit leibhaftig. Ihr habt alles, was ihr braucht, in ihm, welcher das Haupt jeder geistigen Herrschaft und Macht ist.» Die Bibel sagt, dass der Fürst dieses Kosmos' einmal dafür gerichtet wird, dass er sich im Stolz erhob und selbst sein wollte wie Gott und gleichzeitig den Menschen vorheuchelt, sie könnten ebenfalls sein wie Gott (1. Mose 3,4–5).

Der Widersacher Gottes liebt es, Gott nachzuäffen und als Engel des Lichts zu erscheinen. Er liebt es, die Menschen, die keine biblische Fundierung besitzen, durcheinander zu bringen (Diabolos = Entzweier, Durcheinanderbringer). Das macht ihm keine Mühe, da sein Name ja auch Luzifer (Lichtträger) ist und er vor seiner Rebellion gegen Gott auch ein Engel des wahren Lichts war (vgl. dazu Jesaja 14,13–14 im Zusammenhang mit Lukas 10,18 und 2. Korinther 11,14).

Selbsterlösung in täuschender Verpackung

Der Gebrauch von christlichen Worten und Symbolen bedeutet keineswegs immer, dass christliche Inhalte dahinter stehen. Häufig werden christliche Vokabeln gebraucht, diese dann aber uminterpretiert. So verwenden esoterische Geistheiler oft den Namen Gottes und das Symbol des Kreuzes. Die Weiße Magie verwendet im Gegensatz zur Schwarzen Magie oft die Namen des dreieinigen Gottes. Trotzdem handelt es sich aber auch bei der Weißen Magie um unbiblischen Spiritismus, dessen Ausübung von Gott verboten ist und der in Zwänge und dämonische Abhängigkeit führen kann. (Die Bibel bezeichnet die Engel, die Luzifer bei seiner Rebellion gefolgt sind, als Dämonen.)

Letztlich geht es bei aller irregeleiteten Spiritualität darum, sich aus eigenen Kräften zu erlösen und damit den Platz Gottes einzunehmen. Edward Bach drückt es in *Ihr leidet an euch selbst* so aus: «Seien wir Kapitäne unserer Seele, Meister unseres Schicksals.» In *Heile dich selbst* setzt er das Thema Heilung in Zusammenhang mit dem «Wissen der unbesiegbaren unüberwindlichen Göttlichkeit, die wir in Wahrheit selbst sind». Erlösung im christlichen Sinne – durch Umkehr und Glauben an Jesus Christus – wird hier ersetzt durch Bewusstseins-Transformation und Verwirklichung des göttlichen Selbst. Erkenntnisse geistlicher Dinge versucht man nicht durch Gottes Wort und Gottes Geist zu erlangen, sondern durch kosmische Kräfte und Energien respektive durch die Realisierung des «Göttlichen in uns».

Dabei wird das Ganze zur besseren Akzeptanz oft wissenschaftlich verbrämt. So bezeichnete Maharishi Yogi, als er von Indien in den Westen kam, seine Transzendentale Meditation als «Wissenschaft von der kreativen Intelligenz» und bestritt jegliche religiöse Fundierung. In seinem noch in Indien verfassten Buch *Meditations of Maharishi Mahesh Yogi* beschrieb er auf Seite 17 die Wirkung des *Chantens*, also des regelmäßigen Wiederholens der Mantras, noch unzweideutig klar: «Wir tun hier etwas gemäß den althinduistischen Riten. Insbesondere durch das Chanten rufen wir in einer höheren Welt eine Wirkung hervor und erwecken die Aufmerksamkeit jener höheren Wesen oder Götter, die sich dort befinden. Das ganze Wissen der Mantras oder Vedischen Hymnen soll zur Beziehung und Verständigung der Menschen mit diesen höheren Wesen dienen.» Vergleichen Sie dazu auch den ausführlichen Beitrag über Transzendentale Meditation und weitere hinduistisch geprägte Praktiken in *Esoterik I*, dem von «Campus für Christus», Zürich, herausgegebenen Sonderheft.

Der Geist hinter Reiki

Auch die meisten Lehrer der Geistheilmethode Reiki betonen, dass Reiki völlig unabhängig vom Glauben und der weltanschaulichen Sicht sowohl des Reiki-Gebenden als auch der Reiki-Empfänger sei. Viele Reiki-Meister beten auch, bevor sie Reiki-Energie weitergeben.

Ich habe mich mit Reiki intensiv auseinander gesetzt, die Literatur studiert und mit vielen aktuellen und ehemaligen Reiki-Lehrern und

Reiki-Meistern gesprochen. Meine Erkenntnisse habe ich in dem Heft *Esoterik II* zusammengefasst. Diese Zeitschrift kann man, genauso wie die Zeitschrift *Esoterik I*, bei Campus für Christus, Josefstraße 206, CH-8005 Zürich beziehen. Aufgrund von Reaktionen auf meinen Artikel konnte ich feststellen, dass die meisten Reiki-Praktizierenden wenig bis keine Ahnung hatten von der spirituellen Herkunft der Heilmethode. Sie wollten nur Liebe und Licht weitergeben und dachten, da könne doch nichts Unchristliches dahinter stehen.

Zwei Zitate von bekannten Reiki-Meistern sollten genügen, um die pseudo-christliche Verkleidung von Reiki deutlich zu machen, die auch manche überzeugte Christen verwirrt. Walter Lübeck schreibt in *Reiki – Der Weg des Herzens*: «Gott, Christus, Buddha – oder wie auch immer du die Verkörperung höchster Vollkommenheit nennen möchtest ... In dem Ritual der Meistereinweihung werden Buddhanatur und Buddhabewusstsein für den geweihten Reiki-Meister in Bezug auf deren Übertragung zur Erweckung damit verbundener Heilkräfte handhabbar gemacht.»

Die Vermischung zwischen christlichen und östlichen pantheistischen Vorstellungen kommt noch deutlicher im Gebet zum Ausdruck, das die bekannte deutsche Reiki-Meisterin Brigitte Müller als Teil einer «Welt-Heilungs-Meditation» zu beten empfiehlt: «Ich fange mit mir an. Ich bin eine lebendige Seele, und der Geist Gottes wohnt in mir, als Ich. Ich und der Vater sind eins, und alles, was der Vater hat, ist mein. Wahrhaftig, ich bin der Christus Gottes» (in Brigitte Müller/Hans H. Günther: *Reiki – heile dich selbst*).

Das ist Selbsterlösung pur, allerdings in zum Teil christlichem Gewand. Ja, es ist noch mehr. Wir stellen uns an die Stelle Gottes und verstoßen damit gegen das erste Gebot: «Ich bin Jahwe, dein Gott. Du sollst neben mir keine anderen Götter haben» (2. Mose 20,3). Mose ermahnte das israelitische Volk mit deutlichen Worten, die Hilfe allein von Gott zu erwarten: «Wenn ihr in das Land kommt, das der Herr, euer Gott, euch geben wird, dann hütet euch, die abscheulichen Bräuche seiner Bewohner zu übernehmen. Keiner von euch darf seinen Sohn oder seine Tochter als Opfer auf dem Altar verbrennen. Ihr dürft niemand unter euch dulden, der wahrsagt oder aus Vorzeichen die Zukunft deutet, der zaubert, Geister beschwört oder Tote befragt. Wer so etwas tut, ist dem Herrn zuwider. Genau wegen dieser Dinge vertreibt der Herr die Bevölkerung des Landes vor euch. Der Herr ist unser Gott; ihm sollt ihr ganz und ungeteilt gehören. Die Völker, die ihr vertreiben werdet, hören auf Wahrsager und Zeichendeuter; euch aber sagt der Herr, euer Gott, auf anderem Wege, was ihr tun sollt» (5. Mose 18,9–14).

Tief greifende Hilfe und ein überfließendes Leben

Wie teilt Gott mit, was wir tun sollen? Woher bekommen wir Hilfe, wenn wir nicht die Hilfe von kosmischen Kräften und Geistwesen bzw. abgefallenen Engeln beanspruchen dürfen? (Auch die Engel Gottes, die uns als dienstbare Wesen zur Seite stehen, werden nur aufgrund der Anweisungen des Heiligen Geistes aktiv.) Wie erhalten wir neues, überfließendes Leben?

Zuallererst haben wir die Bibel, das Wort Gottes, das uns erklärt, wie Jesus Christus als Sohn Gottes für unsere Schuld sein Leben gelassen hat und wie wir im Vertrauen auf ihn Vergebung unserer Schuld und ein neues Leben erhalten: «Jede von Gott eingegebene Schrift ist auch nützlich zur Belehrung, zur Widerlegung, zur Besserung, zur Erziehung in der Gerechtigkeit; so wird der Mensch Gottes zu jedem guten Werk bereit und gerüstet sein» (2. Timotheus 3,16–17).

Dann ist uns seit Pfingsten die Gabe des Heiligen Geistes verheißen. Bevor Jesus von seinen Jüngern Abschied nahm, tröstete er sie mit den Worten: «Es ist gut für euch, dass ich fortgehe. Denn wenn ich nicht fortgehe, wird der Beistand nicht zu euch kommen; gehe ich aber, so werde ich ihn zu euch senden. Und wenn er kommt, wird er die Welt überführen und aufdecken, was Sünde, Gerechtigkeit und Gericht ist: Sünde, dass sie nicht an mich glauben ... Er wird euch in die ganze Wahrheit führen ... Er wird mich verherrlichen; denn er wird von dem, was mein ist, nehmen und euch verkünden» (Johannes 16,7–9.13.14). Der Heilige Geist ist Gott «heute in Aktion». Er bewirkt nicht nur Sündenerkenntnis, sondern bewirkt auch unsere geistliche Neugeburt, wenn wir Jesus Christus als Erlöser und Herrn in unser Leben eingeladen haben (Titus 3,5; Johannes 3,3). Er nimmt in uns Wohnung und versiegelt unsere Geisteskindschaft (1. Korinther 3,16; Epheser 1,13). Er lehrt uns die Bibel verstehen (Johannes 14,26). Er hilft uns beim Beten (Römer 8,26.27, Johannes 4,23). Er schenkt uns Liebe zu Gott und den Nächsten (Römer 5,5). Er erfüllt uns mit Kraft und Gaben zum Dienst (Apostelgeschichte 1,8; Römer 12,4–8, 1. Korinther 12). Er bewirkt in und durch uns vielfältige Frucht (Galater 5,22–23; Johannes 15,5). Und er gibt uns schließlich Kraft, unserer eigenen sündhaften Natur sowie Satan und seinen Helfershelfern zu widerstehen (Galater 5,16).

Der Apostel Paulus ruft uns auf, den Kampf nicht mit menschlichen Methoden zu kämpfen, sondern indem wir beten und unser Leben bewusst auf die Vergebung bauen, die Jesus Christus für uns bewirkt hat: «Werdet stark durch die Kraft und Macht des Herrn! Zieht die Rüstung Gottes an, damit ihr den listigen Anschlägen des Teufels widerstehen könnt. Denn wir haben nicht gegen Menschen aus Fleisch und Blut zu kämpfen, sondern gegen die Fürsten und Gewaltigen, gegen die Beherrscher dieser finsteren Welt, gegen die bösen Geister des himmlischen Bereichs» (Epheser 6,10–12).

Nachdem wir unser Leben unter die Führung von Jesus Christus gestellt haben, dürfen wir wissen, dass der Heilige Geist, der in uns lebt, stärker ist als der Feind Gottes (vgl. 1. Johannes 4,4). Deshalb flieht der Widersacher, wenn wir ihm im Namen Jesu widerstehen (vgl. Jakobus 4,7). Deshalb brauchen wir als Christen keine Angst vor dem Feind Gottes zu haben. Es ist allerdings wichtig, darauf zu achten, dass unser Leben ganz auf dem Fundament von Jesus Christus aufgebaut und von der alleinigen wahren Quelle, dem Wort Gottes, gespeist wird. Nur in der demütigen Abhängigkeit von unserem Erlöser können wir vor dem um sich greifenden stolzen und gottlosen Humanismus und den verführerischen (Selbst-)Erlösungsangeboten unserer Zeit bewahrt werden.

Letztlich werden keine irgendwie gearteten «Heilsbringer» unseren Lebensdurst zu stillen vermögen, sondern nur die lebendige Beziehung zu unserem Herrn und Erlöser, Jesus Christus: «Wer von diesem Wasser trinkt, wird wieder dürsten. Wer aber von dem Wasser trinkt, das ich [Jesus] ihm gebe, den wird in Ewigkeit nicht mehr dürsten» (Johannes 4,13–14). Wenn wir mit Christus eng verbunden sind, wird uns der Heilige Geist erfüllen und bevollmächtigen, so dass wir nicht nur genug für uns selbst haben, sondern dass ein großer Segen von unserem Leben auf andere Menschen hinausfließt. Jesus spricht von «Strömen von lebendigem Wasser»: «Wer Durst hat, komme zu mir und trinke. Denn wer an mich glaubt, aus dessen Leib werden, wie die Schrift sagt, Ströme von lebendigem Wasser fließen. Damit meinte er den Heiligen Geist, den alle empfangen sollten, die an ihn glauben» (Johannes 7,37–39).

Als Nachfolger Christi haben wir es wirklich nicht nötig, die Hilfe bei irgendwelchen kosmischen Kräften und verführerischen Geistern zu suchen oder bei entsprechenden Personen und Therapien, die als Mittler für diese Kräfte dienen. Wir dürfen täglich in der Autorität des Namens Jesu leben und handeln und die Kraft des Heiligen Geistes beanspruchen.

Wenn wir beten, dann hört uns Gott. Wir können ihm all unsere Nöte im Gebet bringen. «Wenn nun schon ihr, die ihr böse seid, euren Kindern gute Gaben gebt, wie viel mehr wird euch der Vater im Himmel gute Gaben geben, wenn ihr ihn darum bittet» (Matthäus 7,11). Ich habe im eigenen Leben und im Leben von vielen Menschen, für die wir gebetet haben, erlebt, dass Gott auf das vertrauensvolle Bitten hin eingriff und von Krankheiten und Zwängen befreite. Er ist der unübertreffliche Arzt, aber wir müssen es ihm überlassen, ob er in jedem Fall körperliche Heilung schenkt. Noch wichtiger ist die Befreiung von der Macht der Sünde, und die ist uns biblisch zugesagt, wenn wir unsere Sünden bekennen und Jesus Christus unser Leben anvertrauen.

Ein Gebet, das Ihr Leben verändern wird

Falls Sie beim Lesen dieses Buches und meines Nachwortes festgestellt haben, dass Sie noch keine lebendige persönliche Beziehung mit Jesus Christus haben oder dass Sie Ihre Hilfe am falschen Ort gesucht haben, dann schlage ich Ihnen vor, jetzt folgendes Gebet zu sprechen. Wichtig ist, dass Sie dieses Gebet mit ganzem Herzen sprechen, dann wird Gott es auch erhören. Er wird durch seinen Geist in Ihnen Wohnung nehmen und Sie befreien von den diabolischen Bindungen. Sie werden Gottes Segen erfahren und mehr und mehr zu einem Segen für andere werden. Hier ist das Gebet:

«Ich danke dir, Jesus Christus, dass du da bist und mich hörst. Du kennst mich durch und durch, nichts ist dir verborgen, auch meine Vergangenheit nicht. Ich bitte dich dafür um Vergebung, dass du mir so gleichgültig warst. Vergib mir alles, was mich trennt von dir. Ich übergebe dir auch diejenigen Bereiche meines Lebens, in denen ich diabolisch verwickelt, blockiert und unfrei bin. Ganz bewusst

vertraue ich mich jetzt dir an. Ich trete hinüber vom Reich des Dia-
bolos in dein Reich und bekenne mich zu dir, Jesus Christus. Führe,
erfülle und forme du mein Leben. Dankbar nehme ich von dir die
Gewissheit an, dass du jetzt durch deinen Heiligen Geist in mir
Wohnung genommen hast und ich ewiges Leben erhalten habe.
Danke, dass du mich nie mehr verlässt.»

Kapitel 19

Als Hilfe zum Verständnis:

Eine kleine Übersicht über die Esoterik von A bis Z

Die Spannweite der unter die Esoterik einzuordnenden Bereiche wird immer breiter. Neuerdings zählen sogar UFOs und Kornkreise zur esoterischen Welt.

Obwohl immer wieder neue Heilslehren und Methoden dazukommen, findet sich nahezu in jeder Disziplin der rote Faden der traditionellen chinesischen Medizin, gemischt mit der hinduistischen ⇨ Reinkarnationslehre.

Hier ein kleines esoterisches ABC, das keinen Anspruch auf Vollständigkeit erhebt:

Affirmation   Eine A. ist die bewusste Wahl eines positiven Gedankens, den man durch Wiederholung in seinem Bewusstsein vertieft, um bestimmte erwünschte Ergebnisse zu erzielen. Was man denkt und fühlt, worauf man seine Aufmerksamkeit richtet, das bekommt Energie. Dadurch verwirklicht es sich und wird zur Form. Man kann sich beispielsweise gleich morgens nach dem Aufwachen eine A.-Karte nehmen und benutzt dann diese A. tagsüber wie auch als letzten Gedanken vor dem Einschlafen. Dadurch sinkt der Gedanke während des Schlafes in das Unterbewusstsein und manifestiert sich im Körper, im Geist und in der Seele. Man wiederholt die einzelnen A. mit tiefem Gefühl still in sich oder spricht sie auch laut, denn das gesprochene Wort ist sehr kraftvoll.

«Energie folgt dem Gedanken!» sagt Brigitte Müller, ⇨ Reiki-Meisterin und Kartenherausgeberin.

Akasha   [Im ind. Pali-Dialekt: «Raum»] Rudolf Steiner (⇨ Anthroposophie) griff auf dieses ursprünglich auf den Buddhismus und Hinduismus beschränkte Wort zurück und erweiterte es zur Akasha Chronik. Mit dieser Chronik soll man Einblick in die astrale Ebene haben. Man könnte es einen astralen Computer nennen, in den sich hellsichtige Leute medial einloggen können, um dort vergangene und zukünftige Ereignisse abzurufen.

Akupressur   Beruht auf der gleichen Energielehre wie die ⇨ Akupunktur. Statt dass – wie bei der ⇨ Akupunktur – Punkte mit Nadeln gestochen werden, drückt man die Punkte mit den Fingern. Energieblockaden sollen per Druckmassage gelöst werden.

Akupunktur   Ist ein wichtiger Bestandteil der chinesischen Medizin. Der Körper verfügt gemäß dieser Lehre über rund tausend A.punkte; im Westen geht man von 365–380 Punkten aus. Diese befinden sich auf zwölf Linien (⇨ Meridianen). Sechs davon sind männlich (⇨ Yang; positiv; gemeint ist die Polarität), sechs weiblich (⇨ Yin; negativ). Durch diese fließt nach chinesischer Ansicht die Lebensenergie ⇨ Chi (auch Qi oder Ki genannt). Indem nun die Punkte mit Edelstahlnadeln gestochen werden, soll das ⇨ Chi in seinem Fluss gebremst oder beschleunigt werden. Nach Ansicht der chinesischen Medizin haben Krankheiten ihren Ursprung darin, dass der Energiefluss nicht mehr im Gleichgewicht ist.

Alchemie   Diese Lehre befasst sich mit der Läuterung und Veredelung von Materialien, wobei Organisches nicht von Anorganischem unterschieden wird. So wird auch Metallen ein Leben zugeschrieben, wobei sich unedles Metall in edles wandeln soll. Durch magische Symbole und Rituale versucht der Alchemist diesen Vorgang abzukürzen. Früher ließen sich nur wenige von der Erfolglosigkeit des alchemistischen Strebens abschrecken.

Amethyst   [gr. «dem Rausch widerstehend»] Dieser Stein soll gegen Süchte aller Art helfen und das Negative aus der Person ziehen, die ihn trägt. Außerdem soll er helfen, die «eigene ⇨ Mitte» zu finden.

Amulett   Ist ein Gegenstand, dem eine magische oder glückbringende Eigenschaft zugeschrieben wird. Früher häufig ein Gegenstand, der auf der Jagd erbeutet wurde (zum Beispiel Krallen, Zähne, Fell oder Federn). Er dient als Schutz gegen feindliche Angriffe wie etwa den «bösen Blick». Deshalb sind auf alten A. nicht selten Augen-Ornamente abgebildet.

Animismus [lat. anima, «Seele»] Ist bei den Naturvölkern sehr verbreitet. «Animisten» glauben, dass *alles* lebt und eine Seele hat: Tiere, Pflanzen, Berge, Bäche und so weiter.

Anthroposophie [gr. «Menschenweisheit»] Heute wird der Begriff fast ausschließlich für die Lehre Rudolf Steiners gebraucht. Steiner war der deutsche Generalsekretär der Theosophischen Gesellschaft. Als er mit deren Entwicklung nicht mehr einverstanden war, trennten er und ein Großteil der deutschen Mitglieder sich von ihr und gründeten die Anthroposophische Gesellschaft. Diese hat den Anspruch, die ganze Menschheit mittels ➪ Meditations-Übungen, Konzentration, Beschäftigung mit Träumen und durch die Lektüre spiritueller Bücher zu einer höheren Erkenntnis ihrer selbst und der Welt zu führen. Durch Wiedergeburt soll der Mensch die Möglichkeit der seelischen und geistigen Höherentwicklung erlangen.

Ashram War früher die Bezeichnung von Waldeinsiedlern und Bettelmönchen. Heute wird der Begriff vorwiegend für religiöse Lebensgemeinschaften in Indien verwendet. Zum Beispiel für hinduistische und buddhistische Klöster oder für den Versammlungsort eines geistigen Führers, den er mit seinen Schülern bewohnt.

Aspekte Sind in der ➪ Astrologie die geozentrischen Winkel zwischen zwei Planeten sowie zwischen Planeten und Fixsternen. Je nach Stellung werden die Ereignisse zum Beispiel als harmonisch oder spannungsgeladen gedeutet.

Astralebene Laut esoterischer Lehre heißt so die Sphäre zwischen der geistigen und der materiellen Ebene. Alles hat seinen Ursprung im Astralen. Diese Ebene ist für den Menschen nicht einsehbar. In ihr sollen sich Engel, Götter und Naturgeister genauso befinden wie auch ein Plan für die Menschheit. Magische Rituale sollen einen Einfluss auf die A. haben.

Astralkörper, Astralleib Der A. besteht aus verschiedenen feinstofflichen ➪ Elementen, die auf den physischen («grobstofflichen») Körper einen Einfluss haben sollen. Unwohlsein und sogar Krankheiten sind Esoterikern zufolge auf Disharmonie im A. zurückzuführen. Mit diversen esoterischen Methoden und Ritualen soll die Balance im A. wieder erreicht werden. Die meisten beruhen, wie der A. selbst, auf der traditionellen chinesischen Medizin.

Astralprojektion   Auch bekannt als Astralreise oder Astralwanderung. Der Astralwanderer soll dabei das Gefühl haben, in einem zweiten Körper, außerhalb des physischen Leibes, ferne Gegenden zu bereisen (vergleiche Kapitel 4). Bei der A. soll sich der ⇨ Astralleib vom physischen Körper trennen. Das Bewusstsein soll erhalten bleiben, während der physische Körper schläft. Die wissenschaftliche ⇨ Psi-Forschung hat bisher für das Vorhandensein eines ⇨ Astralleibes keine Beweise finden können.

Astrologie   Ist die Lehre der ⇨ Entsprechung der Gestirne zur Menschheit. Anhand der Stellung der Planeten werden Schicksal, Charakter, Stärken und Schwächen eines Menschen vorausgesagt. Mittels A. wird das zukünftige Geschick von Ländern, Menschen, Tieren, Beziehungen und sogar Gegenständen vorausgesagt.

Die astrologischen Methoden entwickelten sich rund um den Globus unabhängig voneinander. Die heute im Westen gebräuchlichste Methode entstand in Griechenland, dabei wurden ägyptische und mesopotamische Einflüsse vereinigt. Das früheste überlieferte Lehrbuch stammt aus dem 2. Jahrhundert nach Christus.

Die wichtigsten Komponenten der westlichen A. sind die zehn «Planeten»; hierzu werden auch Sonne und Mond gezählt. Zur Deutung gehören weiter die zwölf Tierkreiszeichen sowie die ⇨ Häuser.

Mittlerweile gehört die A. zum abendländisch etablierten Gedankengut. Insbesondere die Esoterik ist von ihr durchdrungen.

Aszendent   Ist die astrologische Bezeichnung des Sternzeichens, das in der Minute der Geburt über dem Osthorizont aufsteigt und nach der ⇨ Astrologie im ⇨ Horoskop den Charakter des Menschen bestimmt.

Äther   [gr. «heiterer Himmel»] In der Esoterik ist damit der Übergangszustand vom Stofflichen zum Spirituellen gemeint (Äther- bzw. ⇨ Astralleib).

Aufsteigende Meister   Sind laut esoterischer Lehre Geistführer, die der Menschheit beistehen sollen. Geläufiger sind Begriffe wie Meister oder Lehrer. Zu ihnen zählen (in der Esoterik) Christus, Krishna, Babaji, Buddha, Mohammed und so weiter. Bei den aufsteigenden Meistern handelt es sich einerseits um Geisteswesen, andererseits um inspirierte Führer (die mittlerweile ebenfalls in der Geisterwelt sind), die einst «als Menschen unseren Planeten mit ihrer Anwesenheit beehrt haben». Sie können reinkarniert, aber auch einzigartig sein. Interessant ist, dass Maria einerseits immer wieder als Geisteswesen erscheinen soll, während andere Esoteriker der Überzeugung sind, sie wären selbst die reinkarnierte Maria.

Aura [lat. «Hauch, Schein»] Bildet einen unsichtbaren Lichtkranz. Dieser umhüllt unseren Körper. Krankheiten und seelische Zustände sollen sich in ihm abzeichnen. Hellsichtige Leute sind laut eigenen Aussagen in der Lage, die A. zu sehen.

Auro-Soma Bei der karmisch-magischen Wunderkur der Auro-Soma-Therapie werden kleine Fläschchen mit bunter Flüssigkeit so lange geschüttelt, bis hochgradige Energien die eigenen Schwingungen verstärken. Für fast jeden Bedarf stehen über hundert Kombinationen in leuchtenden Regenbogenfarben bereit.

Avesta Sammlung der heiligen Texte des Zarathustra in alt-persischer Sprache. Sie enthält Lebensregeln, insbesondere die Gesetze der Reinheit.

Ayurveda [⇨ sanskrit: «die Wissenschaft vom langen Leben»] Ganzheitliche Heilkunde und Ernährungslehre aus Indien. Befasst sich mit gesunder Lebensweise und mit der Heilung von Erkrankungen. Beinhaltet gesunde, ausgewogene Ernährung, Pflege in Form von Ölmassagen, von Bädern, dem Gebrauch pflanzlicher Präparate sowie ⇨ Yoga-Übungen und ⇨ Meditation.

Bach (Bachblüten) Edward Bach (1886–1936) war ein britischer Arzt und Physiker. Er entwickelte die nach ihm benannte Bachblüten-Therapie. Er baute 38 Wildblütenpflanzen in sein System ein. Dabei werden die Blüten gesammelt und eine Weile in eine Schale mit klarem Wasser gelegt. Später siebt man das Wasser ab, übrig bleiben die Bachblüten-Essenzen, die gegen die unterschiedlichsten körperlichen Krankheiten und seelischen Leiden helfen sollen. Bachs Zuordnungen beruhen nicht auf wissenschaftlichen Ergebnissen, sondern auf seiner Intuition.

Beschwörung So wird die Anrufung von Geistern und Verstorbenen genannt. Mittels magischer Formeln und Symbole werden sie herbeigerufen, was im «besten» Fall bis zur Sichtbarkeit führen soll. Die B. ist ein Anreden der Dämonen bzw. des Teufels, so dass für diese der Zwang entsteht, antworten oder gehorchen zu müssen. In diesem Sinne ist der ⇨ Exorzismus eine Art der B.

Besessenheit Bezeichnet das Wohnen dämonischer Wesen im Körper eines Menschen.

Bhagavadgita Das wohl berühmteste Gedicht des hinduistischen Schrifttums. Dieser Text beeindruckte bei seinem Bekanntwerden in Europa Esoteriker, Mystiker und Magier tief.

Biblio-Mantie Eine der vielen ⇨ mantischen Disziplinen. Bei der B. wird ein Buch aufgeschlagen und eine beliebige Stelle mit einem Stab berührt. Das Wort, das dort steht, soll Aufschluss über eine gestellte Frage geben.

Bildzauber Mit Hilfe bildlicher Darstellungen des zu beeinflussenden Menschen oder Objektes sollen diese manipuliert werden. Dabei handelt es sich meist um Schadens- oder Liebeszauber, ähnlich den Wachsfiguren und Voodoo-Puppen.

Bi-Lokation Damit ist die Fähigkeit gemeint, gleichzeitig an zwei räumlich getrennten Orten zu sein. Der Begriff stammt aus der ⇨ Parapsychologie.

Biorhythmen Basieren auf der unbewiesenen Annahme, dass drei Rhythmen das Wohlbefinden und die Leistungsfähigkeit des Menschen beeinflussen. Sie beginnen mit dem Tag der Geburt und halten an bis zum Tod. Die drei Rhythmen sind von unterschiedlicher Dauer. Der kürzeste Zyklus dauert 23 Tage und soll die körperliche Leistungsfähigkeit bestimmen, ein zweiter dauert 28 Tage (seelisches Befinden) und der dritte 33 Tage (geistige Fähigkeit). Die Zyklen sind vergleichbar mit der Sinuskurve eines Wechselspannungsgenerators, «+» und «−» werden lediglich durch «Leistungsphase» und «Erholungsphase» ersetzt.

In einem Lexikon zur ⇨ Parapsychologie steht indes: «Alle überprüfbaren Fakten und Berichte zeigen, dass solche starren Rhythmen nicht existieren und dass es sich um eine Irrlehre handelt.»[1]

Chakra, Chakren [ind. (⇨ sanskrit) «Rad, Wirbel»]: Die C. gelten als Energiezentren im menschlichen Körper. Dieser verfügt über eine große Anzahl solcher «Energieräder». Die wichtigsten sind sieben C., die entlang der Wirbelsäule liegen. Erste Anleitungen zu ihrer Aktivierung tauchen bereits in den Upanishaden auf. Die C. sind keine materiellen, anatomisch festlegbaren Zentren, sondern «Energiewirbel» der menschlichen ⇨ Aura. Sie sollen die kosmischen Energien transformieren und uns für geistige und körperliche Prozesse zur Verfügung stehen.

Die sieben gängigsten Chakren im Überblick: Muladhara, Wurzel-Chakra (Standort: Steißbein auf Genitalhöhe); Svadhistana (zwischen Genitalien und Bauchnabel); Manipura (Bauchnabel); Anahata, Herz-Chakra; Vishudda, Kehl-Chakra; Ajna, Stirn-Chakra bzw. das «dritte Auge»; und schließlich Sahasrara, Scheitel-Chakra.

Weder Standort noch genaue Anzahl sind eindeutig zu definieren (siehe Kapitel 7).

Ein Meditierender, der die Schlangenkraft ➪ Kundalini aktivieren will, zieht diese Kraft vom Wurzel-Chakra hinauf zum Scheitel-Chakra.[2]

Channeling [von engl. channel, «Kanal»] Modebegriff für ein altes Phänomen. Es ist die Fähigkeit eines ➪ Mediums, Botschaften aus dem Jenseits zu übermitteln.

Cheops-Pyramide Grabmal eines ägyptischen Pharaonen, der angeblich Cheops geheißen hat. Dieses gewaltige Bauwerk beflügelt die Phantasie der Menschen seit Jahrtausenden. Auch Esoteriker beschäftigen sich mit Deutungsversuchen des monumentalen Baus. Laut esoterischer Auslegung lassen sich durch die Größen- und Längenverhältnisse der Pyramide Schlüsse und Prophezeiungen auf das Schicksal der Menschheit ziehen.

Chi, Qi, Ki siehe ➪ Akupunktur

Chinesische Astrologie In der chinesischen Astrologie bestehen verschiedene Systeme nebeneinander.

Der chinesische Tierkreis kennt ebenfalls zwölf Tierkreiszeichen. Diese beruhen nicht wie die westlichen Methoden auf der Bahn der Sonne, sondern auf dem Mondkalender. Von daher sind die Zeichen nicht fest mit einem Datum verbunden, sondern wandern durch das Jahr, so dass das Neujahrsfest in jedem Jahr auf ein anderes Zeichen fällt. Alle zwölf Jahre kommt wieder dasselbe Tier (Schlange, Pferd, Schaf, Affe, Hahn, Hund, Schwein, Ratte, Ochse, Tiger, Hase und Drache).

Chiro-Mantie [von gr. cheir, «Hand»] Bezeichnet die Handlesekunst. Hierbei wird von einer ➪ Entsprechung der Anlagen des Menschen in den Linien seiner Handinnenfläche ausgegangen. Aus diesen Linien sollen Aussagen über Lebenserwartung, Charakter und Gesundheitszustand eines Menschen gemacht werden können. Zudem werden Handteile (wie die Fingerkuppen oder die Finger-Linien) bestimmten Planeten zugeordnet, so dass die Hand zum Abbild des Kosmos wird.

Dakini Als D. werden übernatürliche weibliche Wesen aus der indischen Mythologie bezeichnet, die spirituelle Wegweiser für ⇨ Yogapraktizierende sind. Neben ⇨ Tarot-Karten kennt die Esoterikszene auch D.-Karten.

Dekane Sind Unterteilungen des Tierkreises in Abschnitte zu zehn Grad. Die alte ⇨ Astrologie kennt darum 36 D., drei pro Tierkreis. Die Unterteilung geht auf 36 «zeitbestimmende» Sterne der babylonischen Gestirnkunde zurück.

Derwisch [persisch, «arm»] Bezeichnung für islamische Wandermönche. Diese sind seit dem 12. Jahrhundert bekannt. Heute kennt man vor allem noch die tanzenden D., die in der Türkei leben. Sie fallen durch einen speziellen Tanz in ⇨ Trance und versuchen auf diese Art, mit Allah in Verbindung zu treten.

Drudenfuß Magisches, antikes Fünfwinkelzeichen (⇨ Pentagramm). Auf die Türschwelle gezeichnet, sollte es zur Abschreckung des Teufels dienen.[3]

Duftöle Unterbewusstsein und Phantasie werden durch Gerüche besonders angeregt, weshalb sie in der Esoterik von großer Wichtigkeit sind. Die verschiedenen Öle werden teils Geistern, teils Tierkreiszeichen oder Planeten zugeordnet.

Edelsteine E. und Halbedelsteine wie seltene Mineralien spiel(t)en in der ⇨ Magie als Konzentrat kosmischer Kräfte eine bedeutende Rolle. Die Wirkungen, die ihnen heute zugeschrieben werden, sind nahezu identisch mit jenen aus der Spätantike. Der Diamant soll beispielsweise die Macht haben, Geister zu verscheuchen und bei Frauen Gunst zu schaffen, wobei Letzteres ja nicht ganz abwegig ist ...

Nach esoterischer Meinung verfügen die meisten E. über heilende Strahlungen und Energien. Die Steine werden zwecks Heilung den unterschiedlichsten Krankheiten zugeordnet. Wer sich beispielsweise vor Rheuma schützen will, trägt eine Bernsteinkette. Andere Steine sind Göttern, Planeten und Tierkreisen zugeteilt.

EDU-Kinestetik Soll Energieblockaden im Körper lösen. Bei dieser Praktik werden die Blockaden anhand von bestimmten Körperhaltungen erkannt und durch Massage-Übungen gelöst. Die Muskelkraft soll durch mangelnden Energiefluss blockiert sein.

Indem man die Muskelstärke prüft, will man Störungen in der Zusammenarbeit der beiden Gehirnhälften feststellen, die für die heute bei Kindern häufig auftretende Konzentrationsschwäche und motorische Unruhe verantwortlich sein sollen. Durch Druck auf bestimmte «Reaktionspunkte» entlang der Wirbelsäule sowie durch mentale und körperliche Übungen soll das Kind «ausbalanciert» und «geerdet» werden, was eine Verbesserung der Lernleistung mit sich bringen soll.[4]

Einweihung, auch Initiation [lat. initiare, «einführen, einweihen»] Als E. wird die Aufnahme in eine magische oder mystische Gruppe bezeichnet. Dem Einzuweihenden wird dabei ein spezielles Wissen vermittelt. Oft sind die E. mit einem Eid verbunden. Die E. soll eine Auswirkung auf die Seele haben und im Idealfall den Einzuweihenden in einen anderen, höheren Bewusstseinszustand versetzen.

Elemente Als E. werden die vier «Weltbausteine» Feuer, Wasser, Erde und Luft bezeichnet, wobei sich mittlerweile die feinstoffliche «Quintessenz» ⇨ Äther als fünftes Element hinzugesellt hat.

Entsprechung Oder Analogie. Dieses «Wie hier, so dort»-Denken ohne kausalen Zusammenhang liegt den meisten ⇨ mantischen und magischen Disziplinen zugrunde.

Exorzismus Unter E. wird die Austreibung Satans und der Dämonen unter Anrufung Gottes verstanden.

Farben Erzeugen nach esoterischem Glauben gewisse Schwingungen und erzielen überdies bestimmte Stimmungen. Außerdem werden die F. den Tierkreisen zugeordnet, wobei es hierbei keine einheitliche Lehrmeinung gibt.

Feng Shui Stammt aus China. Nach Vorstellung des F. ist die Erde, ebenso wie der menschliche Körper, von einem Netz aus Kraftlinien durchzogen. Diese können zum Vor- oder Nachteil für das Wohlbefinden benutzt werden. Mit F. wird die Aufteilung des Hauses vorgenommen. So wird zum Beispiel ermittelt, welches der günstigste Platz für das Schlafzimmer ist oder wo der Wohnraum hinkommen soll.

Fernheilung Der Heiler sendet dem nicht anwesenden Kranken durch Konzentration auf ein Bild oder allein durch Gedankenkraft heilende Energien. Zum Beispiel im Fern-⇨ Reiki (ab dem zweiten ⇨ Einweihungsgrad).

Feuerlaufen Bezeichnet die Fähigkeit, über glühende Kohlen zu laufen, ohne sich zu verletzen. Häufig versetzt sich der Läufer vorher in ⇨ Trance oder unternimmt Konzentrationsübungen. Wird zum Teil auch in Manager- und anderen Schulungen zum Seminar-Ende durchgeführt, um die Kraft der Konzentration zu demonstrieren.

Findhorn Auch «Stadt des Lichts» genannt, ist eine esoterische Lebensgemeinschaft im Norden Schottlands. Etwa zehntausend Gäste pilgern jährlich zu diesem öko-spirituellen Dorf, 4 500 beteiligen sich an diversen Kursen. Die «City of Light» wird ständig von fünfhundert Einwohnern bevölkert.[5]

Eileen Caddy, Mitgründerin von F., sagt, dass die Gemeinschaft auf Weisung ihrer spirituellen Führer gegründet wurde. Den Caddys wurde mitgeteilt, dass sie dazu beitragen sollen, den «Plan» auf der Erde zu verankern.[6]

Verschiedene Betriebe und Geschäfte wie Druckerei, Bioladen und Verlag gehören zu F. Die kleine interne Zeitung heißt *Rainbow Bridge*; die Zeitung, die in alle Welt verschickt wird, *Network News*. Der Bioladen «Phönix» macht jährlich 3,5 Millionen Mark Umsatz, fast so viel, wie die F. Foundation mit ihren Kursen und Seminaren einnimmt. In der neu gegründeten «New Findhorn Association» wird davon gesprochen, dass die «Lichtstadt» eine selbständige Gemeinde werden soll mit Bürgermeisteramt, Straßenbau, Bauland-Erschließung, Schule und so weiter.[7]

Fußreflexzonenmassage Fitzgerald (amerikanischer Arzt, 1872–1942) teilte den Körper in verschiedene Zonen ein und behauptete, dass man von einer bestimmten Zone aus sämtliche Organe der jeweiligen Zone erreichen könne. Diese Lehre wurde dahingehend erweitert, dass der gesamte Körper auf den Fußsohlen repräsentiert sei. Verändert sich dort die Hautbeschaffenheit oder tritt bei der Massage Druckschmerz auf, schließt man daraus, dass das entsprechende Organ krank ist. Durch Massieren mit den Fingerkuppen soll der Energiefluss wiederhergestellt und das Organ geheilt werden. Interessanterweise weichen die Angaben, wo die einzelnen Organe an den Fußsohlen vertreten sein sollen, oft erheblich voneinander ab.

Gedankenfotografie Medial begabte Menschen sollen ihre Gedanken und Vorstellungen auf einen unbelichteten Film projizieren können; Bilder, die nach der Entwicklung zu sehen sein sollen.

Geistheilung Im Gegensatz zur Schulmedizin wird bei der G. auf den Einsatz von Medikamenten verzichtet. Bei dieser Heilmethode überträgt der Heiler spirituelle oder geistige Heilenergien auf den Patienten. Der Geistheiler versteht sich als Kanal, der die heilenden Energien zum Beispiel durch Handauflegung überträgt. Bei esoterischen Praktiken wie ⇨ Homöopathie und ⇨ Bachblüten-Therapie soll der Geist der aus den Pflanzen gewonnenen Essenzen heilen.

Geo-Mantie Ist eine der bekannteren ⇨ mantischen Disziplinen und bedeutet in etwa «Wahrsagen aus/mit der Erde». Der Wahrsager setzt zum Beispiel mit einem Stock schnell und ungezielt 16 Reihen mit Punkten in die Erde, in den Sand oder aber auch in Wachs oder auf Papier. Mit dem «geomantischen Spiegel», einem Quadrat aus zwölf Feldern, werden die Punkte eingeordnet und nach astrologischen Gesichtspunkten gedeutet. Auf diese Weise sollen günstige und ungünstige Plätze und Orte ausfindig gemacht werden: Orte, an denen die Energie oder die Erdstrahlen die Gesundheit des Menschen fördern oder beeinträchtigen. Durch die G. sollen Rückschlüsse gewonnen werden, ob ein Stück Land beispielsweise zum Hausbau geeignet ist.

Gläserrücken Ein Glas soll Botschaften aus dem Jenseits übermitteln. Es steht mit dem Boden nach oben in einem Kreis von Buchstaben, die Anwesenden legen einen Finger auf den Boden des Glases und konzentrieren sich. Bald bewegt sich das Glas von Buchstabe zu Buchstabe und übermittelt so die Botschaft. Für die Botschaften – die häufig keinen erkennbaren Sinn ergeben – sind laut Experten meistens bewusste oder unbewusste Muskelbewegungen der Teilnehmer verantwortlich.

Graphologie Gemäß dieser Methode sollen durch die Analyse der Handschrift Informationen über die Persönlichkeit und den Charakter eines Menschen gewonnen werden.

Halloween An diesem Abend (31. Oktober) sollen die Seelen der Verstorbenen die Erde besuchen. Man gedenkt der Toten, indem Feuer und Kerzen angezündet werden, um sie zu erfreuen. Der aus dem keltischen Kulturkreis stammende Brauch erfreut sich in Amerika großer Beliebtheit und schwappt nun über nach Europa.

Häuser Die zwölf H. bilden den menschenbezogenen Sinn der Tierkreiszeichen, aufgeteilt in zwölf Felder. Das erste beginnt mit dem Schnittpunkt des Horizonts mit dem Himmelsäquator. Jeder Ort auf der Erde hat somit nur ein auf ihn abgestimmtes Feldersystem, während das System der Tierkreiszeichen ständig um die als Mittelpunkt des Universums gedachte Erde rotiert; woraus ersichtlich ist, dass das astrologische System hinter den aktuellen Kenntnissen weit hinterherhinkt. Die Übertragung der H.grenzen auf das System der ⇨ Astrologie erfolgt nach mathematischen Formeln. Zur Umwandlung gibt es nahezu zwanzig verschiedene Methoden![8] Heute spricht man häufig an Stelle von H. von «Orten» oder «Feldern».

Homöopathie   [von gr. hoimos, «gleich»] Soll eine Alternative zur Schulmedizin sein. Geschaffen von Samuel Hahnemann (1755–1843). Seine Lehre beruht auf dem Grundsatz, dass ein Arzneimittel beim Kranken diejenigen Symptome zu heilen vermag, die es beim Gesunden verursacht. Hahnemann testete die Eigenschaften von 51 Pflanzen und drei nichtorganischen Stoffen. Diese werden allesamt verdünnt. Er nennt diesen Vorgang «potenzieren». Man gibt einen Teil des Wirkstoffs auf neun Teile einer Trägersubstanz (beispielsweise Alkohol oder Wasser). Diese Verdünnung wird wieder im gleichen Verhältnis verdünnt.

Die D-Verdünnung erfolgt im Verhältnis 1:10, C steht für das Verhältnis 1:100 und die LM-Potenz für 1:50 000.

D-Potenzen sollen vor allem auf den Körper wirken, C und LM jeweils auf Seele, Geist und Körper; C außerdem bei akuten Erkrankungen und LM bei chronischen Krankheiten. Bei höheren Potenzen (ab D24 und C12) ist die Materie des Stoffes praktisch nicht mehr nachweisbar. Je geringer die Ursubstanz, desto größer die geistliche Heilkraft, so die homöopathische Lehrmeinung.

Ein Teil der Ausgangssubstanz wird mit 99 Teilen Alkohol verdünnt und verschüttelt. Dies ergibt die Potenz C1. Von C1 wiederum wird ein Teil mit 99 Teilen Alkohol verdünnt und verschüttelt; das ergibt C2 und so weiter (D-Verdünnungen verlaufen gleich, nur in Zehner-Schritten).

In seinem Werk *Die Vergeistigung der Natur* bezeichnet Hahnemann die «Potenzierung» C30 als Norm. Homöopathen verwenden aber Verdünnungen bis C1000. In der Schulmedizin ist die H. sehr umstritten. Die Wirkung wird häufig als Placebo-

Effekt gedeutet, da infolge der stetigen Verdünnung keine Moleküle der Ausgangssubstanz mehr vorhanden sind.

Bei der Verdünnung D20 käme ein Liter der Substanz auf das gesamte Wasser der Weltmeere; bei D31 ein Tropfen auf eine Million Mal die Masse der Erde.

Horoskop [gr. «Stundenschau»] Bildliche Darstellung des Himmels, zu einem festgelegten Augenblick, von einem bestimmten Ort aus gesehen. Eingezeichnet werden Tierkreis, Planeten, ⇨ Aspekte und ⇨ Häuser. Das H. ist für die Astrologen die Grundlage zur Deutung. Um das H. zu erstellen, muss die Uhrzeit und der Ort des Ereignisses bekannt sein, für den das H. ausgestellt werden soll. Geburtshoroskope werden erstellt, indem die Position der Planeten zur Geburtsstunde gedeutet wird, da das Individuum zu diesem Zeitpunkt erstmals mit den Mächten des Universums konfrontiert wurde. Der Planet, der im Augenblick der Geburt dem Aufgangspunkt der Ekliptik (Sonnenkreisbahn) am nächsten steht, wurde meist als «Regent» bezeichnet. Die astrologischen Regeln forderten, auch den Kulminationspunkt der Ekliptik, den unter dem Horizont gelegenen Gegenpunkt und den Gegenpunkt des Aufgangspunktes und ihre Planetenbesetzung (⇨ Aspekte) zu beachten.

Früher wurden H. nur für die Zukunft von Königen oder von Städten erstellt. Heute steht das H. des Individuums zuoberst auf der Liste.

Hypnose [von gr. hypnos, «Schlaf»] Eine ⇨ Trance, in die der Mensch durch Fremdsuggestion fällt. Sie gleicht zwar dem Schlaf, man ist aber für Beeinflussungen durch den Hypnotiseur zugänglich. Durch die H. werden Erlebnisse aus dem Unterbewusstsein hervorgerufen.

I-Ging Chinesisches Orakelbuch («Buch der Wandlung»), auch Yi King oder I Ching genannt. Mit einem bestimmten Ritual (beispielsweise durch das Werfen von Münzen oder Schafgarbenstängeln) wird ein Zeichen ausgelegt, das aus sechs Linien besteht. Im Buch kann dann die passende Interpretation des gefundenen Zeichens nachgelesen werden.

⇨ Konfuzianismus und ⇨ Taoismus haben ihre Wurzeln im I-Ging. Grundlegend für das Buch sind die acht Urzeichen, die aus je drei Linien bestehen: den unterbrochenen (– –) und den ganzen (–) Linien. Diese Trigramme werden untereinander so kombiniert, dass ein Zeichen aus sechs Linien entsteht.

(Vergleiche dazu auch Kapitel 12, im Abschnitt «Schafgarben statt Worthülsen».)

Initiation ⇨ **Einweihung**

Inkarnation [lat. «ins Fleisch eingehen»] Im heutigen Sprachgebrauch der Esoterik ist damit der Zeitabschnitt gemeint, in dem die «ewige Seele» in einem (vergänglichen) Körper weilt.

Jainismus Indische Religion, neben dem Buddhismus die zweite Abspaltung des Hinduismus. Eines der Hauptkennzeichen ist, dass kein Lebewesen verletzt werden darf, da alles eine Seele hat und möglicherweise die ⇨ Reinkarnation eines Bekannten sein kann. Mönche tragen beispielsweise Leinentücher über Mund und Nase, um keine Insekten einzuatmen und auf diese Weise gar zu töten. Askese und strenges Fasten sind weitere Merkmale des J.

Kabbalah (Kabbala) [hebräisch: «Überlieferung»] Jüdische Geheimlehre und Mystik, die größtenteils zwischen dem 12. und 17. Jahrhundert n. Chr. entstand. Ihr Hauptwerk ist das Buch Sohar (auch Zohar), das zu einem kanonischen Text der K. wurde. Die K. beeinflusst diverse esoterische Disziplinen und Glaubenskonzepte. Siehe auch Kapitel 9.

Kahuna Esoterische Heilmethode aus Hawaii. Gespickt mit angeblich übersinnlichen Kräften, liegen ihre Wurzeln in der Religion und Heilkunde der Polynesier.

Kamasutra Lehrbuch über Liebe und Sexualität aus dem persisch-indischen Raum. Nur ungefähr ein Siebtel des Lehrbuches behandelt Intimitäten, obgleich es im Westen vorwiegend nur darauf reduziert wird. Die weiteren Teile des K. bestehen aus Anweisungen für Mann und Frau, welche die Tagesabläufe und das Verhalten «minutiös» einschränken. Auch werden Vorbehalte angebracht, wer – unter anderem aufgrund seiner Kaste – geliebt werden darf und wer nicht. Die Frau beispielsweise muss die «64 Künste» beherrschen, beginnend mit der Kunst des Haareflechtens, dem Färben von Zähnen und Kleidern, dem Tanzen, Singen und Vorlesen aus Büchern bis hin zur Beherrschung des Instrumentenspiels, der Kunst, einem Papageien das Sprechen beizubringen, oder der Durchführung von Widder-, Hahnen- und Wachtelkämpfen.

Karma Gehört zu Philosophie und Religion Indiens. Nach dieser Vorstellung wird der Mensch nach seinem Tod als ein anderer Mensch (oder auch als ein anderes Lebewesen) erneut geboren.

Dafür verantwortlich ist das Naturgesetz Karma. Je nach Lebens-
werk des Menschen hat er es im nächsten Leben «besser» oder
«schlechter». Die Lehre besagt, dass jede Tat, jedes Wort und jeder
Gedanke eine unausweichliche Folge hat. Die Begriffe «gutes Karma» und «schlechtes Karma» sind indes eine Erfindung der westlichen Esoteriker. Im Hinduismus und Buddhismus existieren
diese Begriffe nicht. Ziel ist dort, überhaupt kein K. zu sammeln,
um im Laufe der Leben den Zyklus der Wiedergeburten zu brechen und (im ⇨ Nirwana) zu verlöschen.

Karma-Yoga   Soll den Ausbruch aus dem Zyklus der Wiedergeburten beschleunigen.

Kinesiologie   Der amerikanische Arzt und Physiotherapeut
George Goodheart will in den 60er Jahren entdeckt haben, dass
die Kraft eines Muskels Aussagen über die Krankheiten von Organen in der zugehörigen Reflexzone macht. Laut seiner Lehre gibt
es Zusammenhänge zwischen Emotionen, Muskeln und Energien.
Die Muskelkraft soll durch Krankheit, mangelnden Energiefluss
oder belastende Gedanken blockiert sein.

Beim Muskeltest muss der Patient mit erhobenen Armen gegen
den Widerstand der Hand des Kinesiologen drücken. Die andere
Hand hält der Kinesiologe auf die zu prüfende Organregion. Wi-
dersteht der Arm des Patienten dem Druck gut, ist das Organ angeblich gesund. Gibt der Arm aber nach, ist das Organ krank.

Ähnlich werden Nahrungsmittel ausgetestet. Diese hält der Patient in der Hand. Speisen, die er meiden sollte, lassen den Muskel
schwach reagieren; bei den für ihn guten Speisen reagiert er kräftig.
Ähnlich funktioniert die Prüfung von Medikamenten. Diese
(meist ⇨ homöopathischen) Medikamente werden auf die Stelle
des erkrankten Organs gelegt. Ist der Muskel danach erstarkt,
soll es sich um das richtige Medikament handeln.

Die wechselnde Muskelspannung ist wohl eher abhängig von psychischer Stimmung und suggestiver Beziehung zwischen Heiler
und Patient. Weder Tests noch Interpretation sind standardisiert.
Dies wird unter anderem im Handbuch *Die andere Medizin –
Nutzen und Risiken sanfter Heilmethoden* der Stiftung Warentest
in Berlin dokumentiert.[9]

Kirlian-Fotografie   Eine Technik, mit der es angeblich möglich ist,
die ⇨ Aura eines Menschen zu fotografieren. Der Film liegt auf ei-

ner Elektrode, die mit einer dünnen Schicht eines nicht leitenden Materials beschichtet ist. Gerät die Elektrode unter Spannung, kommt es zu einer Entladung zwischen ihr und dem Gegenstand. Auf dem Bild sieht es dann so aus, als hätte dieser Gegenstand eine ⇨ Aura. Bei lebenden Objekten erscheint diese besonders hell. Nach wissenschaftlicher Ansicht hängt die fotografierte ⇨ Aura mit der Feuchtigkeit zusammen. Diese verstärkt eine Entladung. K. muss als physikalisches Phänomen angesehen werden. Eine Reihe alternativer Heiler diagnostiziert aber auf diese Weise immer noch die unterschiedlichsten Krankheiten bis hin zu Krebs.

Konfuzius [latinisiert aus Kongfuzi (eigentlich Kong Qiu, 551–479 v. Chr.)] Chinesischer Philosoph und Begründer der Institution der gelehrten Beamten, die später China beherrschen sollte. Auf K. geht der Konfuzianismus zurück. Neben dem ⇨ Taoismus und ⇨ Buddhismus die einflussreichste philosophische Grundhaltung in China und Ost-Asien. Die fünf Tugenden des K. sind: gegenseitige Liebe, Rechtschaffenheit, Weisheit, Sittlichkeit und Aufrichtigkeit. Dazu gibt es drei «unumstößliche Beziehungen»: Der Sohn muss sich dem Vater unterordnen, die Frau dem Mann und das Volk dem Herrscher.

Kosmobiologie Astrologische Lehre, die sich mit den Auswirkungen der Planeten und des Mondes auf Menschen, Tiere und Pflanzen auseinander setzt. So werden zum Beispiel günstige Saatzeiten errechnet. Der biologisch-dynamische Landbau richtet sich nach diesem System, zum Beispiel beim Anbau von Pflanzen, die für die ⇨ Bachblüten-Essenzen verwendet werden. Je nachdem wird den Pflanzen auch erklärt, wofür sie anschließend verwendet werden. Selbstverständlich mit einer Entschuldigung fürs anschließende Pflücken.

Kundalini [⇨ sanskrit, «Schlange»] Ist die kosmische Energie, die im Muladhara-⇨ Chakra liegt. Es bestehen verschiedene Möglichkeiten, die Schlangenkraft zu aktivieren, so dass sie durch die Wirbelsäule hochfährt. Die Aktivierung soll mehr Lebensenergie verleihen, vor allem aber zu einem universellen Bewusstsein führen. Selbst praktizierende Esoteriker warnen indes vor der Aktivierung; siehe Kapitel 7.

Levitation [lat. levitas, «Leichtigkeit»] Bezeichnet die angebliche Fähigkeit zu schweben, die beispielsweise Fakire beherrschen

wollen. Maharishi Mahesh Yogi (bekannt durch transzendentale
⇨ Meditation) bot für einen hohen Geldbetrag Kurse an, bei denen das Schweben erlernt werden sollte. Die Lernerfolge endeten
aber mit der gymnastischen Fähigkeit, im Schneidersitz zu hüpfen.

Live-Channeling-Set Das ⇨ Medium sieht sich als Kanal zwischen der unsichtbaren Welt und seinem Publikum. Laut eigener
Aussage steht das ⇨ Medium direkt in Kontakt mit seinem Geistführer. Personen aus dem Publikum stellen Fragen, das ⇨ Medium
empfängt die Antworten aus der «astralen Ebene» und leitet diese
weiter, im Sinne eines Live-Orakels.

Magie (schwarz oder weiß) Mit Ritualen und Formeln wird versucht, Geister und verborgene übersinnliche Mächte zu beschwören und sich gefügsam zu machen. Während der Mensch in der Religion den höheren Mächten gegenüber abhängig ist und diesen
deshalb zu gefallen trachtet, greift der Magier selbst zur Macht
und versucht, sich die Geister untertan zu machen und sie zu seinem Zweck zu verwenden.

Mit den Mitteln der schwarzen Magie soll einem Menschen, einer
Gruppe oder einer Unternehmung Schaden zugefügt werden.
Zum Beispiel durch Anrufen dämonischer Mächte. Rituale gelten
dabei als wirksames Mittel, sich diese Energien verfügbar zu machen.

Mit der weißen Magie hingegen soll Menschen, beispielsweise
durch Heilungen, geholfen werden.

Der Unterschied zwischen weißer und schwarzer Magie unterliegt
in der Literatur einer kulturspezifischen Interpretation, zumindest
dort, wo der Übergang zwischen den beiden Formen fließend ist.

Mandala [⇨ sanskrit, «Kreis»] Bezeichnet ein Bild, das – im
Buddhismus schon seit Jahrhunderten – als ⇨ Meditationshilfe
gebraucht wird. Meistens weisen die Bilder eine Symmetrie auf,
die auf der Zahl Vier beruht. «Als magische Kreise, die sich in ihrer
universellen Sprache direkt an die ⇨ Mitte jedes Menschen richten, begleiten uns M. auf unserem Weg durchs Leben: Seelische
Landkarten, die uns helfen können, Krisen zu bewältigen. Ihr Zentrum birgt das Geheimnis des Übergangs von einer Dimension in
die andere.»[10]

Mantik (mantisch, -Mantie) [gr. mantis, «Seher»] Kunst der Weis-
sagung. Hierbei werden verstandesmäßige Folgerungen umgan-

gen, indem man mittels ⇨ Tarot-Karten, dem Flug der Vögel, dem Stand der Sterne oder dem Kaffeesatz (usw. usf.) künftige Ereignisse voraussagt. Mantische Disziplinen lassen sich seit jeher in den niederen wie in den hohen Kulturen finden. Die M. ist der Versuch, eine «geistige Gabe» durch die absurdesten Techniken zu aktivieren. Neben ⇨ Astrologie oder Aero-Mantie (Flug der Wolken) findet sich beispielsweise die Cephaleono-Mantie (Kopfbewegung eines Tieres), aus der Schicksale der Menschheit gedeutet werden sollen.

Mantra Bezeichnete ursprünglich Verse aus den Veden, die als ⇨ Beschwörungsformeln verwendet wurden, und ist häufig der Name eines Gottes oder Gurus, in der modernen Esoterik auch der Name eines «Geistführers». Das ständige Wiederholen des M. soll einen Menschen in einen mystischen, ekstatischen Zustand versetzen. Die indische Silbe «Om» (auch «Aum») ist eines der im Westen derzeit bekanntesten M., das auch zur Verballhornung gebraucht wird.

Meditation Die fernöstliche M. bezweckt das «Erkennen» und «Realisieren» unseres angeblich wesenhaften Einsseins mit dem Universum. Es ist die Tür zum «Nichts»; dem ⇨ Nirwana. Häufig unter der harmlosen Bezeichnung «Entspannungstechnik» verwendet, führt es zur Unterwerfung des Meditierenden durch kosmische Mächte.[11]

Medium Bezeichnet einen Menschen, der in ⇨ Trance versinken kann, um so den Kontakt zu Geistern herzustellen. Häufig spricht dieser Geist durch das M., manchmal werden die Botschaften aber auch geschrieben oder gemalt.

Meridiane [lat. «Längenkreis» oder «Gradnetz»] In der esoterischen Lehre wird davon ausgegangen, dass im Körper analog zu den Blutbahnen Energiebahnen bzw. Kraftlinien angelegt sind. Diese Linien, Meridiane genannt, sind weder wissenschaftlich noch medizinisch nachgewiesen. Durch sie soll die (ebenfalls angenommene) Lebenskraft ⇨ Chi fließen. Auf diesem Energienetz liegen die 365 bis 380 (je nach Lehre auch über 700) ⇨ Akupunkturpunkte.

Metoposo-Skopie Stirnfaltendeutung. Aus den Stirnfalten sollen, der ⇨ Chiro-Mantie ähnlich, Charakter und Schicksal eines Menschen gedeutet werden. Die Falten sind den Planeten zugeordnet.

Interessant wird es, wenn sich Stirnfalte und Handlinien in Bezug auf Charakter und Schicksal deutlich widersprechen ...

Mikrokosmos – Makrokosmos Diese Lehre ist in den magischen wie auch in den ⇨ mantischen Weltbildern häufig das tragende Fundament. Der Mensch ist die «kleine Welt», eingebettet ins große Universum, das die «große Welt» darstellt. Diese beiden Welten widerspiegeln sich gegenseitig. So soll also der Mensch durch die große Welt, zum Beispiel durch ⇨ Astrologie, Rückschlüsse auf sein Leben in der kleinen Welt gewinnen.

Mitte (des Menschen) In der Esoterik wird davon ausgegangen, dass der Mensch eine Kraftquelle in sich hat. Sie ist anatomisch nicht belegbar, man soll sie aber, zum Beispiel durch ⇨ Meditation, finden können. Ein Begriff dafür ist Hara («Erdmitte des Menschen»). Hara gilt als die energetische Mitte des Menschen und dient als geistiges und seelisches Zentrum. Es soll sich zwei Finger breit unter dem Nabel befinden. Hara ist das Zentrum der Vitalität und mit den Grundtrieben verbunden. Meister des ⇨ Zen-Buddhismus lehren, dass «der Mittelpunkt des Weltalls die Bauchhöhle des Menschen ist».

Mudra [⇨ sanskrit, «Siegel, Zeichen»] M. sind Buchstaben, die zum Beispiel beim ⇨ Yoga mit Fingerstellungen dargestellt werden. Damit soll der Energiekreislauf des Körpers beeinflusst werden. M. werden auch in magischen Ritualen verwendet.

Nekro-Mantie Toten⇨ beschwörung. Wird normalerweise unterschieden von der Nigro-Mantia, der (schwarzmagischen) ⇨ Beschwörung der Dämonen. Wobei die Vermutung lauter wird, dass sich hinter den «Toten» ebenfalls Dämonen verbergen, die lediglich Stimme und Wissen des Verstorbenen kopieren. In der Bibel ist ein Fall bekannt, in dem die Hexe von Endor den Geist Samuels auf Sauls Befehl hin hervorruft (1. Samuel 28). Grundsätzlich warnt die Bibel vor Toten⇨ beschwörung (siehe 5. Mose 18,11).

Nirwana [⇨ sanskrit: «Erlöschen»] Das von Buddha skizzierte Heilsziel des Buddhismus. Durch das Eintreten in das N. soll der Mensch sich auflösen (schöner formuliert: mit dem Universum verschmelzen) und damit den Kreislauf der ⇨ Reinkarnation durchbrechen. Damit wird er vom Leiden des Lebens erlöst, wobei nach Buddhas Darstellung alles Leben Leid bedeutet.

Numerologie   Ist die stark vereinfachte Form der ➪ Kabbalah. Dabei werden die Zahlenwerte der Buchstaben eines Namens oder eines Geburtsdatums zusammengezählt. Ist die Summe höher als die Zahl «Zehn», wird so lange eine Quersumme gebildet, bis diese eine einstellige Zahl ergibt. Aus dieser Zahl werden dann Rückschlüsse auf Charakter und Schicksal einer Person gewonnen. So reisen zum Beispiel die «5er» gerne, dafür sind sie eher labil und geben in einer Beziehung gerne den Ton an. So heißt es jedenfalls in einer der sehr unterschiedlichen Aufschlüsselungen.

Okkultismus   [lat. occultus, «verborgen»] Wird auch als andere Bezeichnung für die Esoterik verwendet. O. ist die Beschäftigung mit dem «natürlich nicht Erklärbaren». Das Wort taucht zum ersten Mal im Titel des Buches *De occulta philosophia* von Agrippa auf. Tendenziell entwickelt sich der O. heute in Richtung der ➪ parapsychologischen Forschung. Der O. will das Jenseitige und Verborgene durch psychotechnische Verfahren zugänglich und beherrschbar machen. Sei dies durch ➪ Pendeln, ➪ Gläserrücken oder Tonbandstimmen aus dem Jenseitigen.

Oneiro-Mantie   Traumdeutung. Eine der zahlreichen ➪ mantischen Disziplinen. Erscheint häufig im Alten Testament der Bibel. Laut biblischer wie auch magischer Lehre können Traumgesichte einen dämonischen Ursprung haben.

Quija-Brett (Ouija-Board)   Holzbrett, das im ➪ Spiritismus zum ➪ Beschwören von Geistern Verstorbener verwendet wird.

Parapsychologie   Bezeichnet die wissenschaftliche Erforschung übersinnlicher Fähigkeiten, die aus der Esoterik bekannt sind, wie Hellsehen, Gedankenlesen usw. Trotz jahrelanger Bemühungen ist es bisher weder gelungen, diese Phänomene zu beweisen, noch sie zu widerlegen.
Die P. muss sich mit Okkultisten auseinander setzen, die hinter jedem Windhauch etwas Übersinnliches und Übernatürliches sehen, aber auch mit Rationalisten, die hinter allem Täuschung, Betrug und Leichtgläubigkeit von Wundersüchtigen vermuten.

Pendel   Ein Gewicht, beispielsweise ein Ring, wird an einem Faden hängend zwischen Daumen und Zeigefinger gehalten. Das P. soll durch die abgegebenen Schwingungen bewegt werden und zu Rückschlüssen oder Vorhersagen führen. Gemäß der ➪ Entsprechungstheorie soll beispielsweise durch Pendeln über einer Landkarte der Standort eines verlorenen Gegenstandes ermittelt werden können.

Pentagramm [gr. penta, «fünf»; gramma, «Buchstabe»] Das P. ist ein fünfzackiger Stern, der aus drei gleichschenkligen Dreiecken besteht, die in einem Zug gezeichnet werden. Früher vor allem als Abwehr gegen dämonische Wesen verwendet, gilt es heute als Zeichen für Harmonie und Gesundheit. Zudem soll es Herrschaft über die ⇨ Elemente verleihen und zur Bannung von Elementargeistern dienen. Interessanterweise wird es im Volksaberglauben als Abwehrmittel gegen Hexen verwendet; in diesem Zusammenhang wird es ⇨ Drudenfuß genannt.

Pentagrammritual Das P. soll zur ⇨ Beschwörung oder Bannung der ⇨ Elemente dienen. Dabei wird eine «humanistische» Formel gesprochen, wie etwa: «Nach Osten gewandt sage: ‹Artha› (dein ist) und berühre die Stirn mit dem Dolch. ‹Malkuth› (das Reich) berühre die Brust ...»

Prana [⇨ sanskrit, «Aushauch»] In der indischen Philosophie steht P. für die kosmische Lebensenergie, vergleichbar mit dem chinesischen ⇨ Chi. Im engeren Sinne steht P. für Ausatmen, während das Einatmen «Apana» genannt wird. P. ist im Denken des ⇨ Yoga weitverbreitetes Gedankengut.[12]

Psi Griechischer Buchstabe, der in der Esoterik für die seelische Energie steht, durch die angeblich spiritistische Phänomene, wie zum Beispiel Hellsehen, ermöglicht werden.

Qi Gong [chin. qi, «Energie»; gong, «läutern»] Q. ist eine Selbstheilungsmethode der traditionellen chinesischen Medizin. Ziel ist es, die kosmische Energie durch Atemtechniken in den Körper als lokalen Vertreter des Universums zu lenken.
Neben der Selbstheilung und dem Energieausgleich sollen Leistungssteigerung und innerer Friede erlangt werden können.

Radiästhesie [frz. radiesthésie, abgeleitet aus «Strahl», lat. radius, und «Wahrnehmung», griech. aisthäsis] Bezeichnet das System von «Strahlungen» (vorwiegend Erd- und Wasserstrahlen), die sich nur mit dem «sechsten Sinn» erfassen lassen (durch Rutengänger mit Wünschelruten oder ⇨ Pendel), nicht aber mit physikalischen Messgeräten. Daher ist diese Lehre wissenschaftlich umstritten.

Reiki Japanische Heilslehre des vom Christentum zum Buddhismus konvertierten Mönchs Mikao Usui. R. gehört zu den esoteri-

schen Bereichen, die am explosionsartigsten wachsen. Grund: Der Weg zur ⇨ Einweihung zum dritten Grad (und damit zum Meistergrad) wird dank Wochenendseminaren immer einfacher. Mittlerweile werden Reiki-Meister am «Fließband» produziert.
Durch Handauflegen oder Gedankenkraft («Fernreiki») wird die Energie, die das Universum durchfließt, auf kranke Organe oder ⇨ Chakren übertragen. So sollen Krankheiten geheilt und Energieblockaden gelöst werden. Die Energie wird durch Symbole und ⇨ Mantras aktiviert.

Reinkarnation Gemäß den asiatischen Religionen wird der Mensch, nach dem Gesetz des ⇨ Karmas, nach seinem Tod wieder in ein neues Leben geboren. Während die westlichen Esoteriker in eine höhere Stufe inkarniert werden wollen und deswegen nach guten Werken trachten, um ein möglichst gutes ⇨ Karma zu erhalten, wird in den asiatischen Religionen nach dem Verlöschen im ⇨ Nirwana gestrebt. Hierbei wird versucht, gar kein ⇨ Karma zu sammeln, um den Zyklus des Wiedergeborenwerdens zu brechen.
Während Reinkarnationslehren im Hinduismus und Buddhismus seit jeher Bestand haben, nimmt der Glaube daran bei uns im Westen erst in jüngerer Zeit stark zu.

Rückführung Zum esoterischen Gedankengut gehört die Idee der ⇨ Reinkarnation. Man geht davon aus, dass ein Individuum sich über Hunderte, ja zahllose Leben weiterentwickelt. In einem ⇨ tranceähnlichen Zustand geht die Person zurück in ihre früheren Leben, um dort die Ursachen für Probleme im aktuellen Leben zu entdecken; für Dinge also, die die Seele noch nicht aufgearbeitet hat. Oft werden Vergewaltigungen, qualvolle Tode und schmerzvolle Verluste «aufgespürt». Obwohl Hindus und Buddhisten seit Tausenden von Jahren an die ⇨ Reinkarnation glauben, sind ihnen Rückführungen unbekannt.

Sannya [ind. «Verzicht»] Ursprünglich Verzicht auf das weltliche Leben; bei Osho (Bhagwan) auch Verzicht auf Isolation als separates Ego. ⇨ Initiation in den spirituellen Weg.

Sannyasin [ind.] Einer, der den spirituellen Weg geht. Besonders im Zusammenhang mit Osho (Bhagwan) oft gebrauchter Begriff für dessen Jünger.

Sanskrit Alte indische Sprache, die in den heiligen Büchern verwendet wird.

Schamanismus Die Bezeichnung Schamane wird abgeleitet vom tungischen Wort Saman («Der Mann, der sich rasend schnell bewegt»). Er gehört zu den Urvätern der medial veranlagten Figuren, wie sie in verschiedenen Kulturen vorkommen (Nordasien, Grönland, Australien, Afrika, aber auch Nord- und Südamerika).

Mit Hilfe von Drogen, «Geistertrommeln», Gesängen oder ⇨ Meditation fällt der Schamane in ⇨ Trance und schlüpft in die Rolle des Verstorbenen oder der Gottheit, mit der er in Kontakt zu treten glaubt.

Dem Schamanen obliegt die soziale Funktion eines Priesters. Da im S. jede Krankheit einem Geist zugewiesen wird, übernimmt der Schamane zudem die Funktion eines Heilers. Die geeignetsten Kandidaten für diese priesterliche Aufgabe sind diejenigen, die an einer psychischen Störung leiden. In der Kultur des S. glaubt man, dass es notwendig ist, einen *Ruf* zu erhalten, um Schamane zu werden. Danach beginnt ein jahrelanges Training, bei dem der «Lehrling» sich mentale Gewalt antun muss, um «den Geist, der sein Führer wird» anzunehmen. Es entwickelt sich eine Persönlichkeitsspaltung, die umso tiefer geht, je mehr der angerufene Geist vom Schamanen Besitz ergreift.[13] Die Ausbildung beginnt oft als Kind und dauert rund dreißig Jahre. Kurse, die das Erlernen an einem Wochenende versprechen, haben mit echtem S. nichts zu tun.

Seance Spiritistische Sitzung. Vgl. ⇨ Spiritismus

Seelenwanderung Gemäß dieser Lehre verlässt die Seele den Körper des Menschen nach seinem Tod und «inkarniert» (verkörpert) sich in einem menschlichen, noch seelenlosen Embryo. In den so genannten ⇨ Rückführungen soll man in die verschiedenen Körper, die die Seele früher bewohnte, zurückkehren können.

Shamballa So heißt der Ort, an dem die «Hierarchie der Meister der Weisheit» wohnt. Ihr Hauptquartier findet sich zwar in der ⇨ ätherischen Ebene, einige Esoteriker vermuten aber auch einen Sitz in einer asiatischen Wüste. Allen voran Benjamin Cremes *Share International*: «Die Shamballa nimmt eine klar umschriebene Position in der Wüste Gobi ein.»[14] Obwohl diverse Expeditionen zu der «klar umschriebenen Position» unternommen wurden, blieb die S. bis heute unentdeckt.

Shiatsu Ist die japanische, leicht erweiterte Variante der ⇨ Akupressur. Bei S. werden neben den Fingern auch die Hände, Ellenbogen und Füße zum Drücken bzw. zur Massage bestimmter Körperstellen verwendet. Alles, um die Energie in den ⇨ Meridianen ins Gleichgewicht zu bringen und Energiestauungen zu lösen.

Silva Mind Control Wird in der esoterischen Literatur zu den Entspannungstechniken gezählt.

Die Silva-Methode (Veränderung von Hirnwellenfunktionen) wurde von José Silva entwickelt. Das Programm soll zur Erweiterung des Bewusstseins und zur Entspannung dienen. Gelehrt wird die Silva-Methode heute in über einhundert Ländern. Sie präsentiert sich sehr wissenschaftlich.

In den Kursen wird gelehrt: «Wie Sie das Beste aus sich herausholen können. Wie Sie zu einem positiven Selbstbildnis kommen, Ihr Selbstvertrauen und dadurch Ihre Leistungsfähigkeit steigern und Ihren Gesundheitszustand verbessern können.» Mit dieser «selbsterzieherischen Methode» lerne man, persönliche Ziele zu visualisieren bzw. zu erreichen, gesundheitliches Gleichgewicht zu schaffen, sich schnell und wirksam zu entspannen, die Leistungsfähigkeit – geistig wie körperlich – zu steigern sowie «durch kontrolliertes Träumen brachliegende Fähigkeiten zu entwickeln».

Spiritismus Nach Meinung der Spiritisten befinden sich die Geister verstorbener Menschen auf der Erde und wollen Kontakt zu den Lebenden aufnehmen.

Tai Chi War ursprünglich eine Kampfsportart. Heute kennt man diese vom ⇨ Taoismus kommende Praktik als eine Form des ⇨ Qi Gong. Der Energiefluss und -ausgleich soll durch langsame, meditative Bewegungen gesteigert werden. Im Tai Chi Chuan (Schattenboxen) kämpft man mit seinem Ego, um eine Läuterung des Selbst zu erwirken.

Tantra, Tantrismus Ist sowohl im Buddhismus wie im Hinduismus bekannt. Im Tantrismus werden geistige und körperliche Energien («innere Flöte», ⇨ «Kundalini») sowie die Sinnesorgane in die ⇨ Meditation einbezogen. Shiva und Shakti (Götter im hinduistischen Kontext) stehen für männliche und weibliche Energie. Mann und Frau sollen zu einer mystischen Einheit verschmelzen. Dies kann mittels ⇨ Meditation, aber auch durch Rituale geschehen, deren Höhepunkt die geschlechtliche Vereinigung ist.

Taoismus Religiöse und philosophische Lehre Chinas, als deren Begründer Laotse (auch Lao Tse, Lao Tzu und Lao Dse) gilt, der in der Literatur auch als Gegenspieler des Konfuzius bezeichnet wird. Zentral ist die Beschäftigung mit dem Ursprung des Seins, aufgebaut auf den Begriffen «Tao» (Weg) und «Te» (Tugend). Tao, das Absolute, bringt die Welt hervor. Te ist das Wirken in der Welt. Te bedeutet die Norm und das politische Verhalten.

Tao ist ein unpersönliches Prinzip, ein «Ursprung», und kann nicht mit einer Gottheit in Verbindung gebracht werden. Grundlage des philosophischen Bereichs («Tao Chia») ist Lao Tse's Buch ⇨ «Tao Te King». Ziel ist es, sich mit ⇨ Meditation und gutem Lebenswandel mit dem Tao zu vereinen. Weil die Gesellschaft so kompliziert ist und die Auswirkungen von «gutem» oder «schlechtem» Handeln nur schwer überblickt werden können, werden ethische Prinzipien weitgehend abgelehnt.

Der religiöse Teil («Tao Chiao») verband sich mit verschiedenen medizinischen Schulen und versuchte analog zu der europäischen Esoterik mit alchemistischen Mitteln ein Lebenselixier zu finden. Um 200 v. Chr. kam die Götterverehrung dazu.

Tao Te King (Daodejing)   Geschrieben von Lao Tse (auch Laotse). Es berichtet vom Tao (Dao) und Te (De), «dem Weg, dem Anfang, dem Absoluten» und der Tugend der Ausstrahlung innerer Kraft. Diese wollen einen Weg der Erkenntnis aufzeigen. Sein Ziel: das Einheitserlebnis mit dem Göttlichen, die Harmonie zwischen Mensch und Kosmos.

Tarot, Tarock   War ursprünglich ein Gesellschaftsspiel mit 78 Karten, davon 22 Trümpfen. Während das Spiel kaum noch Anhänger kennt, ist der T. (auch *das* T.) als solches zu einem der beliebtesten Orakel in esoterischen Kreisen geworden. Mit dem Legen von T. -Karten sollen (spekulativ) Einsichten in künftige Schicksale gewonnen werden. Meist werden dabei die 22 Trumpfkarten verwendet, die für die Buchstaben des hebräischen Alphabets und damit für die 22 Pfade des Lebensbaums (⇨ Kabbalah) stehen. Mittlerweile entwickelt sich der Trend weg vom Gang zum Wahrsager, hinein ins eigene «stille Kämmerlein», wo man sich die Tarot-Karten selbst legt. Aneignen kann man sich das Wissen in Kursen und mittels einschlägiger Literatur.

Die «große Arkana» setzt sich aus 22 Karten zusammen, die von 0 bis 21 nummeriert sind. Die «kleine Arkana» hat 10 Karten, von 1 bis 10 nummeriert.

Die große Arkana beinhaltet folgende Karten:

0: Der Narr, 1: Der Magier, 2: Die Hohepriesterin, 3: Die Herrscherin, 4: Der Herrscher, 5: Der Hierophant, 6: Die Liebenden, 7: Der Wagenlenker, 8: Gerechtigkeit, 9: Der Eremit, 10: Das Rad des Schicksals, 11: Kraft, 12: Der Gehängte, 13: Der Tod, 14: Die Kunst, 15: Der Teufel, 16: Der Turm, 17: Der Stern, 18: Der Mond, 19: Die Sonne, 20: Das (jüngste) Gericht, und 21: Das Universum.

Trance In diesem Zustand hat der Mensch keine Macht mehr über sich und seinen Körper und ist daher offen für Einflüsse, die auf ihn ausgeübt werden. ⇨ Medien benutzen die T., um den Geistern zugänglich zu werden.

Ufologie UFO-Geschichten schlagen sich in esoterischen Kreisen vermehrt Bahn. Auffällig ist, dass Befragte vor ihren UFO-Erlebnissen – sowohl in den USA wie in Europa – paranormale Erfahrungen wie Hellsehen, Telepathie oder Visionen gemacht haben wollen. Umfragen unter Piloten und Astronauten ergaben, dass lediglich zwei bis drei Promille der bisherigen UFO-Sichtungen tatsächlich unidentifizierbare Objekte waren.

Während die Beobachtungen der Objekte in den letzten Jahren stark nachgelassen haben, nehmen Aussagen von «Begegnungen mit Außerirdischen» explosionsartig zu. Die Rede ist jeweils von der Entnahme von Gewebeproben bis hin zu eingesetzten Implantaten. Diese Implantate konnten aber bisher medizinisch in keinem einzigen Fall nachgewiesen werden.

Interessant ist auch, dass gewisse Menschen sich direkt aus ihrem Schlafzimmer ins UFO «gebeamt» wissen wollten.

Yin-Yang Prinzip aus dem ⇨ Taoismus. Yin steht für weiblich, passiv oder negativ. Yang für männlich, aktiv oder positiv. Die beiden Komponenten halten sich im Gleichgewicht. Beides ist in beidem enthalten. Im Körper halten diese beiden Pole den «Energiehaushalt» im Gleichgewicht, indem die Energie ständig zwischen Yin und Yang fließt.

Bei der ersten Begegnung sollen Yin und Yang, auch als helle und dunkle Urkraft bekannt, die fünf Elemente Wasser, Feuer, Holz, Metall und Erde erschaffen haben – und diese dann wiederum die «10 000 Dinge».

Yoga [⇨ sanskrit, «Joch»] Y. verbindet den Menschen mit den Göttern, wie das Joch den Ochsen mit dem Wagen verbindet. Der hinduistischen Religion entsprechend gibt es zahlreiche Versionen des Y., von Körper- und Atemübungen (beispielsweise Hatha Yoga) bis hin zu sexuellen Ritualen gemäß ⇨ Tantra Yoga. Jede Art des Y. hat zum Ziel, sich mit dem Göttlichen zu verbinden.

Y. will einen ⇨ Trancezustand herbeiführen, der angeblich den Geist mit Brahman verjochen, respektive verbinden soll. Gemäß Rabindranath Maharaj kann kein Bestandteil des Y. von der Philosophie, die dahinter steht, getrennt werden. Bei Y. dachte man im Westen während langer Zeit an Hatha Yoga, das sich stark an Atemübungen und körperlichen Disziplinen orientiert. In Indien, und vermehrt auch in der westlichem Hemisphäre, rückt der eigentliche Y. vermehrt ins Zentrum.

Zen Z. entstand aus einer Vermischung des Buddhismus mit dem ⇨ Taoismus und ist die Lehre von der Versunkenheit des Geistes, in der alle Unterscheidungen des Dualismus aufgehoben sind. Eine der wichtigsten Methoden ist das Za-Zen, das «Sitzen in der Versenkung». Der Schüler sitzt dabei reglos und denkt über eine Aufgabe nach. Eine Za-Zen-Sitzung kann bis zu acht Stunden dauern. Andere Zen-⇨ Meditationsmethoden sind das Tee-Zeremoniell oder das Bogenschießen, wobei es dabei mehr um die Konzentrationsübung als um den sportlichen Erfolg geht.

Kapitel 20

Anhang:

Quellenverzeichnis

ida = Interview des Autors
rda = Recherche des Autors
ebd. = ebenda

Kapitel 1: Zum Einstieg ins Thema

1 *Blick*, WM-Beilage, Zürich, 8. Juni 1998: Bei der Vorstellung der englischen Nationalmannschaft wurde Glenn Hoddle als «gläubiger Christ» tituliert. Sein Zitat wurde in verschiedenen englischen Blättern aufgenommen und europaweit – besonders in christlichen Kreisen – hoch gehandelt.

2 Agenturmeldung der SI (Sportinformation) vom 1. Februar 1999. (Die meisten Zeitungen und Radiostationen in der Schweiz greifen auf Meldungen der SI zurück.)

3 Howald, Stefan: «Die Zeit der Toleranz ist vorbei», in: *Tages-Anzeiger*, Zürich, 2. Februar 1999.

4 ida (Radio Wil, Gospel Extra): «Funke im göttlichen Feuer», Wil, Oktober 1995.

5 ida: Esoterik-Tage 2000, Kongresshaus Wien, 5. Februar 2000.

6 Indiens Staatspräsident anlässlich der Welt-Yogakonferenz 1986 (Info: Schaefer Michael: «Die yogische Kunst des Lebens», in: *Esotera*, Freiburg, November 1998.)

7 ida: Stadtcasino, Basel, Januar 2000.

8 ida (Radio Wil, Gospel Extra): «Funke im göttlichen Feuer», Wil, Oktober 1995.

9 Hackl, Monnica: *Crystal Energy: Neue Jugend und Gesundheit durch Metalle, Blüten und Farben*, Landsberg am Lech, 1996, Text hinten auf Buchcover U4.

10 ida: Esoterik-Tage 2000, Kongresshaus Wien, 5. Februar 2000.

11 ebd.

12 Brüderlin, Ruth: «Feng Shui – Leben mit guten Geistern», in: *Blick*, Zürich, 31. Mai 1999, Seite 8.

13 Rubrik «Auf Kurs»: «Qi Gong an Universität», in: *Esotera*; Freiburg, März 2000, Seite 76.

14 Rubrik «Tatsachen»: «Schamanismus – Großstadtrituale», in: *Esotera*, Freiburg, Februar 2000, Seite 5.

15 Rubrik «Tatsachen»: «‹Gesunder Rat› – EU fördert Pilotprojekt», in: *Esotera*, Freiburg, Januar 2000, Seite 5.

16 Rubrik «Tatsachen»: «Pyramiden – Antennen in Südfrankreich», in: *Esotera*, Freiburg, Januar 2000, Seite 8.

17 Rubrik «Zusammentreffen»: «Göttin 2000», in: *Esotera*, Freiburg, März 2000, Seite 66.

18 Rubrik «Auf Kurs»: «Hexenschule in Klagenfurt», in: *Esotera*, Freiburg, Februar 2000, Seite 78.

19 Jackson, Phil: *Sacred Hoops – Spiritual Lessons of a Hardwood Warrior*, zitiert in: *Esotera*, Freiburg, März 2000 (Rubrik «Tatsachen»: «Basketball mit Buddha»), Seite 4 und 5.

20 Rubrik «Tatsachen»: «Von der Politik zu den Sternen», in: *Esotera*, Freiburg, März 2000, Seite 5.

21 Schorre, Angelica: «Feuer suchend, Liebe suchend», in: *Berner Zeitung*, Bern, 29. April 2000, Seite 1 (im «Leben & Leute»-Bund).

22 Rubrik «Tatsachen»: «Meditation in der Schule», in: *Esotera*, Freiburg, März 2000, Seite 8 und 9.

23 Gaul, Milena: «Wege aus der Dunkelheit ins Licht», in: *Die andere Realität*, Nr. 5/6, Gladbeck, Oktober/November/Dezember 1999, Seite 32.

24 Süß, Joachim: «Architekt einer neuen (Heils-)Wirklichkeit», in: *Connection special*, Nr. 5, Niedertaufkirchen, Oktober/November 1999, Seite 6–11.

25 Osho: «Ein Liebesabenteuer mit der Existenz selbst», in: *Connection special*, Nr. 5, Niedertaufkirchen, Oktober/November 1999, Seite 12–13.

26 rda: Esoterikmesse «Lebenskraft 2000» in Zürich, 3. März 2000.

Kapitel 2: Romana Vrana
ida: Wels (A), März 2000.

Kapitel 3: Esoteriker, Lebensberater, Hellseher

1 rda & ida: Esoterik- und Naturmesse in Wels (A), 25. März 2000.

2 rda: Aussagen des «Engelmediums» Ursula Perniß (D), Esoterik-messe «Lebenskraft 2000», Zürich, 3. März 2000.

3 Ganzseitige Inseratenkampagne, u. a. in: *Blick*, Zürich, 6. Januar 2000.

4 Zur Bonsen, Friedrich: *Hellsehen*, Ausgabe Weltbild Verlag, Augsburg, 1999, Seite 68.

5 Rubrik «Meldungen», in: *dennoch*, Januar 1999.

6 Rubrik «Zeitspiegel»: «1998 – Astrologen und Kartenleger täuschten sich gründlich», in: *Ethos*, Februar 1999, Seite 12–13.

7 Wüest, Giuseppe: «Der 11. August machte sie 5 Jahre älter», in: *Berner Zeitung*, 31. Dezember 1999 («Leben & Leute»-Bund).

8 Rubrik «Fokus»: «Orakel ohne Risiko», in: *Beobachter*, Nr. 25, Zürich, 1999.

9 Associazione Scuola Scientifica Basilio: *Scuola Scientifica Basilio*, 1986, Florenz, Seite 5; (zitiert in Pavese, Armando: *Kontakt mit dem Jenseits*, Augsburg, 1998, Seite 173–174).

10 ebd.

11 Merz, Blanche: *Orte der Kraft in der Schweiz*, Aarau, 6. Auflage 2000, Seite 10.

12 Baumann, Eric; Rubrik «Schweiz»: «Heilpraktiker auf dem Prüf-stand», in: *Tages-Anzeiger*, Zürich, 20. Dezember 1999.

13 Schwager, Susanna: «Wie man fünf Tibeter zum Knüller klont», in: *Weltwoche*, Zürich, 18. November 1999, Seite 49 und 50.

14 ebd.

15 Bogun, Werner/Straet, Norbert: *Lexikon der Esoterik*, Falken Verlag, Niedernhausen, korrigierte Neuausgabe 1999, Seite 113.

16 Höneisen, Rolf: «Sanft in den Wahn», in: *factum* 3/4, 1998, Ber-neck, Seite 8 und 9.

17 Pavese, Armando: *Kontakt mit dem Jenseits*, Augsburg, 1998, Seite 23 und 24.

18 Guénon, René: «Irrtümer des Spiritismus» (*Errore dello spiritis-mo*), Mailand, 1974, Seite 13; zitiert in Pavese, Armando: *Kontakt mit dem Jenseits*, Seite 139.

19 Niebel, Gabriele/Hanewinkel Reiner: *Gutachten über Meditati-onstechniken – Gefahren Missbrauchspotential Nebenwirkun-gen*, Kiel, 1997. Das *Gutachten über Meditationstechniken* wird

herausgegeben von der Ministerpräsidentin des Landes Schleswig-Holstein, Informations- und Dokumentationsstelle «Sekten und sektenähnliche Vereinigungen».

20 ebd., Seite 21–31.

21 Rubrik «Aktuell»: «Universität unterbindet Forschungen zum Okkultismus im Klassenzimmer», in: *Ethos*, Berneck, 1/1998, Seite 9.

Kapitel 4: Michèle Zurbach
ida: St. Louis (F), März 2000.

Kapitel 5: Hinduismus und Buddhismus
Folgende Komponenten dienten als Grundlage:

- Von Glasenapp, Helmut: *Die fünf Weltreligionen*, München, 1963, Sonderausgabe 1996.
- Bogun, Werner/Straet, Norbert: *Lexikon der Esoterik – Von Astrologie bis Zen*, Niedernhausen/Ts, 1999.
- Weidenhiller, Marta; Ressort «Ausland»: «Ein Unberührbarer steigt in das höchste Staatsamt auf», in: *Die Welt*, Berlin, 27. Juni 1997.
- Schmid, Georg: «Der Buddhismus», auf der Homepage der Evangelischen Informationsstelle «Kirche – Sekten – Religionen» (www.ref.ch/zh), Zürich, 1998.
- «Drewermann und der Buddhismus», Serie in: *Factum*; Berneck, Juni 1996, Seite 40–45.
- Zeitschrift *Christliches Zeugnis*: «Esoterik 1», Zürich, Nachdruck Juni 1999.
- Maharaj, Rabindranath: *Der Tod eines Guru*, Neuhausen-Stuttgart, 6. Auflage Oktober 1982.
- Heilmann, Werner (Hrsg.): *Das Kamasutra – Das Meisterwerk der erotischen Weltliteratur*, München, 13. Auflage 1998.
- Dalai Lama: *Die Kraft des Buddhismus und der Zustand der Welt*, Freiburg im Breisgau, 1998.
- König, Hilmar: «Dürre, Hunger und Selbstmorde», in: *Berner Zeitung*, Bern, 25. April 2000, Ressort: Ausland Bern/Delhi.
- Mockler, Marcus: «Buddhismus – Tourismus», in: *dennoch*; Marienheim, November 98, Seite 16.
- Interviews des Autors.

– Plus diverse Recherchen des Autors.

Kapitel 6: Gabriel Dominik Müller
Der Inhalt entstammt einem Vortrag des Porträtierten.

Kapitel 7: Auf der Esoterikmesse
1 rda: Esoterikmesse «Lebenskraft 2000» in Zürich, 3. März 2000.
2 Warnecke, Eckhart: *Reiki – Der zweite Grad*, München, Seite 153–157.
3 ebd.
4 ida: Esoterik-Tage 2000, Kongresshaus Wien, 5. Februar 2000.
5 ida: ebd.
6 ida: ebd.
7 rda: ebd.
8 ida: ebd.
9 rda: Esoterikmesse «Lebenskraft 2000» in Zürich, 3. März 2000.
10 ida: Esoterik und Naturmesse in Wels (A), 25. März 2000.
11 Anand, Margot: *Tantra oder die Kunst der sexuellen Ekstase*, genehmigte Sonderausgabe München 1998, Seite 296 und 297.
12 Govinda, Kalashatra: *Atlas der Chakras – der Weg zu Gesundheit und spirituellem Wachstum*, Ludwig Verlag (keine Orts- und Datumsangabe), Seite 18–30.
13 ida: Esoterik und Naturmesse in Wels (A), 25. März 2000.
14 Merz, Blanche: *Die Seele des Ortes*, Aarau, überarbeitete und ergänzte Ausgabe 2000, Seite 77.
15 ida: Esoterikmesse «Lebenskraft 2000» in Zürich, 3. März 2000.
16 Merz, Blanche: *Die Seele des Ortes*, Aarau, überarbeitete und ergänzte Ausgabe 2000, Seite 140.
17 Pavese, Armando/Würmli, Marcus: *Handbuch der Parapsychologie*, Augsburg, 1992, Seite 171.

Kapitel 8: Rita Dullinger
ida: Wels (A), März 2000.

Kapitel 9: Kabbalah, die jüdische Geheimlehre
1 Tischler, René: «Madonnas neues Glück: ‹Das wahre Glück kommt aus dem Innern›», in: *GlücksPost-Astro*, Zürich, 1999, Seite 5–9.

2 Hossli, Peter: «Geblendet vor Erleuchtung», in: *Facts*, Zürich, Nr. 8/1999, Seite 94–98.

3 ebd.

4 ida: April 2000, Luzern. Professor Clemens Thoma ist aufgrund seiner bisherigen Schriften einer der bekanntesten Vertreter einer christlichen Neubesinnung auf das Judentum innerhalb der katholischen Kirche und damit eine der zentralen Gestalten des Dialogs zwischen Christentum und Judentum.

5 ebd.

6 Bogun, Werner/Straet, Norbert: *Lexikon der Esoterik – Von Astrologie bis Zen*, Niedernhausen, korrigierte Neuausgabe 1999, Seite 161–170.

7 ebd.

8 ebd.

9 ida: April 2000, Luzern (siehe Anmerkung Nr. 4).

Kapitel 10: Katharina Schnorf-Schanz

ida: Herisau (CH), März 2000.

Kapitel 11: Die esoterischen Stars des New Age

1 Bogun, Werner/Straet, Norbert: *Lexikon der Esoterik – Von Astrologie bis Zen*, Niedernhausen, korrigierte Neuausgabe 1999, Seite 85.

2 Ferguson, Marilyn: *Die sanfte Verschwörung*, München, 1985, Seite 253.

3 Cumbey, Constance: *Die sanfte Verführung – Hintergrund und Gefahren der New-Age-Bewegung*, Asslar, 7. Auflage Dezember 1987, Seite 29 und 30.

4 Spangler, David: Vortrag, gehalten am 1. Februar 1982 in Southfield, Michigan (USA); zitiert in Cumbey: *Die sanfte Verführung*, Seite 68.

5 Liefhebber, Peter: *How the Plan is working out*; zitiert in Cumbey: *Die sanfte Verführung*, Seite 98 und 99.

6 Whites, John: *International Cooperation Council Directory*; zitiert in Cumbey: *Die sanfte Verführung*, Seite 69.

7 Aussagen aus verschiedenen Schriften Baileys und Spanglers sowie von weiteren esoterischen Autoren wie zum Beispiel Jan Udo Holey (Jahrgang 1967!) alias Jan van Helsing, der die «Illu-

minati» (Chiffre für Juden) als «Träger alles Bösen» bezeichnet. Seine Bücher verkaufen sich hunderttausendfach.

8 Bailey, Alice: *The Externalisation of the Hierarchy* (dt. «Die geistige Hierarchie tritt in Erscheinung», New York, Seite 17. Die entsprechende Einstellung ist den Schriften von Bailey, Blavatsky, Spangler, Creme und diversen weiteren New-Age-Autoren eigen.

9 rda & ida: «Lebenskraft 2000» in Zürich, 3. März 2000.

10 Bailey, Alice: *Esoteric Healing*, S. 263; zitiert in Cumbey: *Die sanfte Verführung*, Seite 119.

11 Cumbey, Constance: *Die sanfte Verführung*, Seite 121.

12 Bailey, Foster: *Running God's Plan*, 1972(!). Zitiert in Cumbey: *Die sanfte Verführung*, Seite 124.

13 White, John: in der Einleitung zum *International Cooperation Council Directory*, 1979; heute bekannt als «Unity-in-Diversity Council»; zitiert in Cumbey: *Die sanfte Verführung*, Seite 129.

14 Hitler wurde zitiert in: Ravencroft, Trevor: *Der Speer des Schicksals*, Zug, 1974, Seite 258. Bailey schrieb im Jahre 1949 – als die Welt über den Holocaust informiert war – Folgendes: Der neue Christus werde kein Jude sein. Die Juden hätten dieses Privileg verwirkt und müssten durch ein Feuer der Reinigung gehen.

15 Cumbey, Constance: *Die sanfte Verführung*, Seite 133 und 134.

16 Bailey, Alice: *The Externalisation of the Hierarchy*, New York, Seite 190.

17 Cumbey, Constance: *Die sanfte Verführung*, Seite 122.

18 ebd., Seite 75 und 76; Cumbey zitiert Bailey nach deren Werk *The Externalisation*, Seite 548.

19 Benjamin Creme in WLAC (Radio in Nashville), Nov. 82: «Luzifer kam vor 18½ Millionen Jahren auf die Erde und brachte für uns das höchste Opfer.» David Spangler in *Reflections on the Christ*, 1978: «Die erforderliche Einweihung, um in das neue Zeitalter eintreten zu können, ist eine luziferische.»

20 Cumbey, Constance: *Die sanfte Verführung*, Seite 163.

21 Spangler, David: *Reflections on the Christ*, 1978; zitiert in Cumbey: *Die sanfte Verführung*, Seite 165.

22 Cumbey, Constance: *Die sanfte Verführung*, Seite 54.

23 ebd., Seite 34.

24 ebd., Seite 219.

25 Bailey, Alice: *The Externalisation*, New York (Lucis Publishing Company), Seite 17; zitiert in Cumbey: *Die sanfte Verführung*, Seite 60.

26 Ferguson, Marilyn: *Die sanfte Verschwörung*, München, 1985, Seite 100–102; zitiert in Cumbey: *Die sanfte Verführung*, Seite 150.

27 Spangler, David: *Revelation, Birth of a New Age* (dt. «New Age – die Geburt eines neuen Zeitalters»), Frankfurt am Main, 1978, Seite 163–164; zitiert in Cumbey: *Die sanfte Verführung*, Seite 168–169.

28 Guardian Action Publication: *Cosmic Countdown, 1982*, Seite 12.

29 Pavese, Armando: *Kontakt mit dem Jenseits*, Übersetzung aus dem Italienischen, Augsburg, 1998, Seite 122–125.

30 ebd., Seite 125.

31 Bogun, Werner/Straet, Norbert: *Lexikon der Esoterik*, Falken Verlag, Niedernhausen, korrigierte Neuausgabe aus dem Jahr 1999, Seite 109.

32 Informationsheft *Share International* (leider undatiert), London; Chefredakteur: Benjamin Creme. Cumbey, Constance: Die sanfte Verführung, in Kapitel: «Maitreya, der Messias des ‹neuen Zeitalters›», Seite 17–24.

33 Creme, Benjamin: «Die Rolle des Weltlehrers – kurze Erläuterung», in: *Share International* (erscheint zehnmal pro Jahr), Nr. 5, London, Juni 2000, Seite 2a.

34 Creme, Benjamin (rezitiert Maitreyas Lehre): «Wissenschaft und Technik im Zeitalter des Lichts», in: Informationsheft *Share International*, London, (leider undatiert), Seite 7.

35 Creme, Benjamin: «Die Rolle des Weltlehrers – kurze Erläuterung», in *Share International*, Nr. 8, London, Oktober 1990, Seite 2a.

36 Creme, Benjamin: «Die Rolle des Weltlehrers – kurze Erläuterung», in *Share International*, Nr. 5, London, Juni 2000, Seite 2a.

37 Schmid, Georg Otto: «Share International/Benjamin Creme», Homepage der Evangelischen Informationsstelle «Kirche – Sekten – Religionen» (www.ref.ch/zh), Zürich, 1998.

38 ebd.

39 Creme, Benjamin: Rubrik «Leserbriefe», in diversen Ausgaben

der Informationsschrift *Share International*, ab dem 18. Jahrgang.

40 Creme, Benjamin: «Wunder verhindert Zugkatastrophe», in: *Share International*, London, April 2000, Seite 26.

41 Creme, Benjamin: «Blinder sieht wieder», in: *Share International*, London, Juni 2000, Seite 22.

42 Schmid, Georg Otto: «Share International/Benjamin Creme», Homepage der Evangelischen Informationsstelle «Kirche – Sekten – Religionen» (www.ref.ch/zh), Zürich, 1998.

43 ebd.

44 Creme, Benjamin im «Impressum» des Informationshefts *Share International*, London, (leider undatiert), Seite 2.

45 Jasmuheen: *Licht Botschafter – an den Engel in uns*, Burgrain, 1. Auflage November 1999, Seite 12.

46 ebd., Seite 20 und 23.

47 Jasmuheen: «Prophezeiungen, persönliches Paradies und die MAPS-Botschafter» und «Abendseminar in Berlin», in: *Elraanis*, Berlin, 2/99 (Magazin für Lichtnahrung, Lichtarbeit und Spiritualität), Seite 8 und 11. Diese Aussage wiederholt Jasmuheen in ihren Büchern des öfteren.

48 Jasmuheen: *Licht Botschafter*, Seite 56.

49 ebd., Seite 60 und 61.

50 Stamm, Hugo: «Esoteriker ernähren sich von Licht», in: *Tages-Anzeiger*, Zürich, 25.10.1999, Seite 12.

51 Dies ist eine weitere These von Ellen Greve, die sich durch diverse ihrer Publikationen zieht, z. B. in Jasmuheen: *Licht Botschafter*, Seite 14, 66 und 67.

52 Stamm, Hugo: «Die Lichtesserin», in: *Das Magazin*; Zürich, Nr. 28/2000, Seite 34.

53 Rubrik «Tatsachen»: «Lichtnahrung – Preis-Fasten unter Aufsicht», in: *esotera*, Freiburg, Januar 2000, Seite 6.

54 Jasmuheen: *Licht Botschafter*, Seite 12.

55 Stamm, Hugo: «Esoteriker ernähren sich von Licht», in: *Tages-Anzeiger*, Zürich, 25.10.1999, Seite 12.

56 Durchschnittlich auf jeder achten Seite ihres Buches *Licht Botschafter* bezeichnet Jasmuheen das Essen als Sucht, als Gefangensein (!), als Zwang, als Zivilisationskrankheit und – seltener – als eine Art Krankheitssyndrom (!).

57 Sri Sri Ravi Shankars Lehre hat mit der Musik von Ravi Shankar (gilt als einer der besten Sitar-Spieler aller Zeiten) keinen direkten Zusammenhang; einen indirekten nur insofern, als Sri Sri auf das Kulturgut des Musikers zurückgreift oder seine Werke zur Meditation verwendet.

58 Kurzzeichen des Autors «ti»: *Liebe ist deine wahre Natur – Sri Sri Ravi Shankar – ein Lehrer in der Kunst des Lebens*, Nachdruck aus: *Visionen – Lebensräume für Spiritualität*, 2/99 (März/April), (wird bei Shankars Auftritten im deutschsprachigen Raum verteilt), Seite 23.

59 ebd., Seite 22 und 23.

60 rda & ida: Juni 2000, Infos und Gespräch mit Werner Lüdemann, Mitarbeiter in Bad Antogast. Die Organisation wirbt – verständlicherweise – bei öffentlichen Auftritten wie auch in Infoschriften mit ihren verschiedenen Beraterfunktionen.

61 ebd.

62 Schaefer, Michael: «Die yogische Kunst – Ein Yoga-Meister lehrt ‹zu leben›», Nachdruck eines dreiseitigen Artikels aus: *esotera*, Freiburg, November 1998.

63 rda & ida: Juni 2000 (siehe Anmerkung 60 dieses Kapitels).

64 Glaser, Christoph/Pahl, Kristin: «Heilsamer Atem – die Atemtechniken nach Sri Sri Ravi Shankar», Nachdruck aus: *Connection special*, April/Mai 1999.

65 rda & ida: Stadtcasino, Basel, Januar 2000.

66 Sri Sri Ravi Shankar: *Ein persönlicher Brief des Meisters an den ernsthaft Suchenden – Wissen der Woche* (21. Juni 1995–13. Juni 1996), Oppenau-Maisach, 1997, Seite 40.

67 Bänziger, Andreas: «Das ist nicht mehr Buddhismus» (Interview mit dem Dalai Lama), in: *Tages Anzeiger*, Zürich, Seite 3.

Kapitel 12: Fritz Rinnhofer
ida: Würnitz (A), März 2000.

Kapitel 13: Madeleine Wehrli-Schnydrig
ida: Herisau (CH), im März 2000.

Kapitel 14: Kraftorte und Wünschelruten

1 Kaminski, Ralf: «Ein Ausflug zu den feinstofflichen Energien», in: *Tages Anzeiger*, Zürich, 11.11.1999.

2 Merz, Blanche: *Orte der Kraft in der Schweiz*, Aarau, 6. Auflage 2000, Seite 13.

3 ebd., Seite 42.

4 ida: Juli 2000 (Telefoninterview).

5 ida: Bern, Juni 2000.

6 ida: Wels (A), März 2000.

7 Brembati, Eva/Harjung J. Dominik: «Erdstrahlen Wünschelruten Wasseradern, Teil 1: Reizzonen: Was wird behauptet? – Was ist wissenschaftlich erklärt», in: *factum*, Berneck, Januar 1997, Seite 26.

8 ebd., Seite 29.

9 ebd., Seite 31.

10 ebd., Seite 30.

11 Brembati, Eva/Harjung J. Dominik: «Erdstrahlen Wünschelruten Wasseradern, Teil 2: Interview mit einem Rutengänger», in: *factum*, Berneck, Februar 1997, Seite 31 und 32.

12 Brembati, Eva/Harjung J. Dominik: «Erdstrahlen Wünschelruten Wasseradern, Teil 3: Wirken sich ‹Erdstrahlen› auf Mensch und Tier aus?», in: *factum*, Berneck, März/April 1997, Seite 42.

13 Brembati, Eva/Harjung J. Dominik: «Erdstrahlen Wünschelruten Wasseradern, Teil 4», in: *factum*, Berneck, Mai 1997, Seite 44.

14 ebd., Seite 45.

PS Blanche Merz war während 25 Jahren Bauingenieurin und zwei Legislaturperioden lang Grossrätin des Schweizer Kantons Waadt. Sie gründete das Forschungsinstitut für Geobiologie in Château de Chardonne. Als Dozentin in mehreren ausländischen Forschungsinstituten machte sie die Geobiologie weltweit bekannt. Sie setzt sich für eine Brücke zwischen Physik und Metaphysik ein.

Kapitel 15: Hans Freunscht

ida: Wels (A), März 2000.

Kapitel 16: Wenn sich keiner mehr wehrt

1 www.kath.de; Juni 2000.

2 Wepf, Mirella: «Zen tut Körper, Geist und Seele gut», in: *Schweizer Familie*, Zürich, 51/99, Seite 42.

3 Rubrik «Tatsachen»: «Geistheilung – Heilbehandlung in der Kirche», in: *esotera*, Freiburg, Juli 2000, Seite 8.

4 ida: Bern, Mai 2000.

5 Pavese, Armando: *Kontakt mit dem Jenseits*, Augsburg, 1998, Seite 163 und 164 (Pavese zitiert aus: Petazzi, Giuseppe: *Spiritismo Moderno*).

Kapitel 17: Sinja Matter, Alex Matter, Nadia Soucek

ida: Neuenhof (CH), Juni 2000 (mit allen drei Personen).

1 Der kursive Text stammt von Hanspeter Nüesch. Er ist Leiter der Organisation «Campus für Christus Schweiz» und Chef von Nadia Soucek.

Kapitel 19: Als Hilfe zum Verständnis

1 Eberlein, Gerhard L.: *Kleines Lexikon der Parawissenschaften*, München, 1995, Seite 44.

2 Govinda, Kalashatra: *Atlas der Chakras – Der Weg zu Gesundheit und spirituellem Wachstum*, München, 3. Auflage 2000, Seite 12.

3 Fortune, Dion: *Selbstverteidigung mit PSI – Sicherheit und Schutz durch geistige Kraft*, München, 6. Auflage 2000, Seite 60–62 sowie weitere Stellen.

4 Rubrik «Zeitspiegel»: «Kinesiologie: Die Kritik nimmt zu», in: *Ethos*, Berneck, Januar 1999, Seite 30 und 31.

5 Zingrich, Esther: «Die Lichtstadt», in: *Spuren*, Nr. 54, Winterthur, Winter 2000, Seite 42.

6 Cumbey, Constance: *Die sanfte Verführung – Hintergrund und Gefahren der New-Age-Bewegung*, Asslar, 7. Auflage Dezember 1987, Seite 162.

7 Wessinger, Ulrich: «Findhorn heute – in der ‹Stadt des Lichts›», in: *esotera*, Freiburg, April 2000, Seite 12–17.

8 Biedermann, Hans: *Lexikon der magischen Künste*, Wiesbaden, 3. verbesserte und erweiterte Auflage 1998, Seite 198–200.

9 Handbuch der Stiftung Warentest: *Die Andere Medizin – Nutzen und Risiken sanfter Heilmethoden*, Berlin, November 1996.

10 Dahlke, Ruediger: «Mandala des Lebenswegs», in: *esotera*, Freiburg, März 2000, Seite 28.

11 Maharaj, Rabindranath R.: *Der Tod eines Guru*, Berneck, 6. Auflage Oktober 1982, Seite 274.

12 Servicebox in «3 die aufs Ganze gehen», in: *esotera*, Freiburg, Juli 2000, Seite 40 und an diversen Stellen; Jasmuheen: *Licht Botschafter* sowie diverse Autoren und Veröffentlichungen mit esoterischem Hintergrund. Die Übersetzungen und Auslegungen weichen teils voneinander ab.

13 Pavese, Armando: *Kontakt mit dem Jenseits*, Augsburg, 1998, Seite 23–26.

14 Jurriaanse, Aart: «Die Evolution der Menschen begann vor 18 Millionen Jahren», in: Informationsheft *Share International*, London, (leider undatiert), Seite 16.

Als Grundlage des 19. Kapitels dienten im Weiteren:

– Biedermann, Hans: *Lexikon der magischen Künste*, Wiesbaden, 3. verbesserte und erweiterte Auflage 1998.

– Bogun, Werner/Straet, Norbert: *Lexikon der Esoterik*, Niedernhausen, Falken Verlag, korrigierte Neuausgabe 1999.

– Eberlein, Gerhard L.: *Kleines Lexikon der Parawissenschaften*, München, 1995.

– Müller-Kaspar, Ulrike (sowie diverse Herausgeber): *Handbuch des Aberglaubens* (3 Bände), Wien, 1999.

– Zeitschrift: *Christliches Zeugnis – Esoterik II*, Zürich, Mai 1999.

– Brockhaus in drei Bänden, Sonderausgabe für den Weltbild Verlag, Augsburg, 2000.

– Diverse Recherchen des Autors.